KB005614

쓰다 만 편지

이 책은 2008년 정부(교육부)의 지원으로 한국연구재단의 지원을 받아 수행된 연구임.
(NRF-2008-362-B00015)

쓰다 만 편지

우석균

글누림

서문

이 책은 주로 <지구적 세계문학>을 비롯한 여러 문학지에 발표한 글들을 중심으로 일부 논문을 곁들여 묶은 책이다. 먼저 책 제목의 유래를 밝히고 싶다. 첫 번째 글을 보면 알겠지만, 호세 마르티와 관련 있는 제목이다. 그는 1895년 5월 18일 전선에서 자신의 주도로 막 일으킨 독립전쟁에 임하는 각오를 밝히는 편지를 친구에게 썼다. 그러나 무슨 일이 있었는지 끝을 맺지 못했다. 그리고 바로 다음날 전사하고 말았다. 이유는 잘 모르겠지만, 이 일화가 필자에게는 유독 강렬한 느낌을 주었다. 처음에는 그저 평범한 생각을 했다. 만일 그가 끝까지 편지를 썼다면 과연 친구에게 무슨 이야기를 늘어놓았을까 하고 말이다. 그러다 상상의 날개를 펴게 되었다. 마르티의 영혼이 있어 다시 돌아와 편지를 마치려고 하는 순간, 그 편지는 필경 문학이 되어버릴 것이라고 조국 쿠바의 독립을 위해 목숨까지 바쳤건만, 독립이 되자마자 마치 미국의 보호국처럼 전락해 버린 기막힌 현실에 비분강개하다보면 절절한 말들로 편지지를 채울 것이기 때문이다. 나아가 또 생각하게 되었다. 라틴아메리카 문학은 결국 마르티의 쓰다 만 편지 같은 것이라고 간절히 하고픈 말이 있는데, 현실 세계에서는 미처 다 할 수 없어서 녹녹치 않은 창작의 수고를 무릅쓰는 것이 아닐까 싶었던 것이다.

이 책에 포함시킬 글들을 고르면서 여러 가지 생각이 들었고, 여러 가지 결정을 하게 되었다. 먼저 이번에도 바르가스 요사와는 화해가 되지 않아서 그에 대한 글은 배제했다. 필자는 당시로서는 대부분의 한국 사람들에게 낯선 땅이었던 페루에서 석사과정을 밟았는데, 그 계기 중 하나가 바르가스 요사 소설이 매력적이어서였다. 그러나 정작 페루에서 지내면서, 결국 이 미래의 노벨문학상 수상자를 버리는 비주류 근성을 발휘하고야 말았다. 글을 쓰면 촌철살인이요, 연설을 하면 사자후인 멋진 작가인데 그러면 뭐하랴. 500년 종살이를 한 선주민들을 향해 '노오력'만 요구하는데. 만일 그가 아르헨티나인이었다면, 그래서 서구 모델을 따르는 것이 답이라고 권할 만한 사람들을 대상으로 그렇게 했다면, 보르헤스처럼 약간은 너그럽게 대해주었을 텐데...

사실 2부의 「민족문학가 보르헤스」도 책에 포함시킬지 주저했다. 보르헤스에 대해 집필 당시만큼 매력적으로 느끼지도 않지만, 필자의 관점 자체가 상당히 변했기 때문이다. 그러나 당시 그 글을 쓰게 된 특별한 계기가 있어서 책에 포함시키되, 이 자리를 빌려 사연을 밝히는 것이 오히려 낫겠다 싶었다. 「민족문학가 보르헤스」는 아르헨티나의 문학 평론가 베아트리스 사를로의 수업을 듣지 않았다면, 결코 탄생하지 않았을 글이다. 청강 자체가 우연이었다. 1994년 부에노스아이레스 대학에서 아르헨티나 문학을 전반적으로 다루는 수업을 몇 개 들어둬야겠다 싶어서 수강편람을 뒤적였다. 그러다가 아르헨티나 문학을 전반적으로 다루는 강좌를 발견했다. 묘한 것은 동일 강좌가 분반이 되어 각각 수요일 오후와 토요일 아침 아홉 시에 있다는 사실이었다. 대체 토요일 그 시간에 수업이 있을 수 있다니 정말 궁금했다.

그래서 옆에 있던 아르헨티나 학생들에게 강의 정보를 구했더니 모두 토요일 수업을 추천했다. 그 수업이 바로 사를로의 강의였다. 수요일 다른 교수 수업은 강의 시간대도 적당한데 30명 정도 들었고, 사를로 수업은 노는 날인데도 200명 이상의 학생들로 미어터지고 필자 같은 외국인 청강생도 20명 이상 있었다. 강의는 명불허전이었다. 지식과 통찰력도 압권이지만, 강의도 너무 깔끔하게 잘해서, 필자로서는 인생의 강의였다. 그 강의의 주요 주제 중 하나가 바로 아르헨티나 작가로서의 보르헤스였다. 그때나 지금이나 서구, 여타 라틴아메리카 국가, 심지어 우리나라 모두 보르헤스에 대해서는 세계주의 혹은 보편주의의 관점에서 주로 논하기 때문에, 아르헨티나와 사를로가 아니었다면 그토록 심층적인 분석을 접하기 쉽지 않았을 것이다. 그래서 그런 시각도 있다는 것을 소개할 필요를 강력하게 느껴, 귀국 후에 글을 쓰게 되었다.

그로부터 꽤 오랜 시간이 흐른 후에 사를로의 강의에 그토록 매료된 이유를 깨달을 수 있었다. 소외된 학문을 하는 서러움 같은 것이 작용했다고나 할까. 필자가 겪은 라틴아메리카 문학은 세계 어디에 내어놓아도 자랑스러운 것이다. 그러나 당시 우리나라에서는 서구 문학보다 한참 낮은 평가를 받고 있었다. 지금도 어깨를 나란히 하는 정도는 결코 아니다. 이는 비단 문학에 국한된 현상이 아니다. 라틴아메리카의 다른 예술 분야나 지식 분야도 마찬가지이다. 서구 것만 유사하면 따라쟁이라 하고, 다르면 덜 떨어진 소리라 한다. 이는 라틴아메리카 지식인이나 예술인도 똑같이 겪는 일이다. 그래서 소위 '근대성 없는 모더니즘'(modernism without modernity)을 주장한다. 근대성은 성숙하지 않았지만, 근대의 예술적 표현인 모더니즘의 측면에서는 뒤질 것이 없다는 자부심 아닌 자부심이다. 그 자부심을 필자가 라틴아메리카 지식인이나 예술인들과 은밀하게 공유하고 있었던 셈이다. 그리고 서구에 뒤질 것이 없다는 보르헤스의 당찬 선언에 필자도 사를로처럼 열광했던 시절이 있었다.

「민족문학가 보르헤스」를 포함시키면서, 대폭 수정하려던 5부의 「마술적 사실주의의 근대성과 포스트식민 서사」도 약간 손질하는 선에서 멈추었다. 라틴아메리카 문학이 문화적 주체성에 대한 오랜 고민 끝에 마술적 사실주의라는 독자적 문학 경향을 탄생시켰고, 이를 바탕으로 서구 근대성과는 차별화되는 또 다른 근대성을 정립했으며, 이는 곧 식민유산 극복의 토대가 될 포스트식민 서사의 가능성을 보였다는 논지의 글이다. '근대성 없는 모더니즘'의 연장선상에 있는 논지인 셈이다. 두 글의 문제점은 동일하다. 라틴아메리카가 서구에 뒤지지 않는다는 것을 보여주려고 안간힘을 썼고, 서구 근대성을 척도로 이를 입증하려 했다는 점이다. 결과적으로 서구우월주의 프레임을 그대로 답습하는 오류를 범한 셈이다.

특히 「마술적 사실주의의 근대성과 포스트식민 서사」는 근대성과 식민성은 동전의 양면이고, 따라서 서구 근대성은 유일한 기준도 진리도 바람직한 목표도 아니라는 것을 주장하는 탈식민주의(decolonialism)에 동의하는 필자의 현재 관점에서 볼 때, 포스트식민주의(postcolonialism)의 용어와 개념들을 사용했다는 것 자체가 대폭 수정의 대상이었다. 그러나 두 가지 흔적 때문에 그냥 게재하기로 했다. 사소한 것부터 먼저 이야기하자면 그 와중에도 프랑코 모레티에 대한 불만을 표출했다는 점이다. 월러스틴의 이론에 입각해 가르시아 마르케스의 『백년의 고독』을 근대 세계체제에 대한 합병의 이야기로 규정한 모레티의 주장을 받아들이기 어려워, 합병의 이야기라기보다 저항의 이야기라는 반론을 제기한 바 있다. 몇 년 후 월터 미뇰로와 아니발 키하노의 글을 접하게 되었을 때, 탈식민주의에 동조할 준비가 어느 정도 되어 있었다는 점이 조금은 자랑스럽기 때문에 그냥 두기로 했다.

더 중요한 이유는 이 글이 서구의 마술적 사실주의 수용의 역사를 다루기 때문이다. 특히 포스트모더니즘보다는 포스트식민주의의 접근법에 대해 후한 평가를 내렸고, 또 한편으로는 마술적 사실주의를 서구 근대성의 관점, 이를테면 보편성의 관점에서 수용하고자 하는 일부 서구 비평가들의 시도를 강력하게 경계했다. 따라서 글을 대폭 수정할 일이 아니라, 포스트식민주의 이후의 수용 방식을 추가 집필해야 될 것 같다는 판단을 했다. 이는 향후 과제로 돌리고자 한다.

이 책을 엮으면서 아쉬운 점이 하나 있다. 필자는 문학을 전공했지만, 문학의 특별한 아우라나 미학적 성취에는 큰 관심이 없다. 그저 작가들이, 혹은 그의 주인공들이 얼마나 절실하게 이야기하는지가 주 관심사이다. 심지어, 라틴아메리카 문단의 미래는, 분명 하고 싶은 말이 엄청 많을 텐데도 아직 제대로 하지 못한 선주민, 흑인, 라티노 작가들의 손에 달려 있다고 주장할 정도이다. 그래서 이 책에서 다룬 작가들 혹은 특정 문학 경향의 일부에 대해서는 충분히 감정이입이 덜 되었다는 점이 아쉽다. 언제나 느끼지만, 머리로 쓰는 글은 재미도 없고 글의 효과도 반감되는 듯하다. 어쩌겠는가. 능력의 한계를 탓할 수밖에.

목차

1부

시는 검이고 시인은 전사일지니

마르티와 리살의 시대

1. 두 죽음

　1895년 5월 18일 호세 마르티는 전선에서 마누엘 메르카도라는 친구에게 편지를 쓰고 있었다. "나는 나라를 위해, 그리고 내 의무를 위해 목숨을 바칠지도 모를 위험에 이미 매일 처해 있다"(Martí, 1982: 361)라는 서두의 한 구절에서 엿볼 수 있듯이 비장한 어조의 편지였다. 왜 아니 그러겠는가! 각고의 노력 끝에 다시 독립군을 조직하여 쿠바에 상륙한 지 얼마 안 되었을 때였고, 후방 지원 역할을 해달라는 주변의 권유도 일언지하에 거절하고 참여한 터였기 때문이다. 편지를 쓰는 그 순간 아마 지난 세월이 주마등처럼 스쳐지나갔으리라. 그야말로 파란만장했던 삶을 살았기 때문이다. 불과 17세의 나이에 수용소에서 쇠사슬에 묶여 강제노역을 했고, 국외로 추방

된 18세 때부터 이 나라 저 나라를 떠돌아야 했고, 가족과는 생이별하다시피 했다. 북받쳐 오르는 감정을 주체할 수 없었을까, 아니면 쓰고 싶은 말이 너무도 많았음일까? 마르티는 편지를 끝맺지 못하고 다음날로 미뤘다. 그러나 그 편지는 영원히 끝나지 않았다. 불굴의 투쟁을 맹세하던 편지의 잉크가 채 마르기도 전인 그 다음날 적군의 기습을 받고 전사했기 때문이다.

1896년 12월 30일 마닐라에서도 한 맺힌 죽음이 있었다. 주인공은 호세 리살(1861-1896)이었다. 무장독립투쟁을 배후 조종했다는 혐의로 체포되어 전날 사형선고를 받은 리살은 독방에 수감되어 채 24시간도 남지 않은 자신의 삶을 정리해야 했다. 가족과 친구들에게 편지를 쓰고, 모친과 누이들을 최후로 면회하고, 죽음의 종교의식에 임했다. 그리고 사랑하는 여인 조세핀과 가슴 절절한 옥중 결혼식도 올렸다. 리살 역시 틀림없이 지난날을 떠올렸을 것이다. 스페인에서 뜻을 같이 하는 이들과 <연대>(Solidaridad)라는 신문을 간행하여 필리핀인의 권익 신장을 요구하는 비폭력 평화운동을 시작한 일, 1892년 귀국을 감행하여 필리핀연맹을 창립하여 필리핀인들의 단결을 호소하는 활동을 벌인 일, 이내 요주의인물로 분류되어 민다나오 섬의 다피탄에서 보낸 4년 간의 유배생활 등등을. 리살은 마지막 순간까지 의연했다고 한다. 사형선고를 받고 죽기 전날 썼다는 「마지막 인사」[1]라는 절명시(絶命詩)에서 심경을 밝힌 것처럼, 조국을 위해 기

---

1) 정몽주, 성삼문, 조광조, 황현 등이 죽기 직전 남긴 소위 절명시(絶命詩)의 일종이다.

꺼이 목숨을 바치겠다는 각오가 있었기에 그럴 수 있었으리라.[2]

> 날이 밝으면 최후를 맞이할 텐데,
> 어두운 두건 뒤에서 마침내 새날을 알리네.
> 조국이여, 그 여명을 붉게 물들이고 싶다면
> 기꺼이 내 피를 뿌려라.
> 아침 햇살에 내 피도 황금빛으로 물들게.(리잘, 2013: 272)

그랬다. 19세기 말 '조국'은 식민지배를 받는 이들에게는 목숨과 바꿀 수 있는 것이었다. 그렇기에 쿠바에서도 필리핀에서도 마르티와 리살이라는 순교자가 동시에 나타날 수 있었다.

2. 전 지구적 저항

1903년 미 대통령 시어도어 루스벨트는 지구를 한 바퀴 도는 전보를 자신에게 보냈다. 이에 걸린 시간은 겨우 9분이었다. 베네딕트 앤더슨은 『세 깃발 아래에서: 아나키즘과 반식민주의적 상상력』에

---

2) 이 시를 과연 하루 만에 쓸 수 있었을까 하는 회의적인 시각도 존재한다. 긴 시이고 완성도도 높은데 그럴 만한 물리적 시간이 부족해 보이기 때문이다. 본문에서 언급한 대로 리살의 마지막 날은 차분히 시를 쓸 만한 겨를이 별로 없었다. 또한 독방에 있었다고는 하지만 대단히 감시가 삼엄했다고 한다. 리살 처형이 대중봉기를 야기할까 봐 걱정하던 식민당국이었으니 애국심을 고무시키는 시를 쓰게 내버려두었을까도 싶다. 아무튼 리살은 지인들에게 하직을 고하는 다른 편지들과는 달리 이 시는 몰래 누이동생에게 건네주었다고 한다(Guerrero, 2012: 21장).

서 이 일화를 소개하면서, 이미 19세기의 마지막 20년 동안 전 세계가 "이른 세계화"(early globalization) 단계에 접어든 증거로 삼았다. 전 지구화가 20세기 말의 현상이 아니라 만국우편연합이 출범하고 증기선과 철도의 확산이 어느 정도 이루어진 19세기 말의 현상이라는 것이다. 앤더슨은 '이른 세계화'를 가능하게 한 물질적 조건은 또한 반식민주의자들끼리 국제적으로 연대를 모색한, "지구를 가로지르는 조율"(transglobal coordination)을 역사상 처음으로 가능하게 했다고 주장한다. 그래서 "신세계의 마지막 민족주의 항쟁(1895년 쿠바)과 아시아의 첫 번째 민족주의 항쟁(1896년 필리핀)"이 동시에 일어난 것이 결코 우연이 아니라고 본다(앤더슨, 2009: 30-31).

앤더슨이 쿠바와 필리핀을 특별히 언급한 것은 마르티와 리살의 공통점에 주목했기 때문이다. 반식민주의 투쟁 이력과 이에 따른 죽음, 스페인 유학 경험, 언론과 문학 작품을 통한 민족주의 고취, 건국의 아버지로 각각 쿠바와 필리핀에서 추앙받는다는 점 등은 물론 앤더슨이 아니더라도 쉽게 발견할 수 있는 공통점이다.3) 하지만 19

---

3) 차이점이 있다면 리살은 독립보다는 자치, 무장투쟁보다는 평화적인 권익 신장에 더 많은 관심을 두었다는 점이다. 그러나 이 차이가 마르티와 리살의 결정적인 차이라고 단정 짓기는 좀 그렇다. 점점 더 높은 수준의 자치를 요구한 리살의 행보를 보면 만일 좀 더 오래 살았다면 결국에는 독립만이 유일한 해결책이라는 결론에 이르렀을 가능성을 배제하지 못할 것 같다. 가령, 리살의 요구 중 하나는 스페인 의회에 필리핀을 대표하는 사람이 있어야 한다는 것이었는데, 쿠바에는 이 권리가 허용되었는데도 불구하고 결국은 마르티와 같은 독립론자들이 힘을 얻게 되었다. 라틴아메리카 대부분의 국가들이 19세기 초에 독립한 후 스페인의 해외 식민지 정책은 마지막 남은 몇 안 되는 식민지를 어떻게든 지켜내겠다는 강경 기조여서 식민지의 자율권 확대는 기대하기 힘들었다. 리살이 결국에는 완전한 독립의 요구에 이르렀을 것이라는 가정이 충분히 가능한 상황이었던 것이다.

세기 말의 상황을 전 지구화라는 현재의 맥락에 비추어 재해석하려는 시도가 가미되면서 앤더슨의 책은 참신하다는 인상을 주기에 충분했다. 하지만 이 책의 주요 논지 중 하나인, 아나키즘이 전 지구적인 반식민주의 연대의 원천이었다는 주장에는 동의할 수 없다. 서구의 영향이 없었다면 국제적인 반식민주의 연대가 불가능했으리라는 지극히 서구 중심적 가정이 깔려 있기 때문이다. 그럼에도 불구하고 식민지인들이 민족주의의 틀에만 갇혀 있지 않고 충분히 국제적인 행보를 걸었다는 점을 앤더슨이 부각시킨 일은 새로운 성찰의 기회 혹은 망각된 역사적 진실을 제공하고 있다.

재미 일본인 학자 고이치 하지모토(Hagimoto, 2013; 하지모토, 2015) 역시 필자의 인식과 유사한 점을 보여주고 있다. 앤더슨의 서구 중심적 시각을 비판하면서도 그의 "이른 세계화"나 반식민주의에 기초한 "지구를 가로지르는 조율"이라는 논지에는 호감을 표시하고 있는 것이다. 하지모토는 필리핀과 쿠바가 스페인의 식민지라는 공통분모를 가지고 있다는 사실을 대단히 중요하게 여긴다. 필리핀과 쿠바는 물론 19세기 말까지 스페인 식민지였던 푸에르토리코의 지식인들까지 마드리드, 바르셀로나, 파리 등을 무대로 반식민주의 연대에 나선 것이 그다지 이상한 일이 아니라는 것이다. 다시 말해, 아나키즘 없이도 충분히 연대가 이루어지던 상황이었다는 시각을 내비친 것이다. 비록 마르티와 리살은 서로 만난 적도 없고 수많은 글에서 상대방 이름이라도 언급한 적이 없지만, 1896년에서 1897년까지 파리에서 출간된 신문 <쿠바 공화국>(La República Cubana)과 1889

년에서 1895년 사이에 바르셀로나에서 필리핀인들에 의해 출간된 신문 <연대>에는 상대방 국가의 독립 움직임에 대한 지식과 지지 의사 심지어 연대 움직임까지도 쉽게 포착할 수 있으며, 마르티와 리살의 행보가 이런 분위기 조성에 간접적이지만 상당히 중요한 영향을 끼쳤다는 것이 하지모토의 연구 결과 중 하나이다. 그래서 하지모토에게 마르티와 리살이 조성한 연대 분위기는 1950년대 중반의 제3세계에 대한 의식, 세계체제의 헤게모니를 장악한 북(北)에 대항하는 '전 지구적 남'(Global South)이라는 의식, 1990년대에 신자유주의적 세계에 대항한 전 지구적 저항(global resistance)의 출현보다 앞서서 탈식민화 역사의 서두를 장식한 역사적인 사건이다.

3. 운명공동체로서의 쿠바와 필리핀

19세기 말 필리핀과 쿠바의 국제적 연대는 국내에서는 대단히 생소한 사실이다. 그래서 간략하게나마 두 나라의 식민사를 살펴보는 것이 필요할 것 같다. 쿠바는 16세기 초 멕시코 정복의 교두보였다는 점에서 전 지구적 역사(global history)에서 처음으로 중요한 위치를 점했다. 또한, 식민지시대 내내 본국과 아메리카를 잇는 교역로로 나름대로 의미 있는 위상을 지니고 있었다. 스페인이 구축한 식민체제에서 쉽게 벗어나기 힘든 조건이었던 것이다. 그렇지만 다른 라틴아메리카 국가들이 19세기 초에 대거 독립했음에도 불구하고 여전히 식민지에 머물러 있게 된 것은 18세기 이래 쿠바의 특수한 상황에 크게 영향을 받은 탓으로 보아야 한다. 두 가지 점이 독립의 걸림돌이 되었다. 하나는 쿠바 경제가 라틴아메리카 다른 지역에 비해 건실해서 상대적으로 식민지인들의 불만이 적었다는 점이다. 19세기 초부터 커피, 궐련, 설탕이 차례로 경기 호황을 이끌었다. 특히 설탕은 18세기부터 성장세가 두드러져 1860년에는 세계 공급의 1/3을 차지하기에 이르렀다(스키드모어·스미스·그린, 2014: 220). 두 번째 요인은 1804년 아이티 독립이었다. 이미 1791년부터 일어난 독립운동 과정에서 아이티 백인 지주들이 다수 피살되면서 쿠바는 물론, 흑인노예 기반의 소위 플랜테이션 사회구조를 지닌 국가들은 체제 변화를 꺼리게 되었다.

필리핀은 1519년 마젤란의 태평양 횡단 때 처음으로 유럽에 알려졌다. 그리고 1564년 스페인인 안드레스 데 우르다네타가 필리핀에서 아메리카 대륙으로의 귀환 노선을 개척한 뒤 이듬해부터 1815년까지 마닐라 갤리언 혹은 중국선으로 불리던 배들에 의한 해상 무역이 이루어졌다. 마닐라는 1571년부터 주요 교역항 역할을 했고, 아메리카 대륙에서는 누에바에스파냐(멕시코시티를 중심으로 한 스페인의 부왕령)의 아카풀코 항이 그 역할을 담당했다. 이 교역에서는 중국의 도자기와 비단, 그리고 아메리카의 은이 가장 중요한 상품이었다(서성철, 2013). 다시 말해 필리핀은 스페인의 식민지이면서도 본국보다는 중국 및 멕시코와의 교역이 더 중요했다는 특징을 지니고 있었고, 스페인 제국 내에서 이 삼각무역의 주도권을 쥔 이들도 본국 상인이 아니라 멕시코 상인들이었다. 즉, 필리핀은 본국과 이해관계가 적은 약한 고리에 해당했다. 필리핀이 다른 식민지에 비해 스페인화의 정도가 낮았던 것도 본국의 무관심과 무관하지 않다. 라틴아메리카에서는 베네수엘라와 아르헨티나 등 본국과 식민지 관계에서 약한 고리에 해당하는 나라에 자유무역주의 바람이 불었을 때 독립운동이 선도적으로 일어났다. 하지만, 필리핀은 이와는 다른 상황이었다. 라틴아메리카 독립운동의 정치적 파급력이 지리적 거리 때문에 그다지 크지 않았고, 자유무역주의가 마닐라-아카풀코 무역 종식에 영향을 끼쳤지만 그렇다고 필리핀에 대단히 큰 변화의 바람을 불러일으키지도 못했으며, 무엇보다도 독립의 주체가 될 식민지 엘리트층이 19세기 후반에 와서야 형성되었다.

쿠바와 필리핀의 지식인들이 19세기 말이라는 이른 시기에 전 지구적 저항의 싹을 틔울 수 있었던 것은 이러한 식민사가 작용했다. 15-16세기부터 스페인의 식민지였고, 19세기 초에 라틴아메리카 대부분의 지역이 독립한 뒤에도 여전히 식민지로 남았다는 점에서 양 지역은 이미 오랜 운명공동체였다. 그리고 독립운동의 열기가 상대적으로 미약한 지역들이었다는 공통점 때문에 독립 운동가들이 외부와의 연대를 통해서라도 역량을 키우기를 모색하면서 그 과정에서 전 지구적 저항이라는 현상이 벌어지게 되었다. 더구나 19세기 말은 제국주의 쟁탈전이 최고조로 치닫던 시기, 즉 식민주의가 전 지구화되던 시기였으니 전 지구적 저항이 아닌 국지적 저항만으로는 뜻을 이루기 힘들다고 판단했을 것이다.

4. 미국의 전 지구적 패권 전략

그러나 당시의 국제정세는 전 지구적 저항이 결실을 맺기에 녹록
치 않았다. 주지하다시피 19세기 말의 제국주의 쟁탈전에서 가장 주
목할 만한 변화는 스페인 제국의 퇴장과 미국 제국의 등장이었다.
그리고 쿠바와 필리핀은 실질적인 미국의 식민지로 다시 전락했다.
피터 H. 스미스는 미국이 독립 직후인 1780년대 말부터 제국으로
팽창하리라는 야망을 보였다고 말한다. 미국은 아메리카에서 유럽
의 영향력 축소를 위해 단기적으로는 스페인의 아메리카 식민지 보
유를 지지했다. 허약한 제국 스페인은 미국에 별로 위협이 되지 않
았으니, 스페인이 영국과 프랑스의 아메리카 개입을 막는 완충역할
을 해주기를 기대한 것이었다. 19세기 초 스페인어권 아메리카에서
독립운동이 일어나자 미국은 곤혹스러운 입장이 되었다. 구대륙의
억압의 사슬을 끊어낸 역사를 자랑스럽게 내세운 미국으로서는 라
틴아메리카의 독립운동을 반대할 명분을 찾기 쉽지 않았는데, 신생
국들이 과연 미국처럼 유럽의 아메리카 개입을 반대하는 노선을 걸
을지 낙관하기 힘들었기 때문이다. 결국 미국은 독립운동을 지지했
고, 대신 미국의 이해관계가 곧 신생국들의 이해관계와 일치한다는
담론을 정립하기 시작했다. 1823년의 먼로 독트린이 대표적인 결과
물이다. 미국과 스페인어권 아메리카를 포괄하는 '서반구'라는 지정
학적 개념이 바로 이때 정립되었다(스미스, 2010: 33-35). 독립 직후 스
페인의 아메리카 식민지 보유를 인정하는 방어적 정책에서 스페인

식민지들을 미국의 이해관계에 복무시키려는 공세적인 정책으로의 전환 시도가 먼로 독트린의 핵심인 것이다. 다시 말해 사실상 제국주의 정책으로의 전환이었고, 이 전환은 이내 영토적 야욕으로 표출되었다. 미국 언론인 존 L. 오설리번이 1845년 「합병」이라는 기사에서 처음 사용한 '명백한 운명'이라는 표현에서 이 야욕이 구체화, 일반화되고 있다(O'Sullivan, 1845). 미국이 북미 대륙을 장악하는 것이 섭리라는 내용을 담고 있는데, 이는 당시 미국이 지리적으로는 북미에 속하는 멕시코의 텍사스 합병을 정당화하는 논거로 사용되었다. 그리고 바로 그 해에 진행된 텍사스 합병 작업은 그 다음해 초에 마무리되었고, 이어 멕시코와 전쟁 끝에 2년 뒤인 1848년의 과달루페이달고 조약을 통해 지금의 캘리포니아, 네바다, 유타, 애리조나 주 전체와 뉴멕시코, 콜로라도, 와이오밍 주 일부가 또다시 미국에 편입되었다.

피터 H. 스미스는 마르티와 리살의 시대인 19세기 말에 미국의 라틴아메리카 정책이 수정되어 영토 획득보다는 상업적 제국의 건설에 치중하게 되었다고 말한다. 직접 식민지를 소유하지 않으면서 자국의 이해를 관철시키는 신식민주의 정책이 가동되기 시작했다는 뜻이다.

　　19세기 말에 이르자 미국의 대(對)라틴 아메리카 전략이 바뀌었다. 열렬한 부흥운동과 팽창의 원칙과 방법을 둘러싼 논쟁을 거친 뒤, 워싱턴은 영토 획득을 주로 추진하는 데서 벗어나서 이해권을 만들어 미국의 헤게모니를 비공식적인 경제적, 정치적 관계의 망으로 확산시키기로 했다. 이런 변화에는 몇 가지 이유가 있었다. 첫째, 인구학적 현실이다. 새로 획득할 지역은 유럽 이민을 끌어들이기에 적합하지 않았거나, 이미 원주민이나 아프리카인 또는 이베리아 반도 태생들이 살고 있는 곳이었다. 당대의 인종주의적 독트린에 따르면, 이런 현실로 인해서 앵글로색슨계가 지배적인 미국 사회에 이 지역들을 통합하기가 적절하지 않았다. 둘째, 지구적 차원의 제국적 경쟁을 재평가해보니, 영토적 접근보다 상업적 이득을 강조하게 되었다. 셋째, 유럽적 의미의 제국주의는 지불할 비용이 큰 프로젝트라는 인식이 있었다. 영국이 인도와 여타 지역에서 발견하게 되듯이, 상당한 규모의 군비와 행정력 비용이 요구되었다. 생각건대 그리고 운 좋게도 19세기 말이 되면서 모든 것이 명백해졌다. 비용을 모두 감수하지 않고도 제국주의의 이득을 얻을 수 있게 된 것이다.(스미스, 2010: 46)

그런데 스미스의 견해와 달리, 로버트 J. C. 영은 19세기 말에서 1차 세계대전까지 여타 서구 제국주의 열강들과 마찬가지로 해외 식민지 획득에 큰 관심을 보였다고 말한다. 그리고 맥킨리 대통령(1897-1901)과 시어도어 루스벨트(1901-1909) 대통령 집권기를 대표적인 예로 든다.

1898년부터 제1차 세계 대전까지 일반적인 애국주의적 제국주의가 고조되었던 시기는, 미국이 군사적인 형태로 정착을 확대하면서 인접한 영토들을 획득하고 동화하던 정책에서 유럽의 모델

을 따라 해외의 식민지들을 직접 획득하고 통제하는 정책으로 이
동했던 그런 시기였다.(J. C. 영, 2005: 87-88)

　미국이 1897년 하와이를 합병하고, 1898년 스페인과의 전쟁 후에
는 스페인에게 필리핀, 푸에르토리코, 괌 등을 접수한 것을 보면 영
의 주장이 설득력 있다. 그러나 쿠바를 점령하지 않고 막후에서 미
국의 정치적, 경제적 이해 관철에 주력한 것을 보면 스미스의 주장
이 옳아 보인다. 이러한 상반된 시각이 존재할 수밖에 없는 이유를
짐작할 수 있는 일화가 있다. 1889-1892년 사이 미국의 국무장관을
지낸 제임스 블레인의 양면적 태도와 관련된 일화이다. 블레인은 범
미주의를 미국의 대외정책으로 확립시킨 인물이다. 그의 주도로
1889년에서 이듬해에 걸쳐 워싱턴에서 열린 제1회 미주국제회의
(Primera Conferencia Panamericana)에서 블레인은 미국과 라틴아메리카를
'범미주의'라는 구호로 묶으려는 적극적인 노력을 했다. 이는 분명
먼로 독트린의 연장선상에 있는 일이었다. 그러나 블레인의 구상은
19세기 초의 먼로 독트린보다 훨씬 더 거센 비판에 직면했다. 호세
마르티의 「우리 아메리카」나 루벤 다리오의 「칼리반의 승리」가 바
로 그 분위기를 짐작할 수 있는 글들이다. 마르티는 이 회의에 우루
과이 영사 자격으로 참석할 수 있었다. 그리고 회의장에서도 미국의
야욕을 드러내는 데 열심이었고, 아르헨티나 일간지 <민족>(La
Nación)을 비롯한 여러 라틴아메리카 신문 통신원으로서 그 사실을
라틴아메리카에 알리는 데 힘썼다. 비록 1891년에야 발표했지만, 「우

리 아메리카」가 바로 이 국제회의 기간 중에 쓴 글이다. 「칼리반의 승리」는 이 회의보다 한참 후인 1898년에 써진 글이지만, 미주국제회의에서 미국에 대한 성토가 얼마나 거센 것인지 다음과 같이 적나라하게 묘사하고 있다.

> 라 빅토리아 극장에서 있었던 강연에서 [아르헨티나 대표] 사엔스 페냐는 또 한번 정중한 신사이자 정치가였다. 그는 평소에 누누이 말해왔던 바를 되풀이했다. 그는 텍사스를 집어삼킨 뒤에도 여전히 아가리를 벌리고 있는 보아 뱀의 위험성을 경고했고, 앵글로색슨족의 탐욕과 양키들이 보여준 엄청난 식욕, 미 정권의 정치적 오명에 대해, 그리고 독기 오른 보아 뱀의 다음 공격을 대비하는 것이 라틴아메리카 국민들에게 얼마나 유용하고 절실한지에 대해 역설했다.
>
> 단 한 사람만이 이 문제에 있어 사엔스 페냐 만큼 끈질기고 선견지명이 있었다. 그 사람은 다름 아닌 ─기묘한 시간의 아이러니여!─ 자유 쿠바의 아버지 호세 마르티다. 마르티는 자기 혈통의 국민들에게 약탈자들을 경계하라고, 범미주의의 음모에 현혹되지 말고 양키 나라 장사꾼들의 속임수와 함정에서 눈을 떼지 말라고 끊임없이 설파했다. 오늘날 곤경에 처한 진주를 돕는다는 구실을 내세워 괴물이 그곳의 진주조개 따위를 닥치는 대로 집어삼키는 것을 본다면 마르티는 뭐라고 말할까?(다리오, 2013: 407-408)

블레인은 이런 비판을 불식시키기 위해 회의 기간 중에 미국은 영토적 팽창 의도가 없고, 단지 교역 확대를 원한다고 강조했다. 하지만 1891년에 당시 대통령 벤자민 해리슨에게 보낸 편지에 진정한 그의 속내가 담겨 있다. 블레인은 이 편지에서 푸에르토리코와 하와이는 물론 쿠바까지도 미국이 장악해야 한다고 역설하고 있는 것이다(Ward, 2007: 104). 블레인의 이런 양면적 태도는 미국이 신식민주의 정책과 구 제국의 식민지배 방식을 상황에 따라 교차 구사한 것이지 결코 어느 한쪽만을 택한 것이 아니라는 사실을 보여준다. 그리고 미국의 대외전략에 나타난 이러한 양면성은 모순이라기보다 전 지구적 패권 전략이라는 더 큰 설계가 배후에 도사리고 있었기 때문이다. 해군 제독이자 해군사가였던 앨프리드 머핸이 1890년에 쓴 『해상 권력사론(1660-1783년까지의 역사에 미친 해군력의 영향)』에서 그 단초를 찾을 수 있다. 이 책에서 머핸은 "해군력이 국제적 영향력을 확보하는 데에 핵심이며, 미국에는 두 대양을 커버하는 해군이 요구된다"(스미스, 2010: 54-55)고 주장했다. 이는 1차적으로는 대서양과 태평양을 잇는 운하의 필요성을 뒷받침하는 논거로 작용했다. 하지만 미국이 대서양과 태평양을 아우르는 해상제국이 되어야 한다는 것은 곧 미국이 전 지구적 패권을 장악해야 한다는 주장이나 다름없는 것이었다. 그리고 이러한 전략 속에서 필리핀은 절대로 놓칠 수 없는 곳이었다. 태평양 패권을 위한 전진기지로서의 지정학적 위치를 지니고 있기 때문이다. 그래서 구 제국들처럼 직접 점령을 택한 것이다. 반면 쿠바는 신식민주의 정책을 적용하는 것이 낫다고 판단했다. 앞서 스미스가 지적한 당대의 인종주의(특히 백인과 흑인의 관계에서) 분위기에서 쿠바를 억지로 합병시킨다면 계륵 같은 존재가 될 가능성이 있기 때문이다. 쿠바보다는 인종 갈등이 적었던 푸에르토리코를 합병하는 것만으로 카리브 해, 즉 대서양 한쪽의 제해권을 확보할 수 있었으니 굳이 쿠바까지 합병할 필요를 느끼지 못했던 것이다.

미국은 2차 세계대전의 승리로 세계질서의 확고한 한 축을 담당했고, 베를린장벽 붕괴 이후 한동안 유일한 세계 제국으로 군림했다. 하지만 그 시작은 바로 마르티와 리살의 시대였던 19세기 말이었던 것이다. 마르티와 리살은 스페인 제국의 퇴장을 목표로 싸웠고, 그들의 영향 속에서 쿠바와 필리핀의 지식인들이 전 지구적 저항 연대를 모색했다지만 이미 미국이라는 신흥제국의 전 지구적 패권 전략이 가동된 시점에서 두 사람의 죽음이 진정한 독립의 밀알이 되기는 어려웠다.4)

---

4) 이 글은 2013년 <지구적 세계문학> 1호 312-325쪽에 게재되었다.

시는 검이고 시인은 전사일지니

호세 마르티는 문학에서도 굵은 족적을 남겼다. 다만 독립을 위한 헌신과 불의의 죽음 때문에 빼어난 글재주를 충분히 발휘하지 못한 측면도 있다. 시인으로서의 마르티는 아쉬운 측면이 없지 않다. 그가 생전에 낸 시집은 『어린 이스마엘』(Ismaelillo, 1882), 『자유로운 시』(Versos libres, 1882), 『소박한 시』(Versos sencillos, 1891) 세 권 뿐이다. 그나마 이 시집들에 대해서 스스로도 만족하지 못하는 점이 있었음을 그의 문학적 유언장으로 알려진 편지에서 포착할 수 있다. 독립전쟁이 시작된 뒤인 1895년 4월 1일 전선에서 곤살로 데 케사다라는 지인에게 쓴 편지이다. 이 편지에서 마르티는 기존 시로 시집 한 권을 묶어내는 것도 괜찮겠다고 말하면서도, 『자유로운 시』에서는 극히 완성도 높은 일부 시만 선정할 것을, 특히 『어린 이스마엘』 이전에 쓴 시는 전혀 가치 없으니 한 편도 포함시키지 말 것을 당부했다(Martí, 1982: 312). 그래서 시인보다는 산문가로서의 마르티의 재능을 더 높이 평가하는 시각도 있으며, 약간 시각을 달리해서 마르티는 산문만으로도 그 어느 문인 못지않은 충분한 문학적 기여를 했다고 예찬하기도 한다.5)

산문가로서의 마르티가 높이 평가받는 이유는, 상당 부분을 차지하는 신문 칼럼과 시론(時論)들이 국제정세, 근대 문화 등에 대한 통찰력을 지니고 있을 뿐만 아니라 화려하고 유려하면서도 진정성이 배어나는 문체로, 때로는 촌철살인의 날카로움이 번득이는 문체를 보여주기 때문이다. 그러나 필자에게는 시인으로서의 마르티와 산문가로서의 마르티를 구분하는 일은 그다지 큰 의미가 없다. 미리 결론을 말하자면 필자는 그의 시와 산문을 가로지르는 '식민적 상처'의 극복 노력에 주목하기 때문이다. 그리 많지 않은 시로도 마르티가 라틴아메리카 문학의 서막을 알린 문학 경향인 모데르니스모에서도 중요한 역할을 한 것도 그러한 선명성 때문이라고 본다.

모데르니스모는 영어의 모더니즘에 해당하는 단어이지만 모더니즘과는 성격이 다르다. 1990년 노벨문학상 수상자인 멕시코 시인이자 시 이론가인 옥타비오 파스는 서구에서 낭만주의가 한 역할을 라틴아메리카에서 모데르니스모가 담당했다고 주장한 바 있다. 모데르니스모가 부르주아 사회에서 예술의 자율성 문제에 대한 고뇌, 세속화된 삶, 도시생활의 경험 등과 긴밀한 관계가 있다는 평가도

---

5) 문인으로서의 평가를 둘러싼 논란에 대해서는 Fernández Retamar(1987: 565-566)를 참조하라.

(Gutiérrez Girardot, 1987: 496-501) 파스의 평가와 궤를 같이 하는 것이다. 이를테면 불쑥 찾아온 근대가 주는 매력이나 충격, 혹은 여전히 전근대인 사회와 일으키는 불협화음 속에 피어난 문학이 모데르니스모인 것이다. 라틴아메리카 문학사에서 모데르니스모가 특별한 이유는 이를 통해 라틴아메리카 문학다운 문학이 처음 쏟아지기 시작했기 때문이다. 대부분의 라틴아메리카 국가가 19세기 초에 정치적 독립을 얻었지만, 문학적 독립은 60, 70년이 지난 후에야 모데르니스모와 함께 이루어졌다. 독립과 건국으로 새 시대가 열린 지 오래이건만 근대의 해일이 밀려들어 사회가 급변하면서 비로소 라틴아메리카 문학이 여전히 식민잔재에 사로잡혀 있거나 아니면 그저 서구 문학의 단순모방에 그쳤다는 인식을 하게 된 이들이 모데르니스모 문인들이었던 것이다. 그래서 모데르니스모는 특정 문학운동이나 사조라기보다 낡은 것을 떨쳐내고 새로운 방향성을 성찰해야 한다는 시대정신이의 표현이라고 할 수 있다. 그래서 참으로 다양한 작가와 작품들이 모데르니스모의 범주에 포함된다. 다만 미학적인 면에서는 물론 양적인 면에서도 니카라과 시인 루벤 다리오(1867-1916)의 족적이 너무 크다보니 그의 시 세계와 모데르니스모를 동일시하는 오류가 종종 벌어졌다. 그리하여 모데르니스모를 현실도피, 탐미주의, 예술지상주의, 과도한 코스모폴리타니즘 등으로 한정 짓기 일쑤였다. 다리오에 대한 이러한 평가도 지나치지만, 모데르니스모를 이렇게 단순화시키는 것도 큰 문제가 아닐 수 없다.6)

---

6) 모데르니스모와 다리오에 대한 통념에 대한 반론으로는 루벤 다리오의 번역 시집

그런데 마르티는 모데르니스모에 대한 이런 단순화된 평가에 반 (反)하는 좋은 예이다. 마르티는 『자유로운 시』에 포함된 「시학」이라 는 시에서 다음과 같이 자신이 추구하는 시를 밝힌다.

진실은 홑(笏)을 원한다.
나의 시는 온갖 향기와 찬란한 빛을 발하는
화려한 방들을 상냥한 시동(侍童)처럼 다닐 수 있다.
시중드는 고명한 공주에게 사랑에 빠져 몸을 떨면서,
귀부인들에게 상큼한 샤베트를 나누어주면서.
내 시는 예장용 칼, 보라색 후본,
황금빛 베일, 줄무늬 칼사에 대해서 알고 있다.
따뜻한 포도주에 대해서도, 사랑에 대해서도
내 투박한 시는 알고 있다.
그러나 내 시는 선호한다.
진실한 사랑의 침묵을, 생명력 넘치는 밀림의 울창함을.
카나리아를 좋아하듯이! 독수리를 좋아하듯이!

(마르티, 2013a: 287)[7]

자신의 시를 "투박한 시"로 규정하면서 "온갖 향기와 찬란한 빛 을 발하는/화려한 방들"보다는 "진실한 사랑의 침묵을,/생명력 넘치

『봄에 부르는 가을 노래』의 역자 해설 「그의 시는 여전히 푸르다」를 참조하라(김 현균, 2013: 225-234).
7) '후본'과 '칼사'는 각각 꽉 끼게 입는 남성용 조끼와 바지, '따뜻한 포도주'는 적 포도주에 브랜디, 오렌지 주스, 계피, 꿀 등을 섞어 끓인 음료이다.

는 밀림의 울창함을" 담은 시를 선호한다고 밝히고 있다. '진실'이라는 표현이 반복되는 데서 짐작할 수 있듯이 진정성이 마르티 시학의 화두 중 하나이다. 이 시에서는 진정성 이외에도 또 다른 요소가 화려한 시와 대립하고 있다. "생명력 넘치는 밀림의 울창함"이라는 구절을 주목할 필요가 있다. 이 구절만으로는 분명히 포착하기 힘들겠지만 이는 '자연' 혹은 '자연스러운 것'에 대한 마르티의 경도에서 비롯되었다. 『망명지의 꽃들』(Flores del destierro, 1933)이라는 유고시집의 시에서는 "수사적이고 장식적인 시에 반(反)하는/자연스러운 시"(Martí, 1968: 347)를 천명하고 있다. 또 그의 유명한 수필 「우리 아메리카」(1891)에도 "문명과 야만 간의 싸움이 아니라 거짓된 학식과 자연 간의 싸움이 존재할 뿐이다"(마르티, 2013b: 301)라는 구절이 등장한다. '문명과 야만'이란 이항대립은 아르헨티나의 문인, 사상가, 정치가인 사르미엔토가 유럽과 라틴아메리카를 각각 문명과 야만으로 규정하고, 라틴아메리카 발전을 위해 서구 문명 이식을 촉구한 데서 비롯되었다. 그런데 마르티는 서구 문물을 '거짓된 학식', 즉 몸에 맞지 않는 남의 옷일 뿐이라고 비판하면서 '자연'을 진정한 가치로 내세우고 있는 것이다.

'투박한 시' 혹은 그의 대표적 시집 제목인 '소박한 시' 등의 어구들이나 진정성과 자연을 앞세우는 그의 시학은 언뜻 그의 작품이 쉬우리라는 선입관을 준다. 그런 작품이 없는 것은 아니다. 특히 『어린 이스마엘』처럼 독립운동에 매진하느라 떨어져 살게 된 어린 아들을 위한 시집의 경우는 그렇다. 그러나 대체로 그의 문학 작품은 시와 수필 공히 강렬하고 내밀한 상징들을 특징으로 하고 있다. 때로는 문체 역시 다리오와 견줄 만큼 수사적이고 화려한 양상을 띨 때도 있다. 「우리 아메리카」가 대표적인 경우이다. 실제로 마르티는 『자유로운 시』 서문에서 나는 "어려운 소리울림(sonoridad), 조각 작품 같은 시를 사랑한다"(Martí, 1968: 321)고 말하고 있다. 이처럼 치열한 독해를 요하는 작품을 쓰는 이유가 바로 모데르니스모의 시대정신 그리고 식민적 상처와 관계가 있다. 모든 것을 새롭게 바꾸어야 하는 시대, 특히 식민잔재에 물든 문학적 인습을 깨뜨려야 했던 시대이니만큼 마르티로서는 새로운 언어, 독창적인 언어를 절실하게 필요로 했던 것이다.

이러한 치열함은 독립투사로 살았던 마르티의 삶과 그를 둘러싼 현실에 의해 증폭된다. 페르난데스 레타마르는 『소박한 시』 서문을 인용하면서 마르티의 시가 두 가지 경향을 동시에 지니고 있다고 지적한다(Fernández Retamar, 1987: 570). "가끔은 바다가 포효해서, 칠흑 같은 밤에 피가 흥건한 성의 바위들로 파도가 부서진다. 또 가끔은 꿀벌이 꽃들 사이를 배회하며 속삭인다"(Martí, 1968: 360)라는 구절이다. 이를테면 치열함과 평온함이 마르티의 시에서 교차하고 있다고 보는 것이다. 이는 마르티가 평온함을 사랑하면서도 치열할 수밖에 없었다는 뜻이고, 그럴 수밖에 없는 이유에 대해 마르티는 『소박한 시』의 「시 I」에서 다음과 같이 토로한다.

나는 진실한 사람,
야자나무 자라는 땅에서 온.
죽기 전에 내 영혼의 시를
토해내고 싶네.

(...)

내 용감한 가슴에
나를 들쑤시는 고통을 감추고 있다네,
노예민족의 아들은 민족을 위해
살고, 침묵하고, 죽는다.(마르티, 2013a: 292, 295)

　"나는 진실한 사람"으로 시작되는 이 시의 첫 연에서 마르티는
자신의 시가 영혼에서 우러나온 것이고, 그 영혼의 번뇌 혹은 떨림
을 치열하게 토해내고 싶다고 말한다. 그리고 마르티의 영혼을 치열
하게 만드는 것 중 하나가 바로 식민지배였다. 자신을 독립을 이루
지 못한 "노예민족의 아들"로 규정하고 있고, 그에 따라 "민족을 위
해" 투쟁하는 삶을 살 수밖에 없다는 것이다. 이 시집은 의사의 권
유로 그야말로 오랜만에 산중에서 휴식을 취할 때 쓴 것이다. 그런
데도 서문에서 마르티는 미국이 라틴아메리카에 영향력 확대를 위
해 개최한 제1회 미주국제회의에 참가했다가 다시 목도한 미국의
제국주의적 야욕에 치를 떨고 있다(Martí, 1992: 177-178). 쿠바가 스페
인으로부터 독립한다 해도 또다시 노예민족으로 전락할까 두려웠던

것이다. 또 다른 시집인 『자유로운 시』 서문에서 마르티는 시와 시인에 대해 규정하고 있다. 시는 검이고, 시인은 전사라고(Martí, 1968: 321).[8]

---

8) 이 글은 2013년 <시인수첩> 39호 184-191쪽에 「호세 마르티: 시는 검이고 시인은 전사일지니」라는 제목으로 게재되었다.

마르티, 우리 아메리카, 칼리반, 포스트옥시덴탈리즘

독립 후 호세 마르티에 대한 기억은 잠시 옅어졌다. 그러다가 1933년 호르헤 마냐흐가 『사도 마르티』를 발간할 즈음, 다시 관심을 받기 시작했다. 예수의 12제자에게나 붙이는 '사도'라는 표현은 이제 그가 쿠바의 국부로 여겨지기 시작했다는 징후였다. 사도 대신 '순교자'라는 표현도 흔히 그에게 따라붙었다. 그리고 쿠바혁명 이후 드디어 국부의 반열에 올랐다. 그를 존경했던 피델 카스트로 덕분이다. 그래서 아바나의 국제공항 이름도 호세 마르티 공항이고, 쿠바 어느 곳을 가도 호세 마르티라는 이름의 광장이나 그의 동상을 흔히 만날 수 있다. 아바나의 그 넓은 혁명광장에 자리하고 있는 현충원 정면을 장식하는 것도 마르티 동상이다.

독립운동가이자 빼어난 문인이었으니 쿠바에서는 그럴 법도 하다. 그러나 마르티의 위상은 그 이상이다. 시대에 따라 독립, 반제국주의, 정신적·문화적 해방, 혁명, 탈식민주의 등을 주장한 20세기 라틴아메리카 지식인 계보의 선구자로 여겨진다. 19세기가 다하기 전에 사망했는데도 말이다. 「우리 아메리카」를 비롯한 여러 글에서 미국의 제국주의적 야욕을 경계하는 목소리를 냈다는 점이 사상가로서의 마르티의 가장 돋보이는 점이었다. 그렇다고 '사상가'라는 칭호를 붙여주는 것은 지나친 예찬이 아닐까? 그러나 라틴아메리카에서 '사상'이라고 말할 때는 형이상학적 철학이나 정교한 담론 혹은 체계적인 이론보다는 비판적 사회의식에 방점을 둘 필요가 있다는 점을 지적하고 싶다. 사상의 생산과 유통마저 서구에 의해 독점된 주변부적 현실에서 사상가가 되려면 무엇보다도 식민주의에 대한 비판적 인식이 선행되어야만 한다. 그리고 마르티야말로 서구에 대한 정신적 종속의 극복을 누구보다도 강조했다는 점에서 능히 사상가라고 부를 만하다. 「우리 아메리카」에서도 마르티는 "유럽의 대학은 아메리카의 대학에 자리를 내어주어야 한다"(마르티, 2013b: 302)라고 말한 바 있다. 여기서 대학은 사상이나 지식체계를 의미한다. 외래사상의 무분별한 수입보다 라틴아메리카 현실을 먼저 알고 라틴아메리카만의 지식체계를 창출하는 것이 중요하다는 것을 역설한 것이다.

'우리 아메리카'는 미국을 제외한 아메리카라는 의미이다. '우리 아메리카'라는 범주의 설정이 라틴아메리카 사상에서 본격적으로 화두가 된 것은 쿠바혁명을 계기로 해서이다. 반제국주의, 제3세계론, 범아메리카 민족주의, 종속이론, 해방신학 등이 라틴아메리카

사상의 화두가 된 시대적 분위기 속에서 쿠바의 문학비평가 로베르토 페르난데스 레타마르가 1971년 「칼리반」이라는 글을 발표하면서 새삼 마르티의 '우리 아메리카'의 의미의 중요성이 부각되었다. 이 글은 셰익스피어의 희곡인 『폭풍우』의 등장인물들을 식민–피식민의 관계에 입각해서 재해석하고 있다. 주지하다시피 셰익스피어는 그의 극에서 프로스페로를 교양과 관용을 갖춘 이상적인 통치자로, 칼리반을 난폭한 야만인으로 그리고 있다. 그런데 페르난데스 레타마르는 프로스페로를 식민자로, 칼리반을 피식민자로 해석하고 있다. 셰익스피어의 극에서 프로스페로가 칼리반의 섬을 빼앗고 그를 노예로 부려먹은 데에서 착안한 것이다. 페르난데스 레타마르가 칼리반을 피식민자로 규정할 때, 이는 '우리는 식인종이다'라고 선언한 것이나 진배없었다. 원래 칼리반(Caliban)은 셰익스피어가 'cannibal'의 철자를 바꿔 만든 이름이고, 셰익스피어는 『폭풍우』를 쓸 때 몽테뉴의 『수상록』 제1권 30장의 「식인종에 관하여」("Of the Cannibals")을 참조했다. 'cannibal'은 스페인어로는 'caniba'에서 비롯되었으며, 아시아에 다다랐다고 착각했던 콜럼버스가 몽골 황제 칸의 백성들이라는 뜻으로 자신의 항해일지에서 사용했다. 그런데 그의 항해일지에는 콜럼버스가 선주민들의 식인풍습을 언급한 대목이 있어서, 그 후 'cannibal'이 식인종이나 야만인을 의미하게 된 것이다. 페르난데스 레타마르가 라틴아메리카인을 식인종에 비유한 것은 라틴아메리카인이 미개하다는 의미에서가 아니었다. 그것은 일종의 메타포로 서구와 제3세계의 차이를 선언하고, 그 차이를 존중해줄 것을 서구에 요구하기 위함이었다.

물론 페르난데스 레타마르만 『폭풍우』를 주목한 것도 아니고 또 그가 식민-피식민의 관계에서 이 작품의 등장인물들을 조명한 최초의 인물도 아니다. 르낭, 다리오, 로도, 그루삭, 마노니, 파농, 세제르, 라밍, 브라스웨이트, 이글턴 등이 『폭풍우』를 둘러싼 비평사에 이름을 올리고 있다. 19세기 말에서 20세기 초 사이의 비평에서는 미국을 칼리반으로 설정하는 경향이 있었다. 호세 엔리케 로도의 『아리엘』(1900)이 대표적인 경우다. 『아리엘』은 프로스페로라는 노학자가 젊은 학생들을 계도하는 내용의 책이다. 프로스페로는 미국이 천박한 물질문명에 경도되어 있다고 비판하며 미국을 칼리반으로 규정한다. 그리고 학생들에게 물질적인 가치보다는 정신적 가치를 추구할 것을 권유한다. 로도는 그리스라틴문화에서 정신적 가치의 극치를 보고 이를 아리엘에 비유했다. 셰익스피어의 극에서 프로스페로의 명을 충실히 수행한 대가로 자유를 얻은 정령인 아리엘(에어리얼)을 칼리반의 대립항으로 설정한 것이다. 『아리엘』이 미국이 쿠바를 사실상 속국으로 만든 데에 대한 반발로 쓰여진 작품이기에 이런 식의 대립항이 설정된 것이다. 20세기 중반 이후의 비평은 대체로 제3세계론이 화두가 되었던 시대상을 투영하고 있으며 포스트식민주의 비평에 의해 재조명되었다. 논자에 따라 프로스페로, 칼리반, 아리엘을 해석하는 방식은 상이하다. 하지만 대체로 프로스페로와 칼리반을 식민자-피식민자의 구도로 파악하는 공통점을 지니고 있다.

로도가 『아리엘』에서 정신적 가치를 중요시한 점이나 그리스라틴 문화의 계승을 주장한 것은 당시로서는 분명 진일보한 사유였다. 19세기 라틴아메리카의 지배층이나 지식인들은 낙후된 현실을 극복하기 위해 영국이나 미국의 산업화와 프랑스 문화를 기웃거렸다. 이러한 사대주의적 사고방식의 결정판이 도밍고 F. 사르미엔토의 『파쿤도 혹은 문명과 야만』(1845)이었다. 라틴아메리카가 문명과 야만의 대결장이라는 것이 사르미엔토의 현실인식이었으며, 라틴아메리카가 발전하려면 문명이 승리해야 한다는 것이 그의 주장이었다. 당연히 문명은 서구를, 야만은 라틴아메리카를 지칭한 것이다. 로도가 미국을 칼리반으로, 라틴아메리카를 아리엘로 규정했을 때, 그는 사르미엔토의 이분법을 역전시킨 셈이다. 더욱이 로도가 말하는 그리스라틴문화는 특정 문화에 대한 추종을 의미하는 것이 아니었다. 그리스라틴문화의 보편성을 고려한 것이었으니 라틴아메리카도 보편적인 문화를 누리고 계발할 자격이 있다는 것을 주장한 것이다. 그렇지만 페르난데스 레타마르는 로도의 『아리엘』에 대해서 비판적인 태도를 견지한다. 비록 이 책이 미국의 제국주의적 팽창에 맞서고자 했던 당대의 라틴아메리카 지식인들에게 문화적 민족주의의 가능성을 시사해준 명저로 꼽히고 있지만, 페르난데스 레타마르에게 있어서 로도의 대립항은 또 다른 정신적 종속이었을 뿐이다. 게다가 로도가 설정한 대립항 자체가 라틴아메리카 현실을 오도하는 것이라고 보았다. 페르난데스 레타마르는 로도의 대립항을 전복시키기 위해 마르티를 끌어들인다. 로도의 『아리엘』보다 먼저 쓰여진 「우리아메리카」에서 마르티는 사르미엔토를 통렬하게 비판하였다. 라틴아메리카가 문명과 야만의 대결장이 아니라 사이비 지식과 자연의 대결장이 되고 있다는 것이 마르티의 주장이었다. 여기서 사이비 지식은 외래사상을 의미하고 자연은 토착 현실을 뜻한다. 페르난데스 레타마르는 마르티에 입각해서 프로스페로-칼리반-아리엘을 각각 서구-라틴아메리카 민중-라틴아메리카 지식인으로 설정하였다. 아리엘을 지식인으로 설정한 것은 셰익스피어의 극에서 프로스페로의 마술을 실행하는 역할을 하는 아리엘이, 서구 사상에 경도되어 있거나 서구의 식민주의 기획에 협조하는 라틴아메리카 지식인과 흡사하다고 보기 때문이다. 페르난데스 레타마르는 라틴아메리카 지식인들에게 프로스페로에 협조하는 아리엘이 되지 말고 민중과 함께 하는 아리엘이 될 것을 촉구한다.

페르난데스 레타마르의 칼리반론은 당대를 풍미하던 종속이론처럼 지나치게 경직되어 있다는 비판을 받았다. 보르헤스의 경우처럼 보편주의를 지향하는 문학 작품까지 비난하는 경직된 사유를 보였다는 것이 비판의 골자였다. 따라서 칼리반론은 종속이론을 필두로 한 라틴아메리카의 비판적 사상이 1980년대 들어 폐기되다시피 했을 때에, 아니면 적어도 베를린장벽의 붕괴와 탈냉전 시대의 개막과 더불어 현재성을 상실했어야 마땅하다. 그러나 칼리반론은 포스트식민주의 비평 덕분에 재조명되었다. 가령 「칼리반」에서는 『폭풍우』의 대사 한 구절이 중요하게 거론되고 있다. 칼리반이 "내게 그들의 말을 가르쳐준 덕분에 저주하는 법을 배웠다"라고 말하는 대목이다.

식민자의 언어를 전유하고 그들의 언어로 식민주의를 비판하기, 이 것이야말로 포스트식민주의적 글쓰기의 핵심이라 할 수 있으니 페르난데스 레타마르에 대한 포스트식민주의 비평가들의 관심은 당연한 것이었다.

포스트식민주의와 관련하여서는 포스트옥시덴탈리즘 개념도 주목을 끌었다. 1976년 발표한 「우리 아메리카와 서구」(Nuestra América y Occidente)라는 글에서 페르난데스 레타마르가 천명한 개념이다. 그는 이 글에서 옥시덴탈리즘을 극복하는 것이 라틴아메리카의 과제라고 주장한다. 에드워드 사이드의 오리엔탈리즘을 연상시키는 이 용어가 『오리엔탈리즘』이 발간되기 전, 즉 포스트식민주의 비평이 본격적으로 대두되기 전에 이미 사용되었다는 점이 페르난데스 레타마르를 주목하게 만든 것이다. 그러나 비록 포스트옥시덴탈리즘을 포스트식민주의의 한 갈래라고 간주하는 경향이 있기는 하지만, 포스트옥시덴탈리즘에는 엄연히 라틴아메리카의 특수한 상황이 반영되어 있다. 페르난데스 레타마르는 서구 패권의 역사를 라틴아메리카 입장에서는 식민화(colonización)로 이해하기보다 서구화(occidentalización)로 이해해야 한다고 주장한다. 이는 스페인─영국─미국으로 이어지는 라틴아메리카에 대한 패권의 역사가 합병의 역사라는 인식을 피력한 것이다. 월터 미뇰로는 바로 이 점에서 옥시덴탈리즘이 철저한 타자화에 입각한 오리엔탈리즘과 갈라진다고 본다. 즉, 라틴아메리카를 식민지로 보는 것이 아니라 서구의 일원으로 간주함으로써 라틴아메리카에 대한 지배의 정당성을 주장하는 담론이 옥시덴탈리즘인 셈이다.

라틴아메리카의 역사가 과연 식민의 역사인지 합병의 역사인지는 논란의 여지가 있을 것이다. 그럼에도 불구하고 페르난데스 레타마르의 포스트옥시덴탈리즘은 시사하는 바가 크다. 가령 월터 미뇰로가 페르난데스 레타마르를 수용하는 방식에서 포스트옥시덴탈리즘의 현재성을 읽을 수 있다. 미뇰로는 근대기획을 극복하는 방법이 지역마다 차이가 난다고 주장하면서 포스트모더니즘, 포스트오리엔탈리즘, 포스트식민주의, 포스트옥시덴탈리즘을 열거하고 있다. 근대성이 하나가 아니라 여럿이라는 주장이 설득력 있는 것이라면 근대기획을 극복하는 방안 역시 여럿일 수 있다는 인식을 피력한 것이다. 미뇰로는 나아가 미국 대학 연구자들이 라틴아메리카 연구를 주도하고 있는 상황을 경계하고자 포스트옥시덴탈리즘을 재조명하였다. 미국 내에서 히스패닉 인구가 성장하고, 특히 라틴아메리카에 군사독재와 경제위기가 만연했던 1970-80년대에 라틴아메리카 지식인들의 이탈과 미국 정착이 급속도로 진행되면서 야기된 상황을 말한다. 제1세계에 성공적으로 진입한 지식인들이 포스트옥시덴탈리즘처럼 지역사(local history)의 특수성을 천착하는 시각을 고려할 때 비로소 서구 근대의 식민기획을 완전히 종식시킬 수 있다는 것이 미뇰로의 관점이었다.9)

---

9) 이 글은 「호세 마르티, 캘리반, 포스트옥시덴탈리즘」라는 제목으로 2005년 <실천문학> 77호 349-356쪽에 게재된 것을 수정한 것이다. 글을 집필하던 당시 Fernández Retamar(2003), 월터 D. 미뇰로의 글 「포스트옥시덴탈리즘: 라틴아메리카의 주장」(Castro-Gómez y Mendieta, 1998: 31-58), 송상기(1999) 등을 주로 참조하였다.

2부

보르헤스의 총천연색 욕망

흑백 사진에 갇힌 보르헤스의 총천연색 욕망

1. "보르헤스 때문이라면 여행할 가치가 있지"

프랑스의 문인 피에르 드리외 라로셸이 1933년 아르헨티나를 방문했다. 그리고 돌아가는 선상에서 집필하기 시작한 여행기에서 "보르헤스 때문이라면 여행할 가치가 있지"라고 되풀이 말했다고 한다. 당시에는 아직 그다지 알려지지 않았던 보르헤스(1899-1986)와의 만남이 왕복 40일의 기나긴 대서양 횡단 여행, 그다지 유쾌하지 않았던 모양인 아르헨티나에 대한 기억을 깨끗이 보상해 주었던 것이다 (Vázquez, 1996: 136). 이렇게 하여 그는 단 한 번의 만남으로 보르헤스의 신도가 되었다.

세월이 흐르면서 보르헤스에게 감화를 받은 신도들은 점점 늘어갔다. 미셸 푸코와 움베르토 에코까지 신도가 되었을 정도였다. 그

토록 사람들을 매혹시킨 것은 물론 보르헤스의 범상치 않은 식견이
었다. 그리고 그 식견은 엄청난 독서량에서 나왔다. 보르헤스가
1955년 국립도서관 관장이 되었을 때, 사람들은 '책의 우주'에 진정
한 제왕이 등극한 것처럼 생각했다. 그러나 제왕은 그 직후 사실상
시력을 상실한다. 이에 대해 보르헤스는 「축복의 시」(1958)에서 이렇
게 토로하였다.

> 누구도 눈물이나 비난쯤으로 깎아 내리지 말기를.
> 책과 밤을 동시에 주신
> 신의 경이로운 아이러니, 그 오묘함에 대한
> 나의 허심탄회한 심경을.
>
> (...)
>
> (그리스 신화에서) 샘물과 정원 사이에서
> 어느 한 왕이 굶주림과 갈증으로 죽어갔네.
> 높고도 깊은 눈먼 도서관 구석구석을
> 나도 정처 없이 헤매이네.
>
> (...)
>
> 도서관에서 으레
> 낙원을 연상했던 내가,
> 천천히 나의 그림자에 싸여, 더듬거리는 지팡이로

텅 빈 어스름을 탐문하네.(보르헤스, 2005: 12, 14)

이제 비운의 제왕은 권좌를 찬탈당할 형국이었다. 책의 우주에 더 이상 책을 읽지 못하는 제왕이 무슨 소용 있겠는가? 그렇지만, 무려 18년 동안 아무도 국립도서관 관장 자리를 보르헤스에게 빼앗지 못했다. 그리고 앞을 못 보고 산 그 오랜 세월동안, 자신이 찾는 책이 어디에 꽂혀 있는지 훤히 기억하고 더듬더듬 책을 찾아가던 보르헤스의 모습이 다시금 수많은 신도를 끌어모았다.

보르헤스가 내뿜는 문학에 대한 열정, 마치 문학에 신들린 듯한 모습 또한 신도 수 증가에 크게 기여했다. 무슨 이야기를 해도 문학으로 주제를 돌리는 외골수가 보르헤스였다. 1960년대부터 잦아진 해외 강연여행은 항상 그를 들뜨게 하였다. 보르헤스의 여신도였던 알리시아 후라도에 따르면(Montenegro y Bianco, 1990: 28), 자신이 여행 중인 나라가 낳은 문호와 작품, 등장인물들을 떠올리고 그곳 사람들과 이에 관련된 문학적 대화를 나눌 수 있다는 사실만으로 앞을 못 보는 불편함과 서글픔을 깨끗이 지워버릴 수 있었기 때문이었다.

보르헤스의 식견과 열정에 감화된 신도들은 그를 위해 기꺼이 모든 것을 희생하곤 했다. 네스토르 이바라도 그중 한 사람이었다. 스무 살 무렵인 1928,9년경에 거의 최초의 신도가 되었으며, 처음으로 체계적인 보르헤스 연구를 시작했고, 아직 그가 국제적으로 유명해지기 전 프랑스에 소개하는 데 일조했던 이바라는 하루에도 몇 시간씩 걷는 노고를 마다하지 않았다. 계속 보르헤스의 옆에 머물며

대화를 나누고는 싶었는데, 그의 취미가 날마다 몇 시간씩 부에노스 아이레스의 거리를 산보하고 배회하는 것이었기 때문이다. "보르헤스와 같이 하는 한 번의 작업은 몇 년 치에 해당하는 배움", "보르헤스는 나의 문학적 스승"(Bioy Casares, 1993: 14, 18) 등의 말을 죽을 때까지 입버릇처럼 되뇌던 아돌포 비오이 카사레스[1]는 더 큰 희생도 마다하지 않았다. 1940년부터 무려 45년간, 문학에 대해서만 알지 체면치레라고는 전혀 모르는 '뻔뻔스런' 보르헤스를 위해 시도 때도 없이 저녁과 집을 제공해야 했다(Vázquez, 1996: 167).

문학과 일체가 되다시피 한 보르헤스의 삶은 우연이 아니었다. 책으로 둘러싸인 서재가 가장 중요한 유년기의 기억이자 인생의 가장 큰 사건이라고 회고할 만큼 성장 환경 자체가 문학과 밀접한 관계를 지니고 있었다(Borges, 1970: 209). 결정적인 역할을 한 이는 아버지였다. 그 역시 책을 좋아했고, 어린 보르헤스에게 백과사전을 선물하고 버클리의 유명론을 논했다. 국내에는 별로 알려지지 않았지만 보르헤스에게 스승이 있었다면 바로 그라고 이야기되는 마세도니오 페르난데스, 청년기 보르헤스가 우상으로 삼고 전기까지 썼던 에바리스토 카리에고 같은 문인들과 교류하기도 했으며, 비록 지독히 내성적인 성격 탓에 써놓은 글을 어김없이 파기해 버리고는 했지만 한 권의 소설을 남겼던 아버지였다.

이리하여 보르헤스는 어려서부터 숙명처럼 문학의 길에 접어들었

---

1) 그는 17살 때 보르헤스를 알게 된 후 평생 그의 가장 가까운 지인이었다. 문학적 취향이 비슷했던 양자는 영화 시나리오, 단편집 등 모두 7편의 작품을 공동 저술하기도 했다. 비오이 카사레스가 보르헤스에게 더 많은 빚을 진 것은 물론이다.

다. 여섯 살에 작가가 되겠다고 말을 하고 글을 끄적이기 시작하더니, 아홉 살에는 오스카 와일드의 단편을 번역하여 신문에 발표하였다. 기차 여행을 하며 내내 책을 본다거나, 아버지와 시를 번갈아 읊는 것도, 새벽에 들어와 좋은 영감이 떠올랐다고 막무가내로 어머니를 깨워 시를 낭송하는 것도 보르헤스에게는 일상의 일이었다. 그는 분명, 우주가 문학으로 이루어졌다고 믿는 그런 종류의 사람이었던 것이다.

2. 흑백 사진에 갇힌 보르헤스

보르헤스는 1961년 서구 여러 나라의 8개 출판사가 출판 시장을 활성화시킬 목적으로 제정한 제1회 포멘터 상을 사무엘 베케트와 공동 수상함으로써 신도들의 기대를 저버리지 않았다. 아직은 변방의 낯선 작가였던 보르헤스가 『고도를 기다리며』(1952)로 이미 엄청난 명성을 얻은 사뮈엘 베케트와 어깨를 나란히 했다는 사실이 국제적으로 크나큰 반향을 불러일으켰다. 이때부터 보르헤스는 미국과 유럽을 돌며 숱한 강연을 하게 된다. 동서양을 넘나드는 해박한 강연은 아르헨티나라는 '문화적 변방' 출신의 이방인을 전 인류의 대선사로 각인시켰고, 성성한 백발과 해맑은 용모는 인생의 번뇌와 영욕을 초탈한 신선의 이미지 그 자체였다. 더구나 시각 장애자임에도 엄청난 기억력을 발휘해 그토록 영롱한 문학적 아우라를 뿜어냈으니, 청중은 으레 헤어날 수 없는 감동의 물결에 사로잡혔다. 역시 앞을 보지 못했다는 이야기가 전해 내려오는 서구 문학의 시조 호메로스를 떠올리는 이들도 있었을 것이다. 강연장마다 가득 찬 청중은 존경과 경탄의 눈길을 그에게 보냈고, 기꺼이 새로운 신도가 되었다.

워싱턴에서 있었던 셰익스피어에 대한 강연을 둘러싼 일화는 보르헤스가 발하는 신비롭고 기묘한 광채가 어느 정도로 좌중을 압도했는지 여실히 보여 준다. 그를 보려고 구름처럼 몰려든 청중은 강연을 거의 들을 수 없었다. 보르헤스 앞에 놓인 마이크의 높이가 맞지 않았기 때문이다. 앞을 못 보는 보르헤스였으니 그 사실을 깨닫지 못했다. 주최 측에서 마이크 높이를 조정해야 하는데 왠지 그러지 않았다. 항의를 하는 청중이 있을 법도 한데 아무도 그러지 않았다. 마치 아무 일도 없다는 듯 그 상태로 강연은 계속 진행되었다. 현자의 풍모로 너무도 진지하게 강연에 임하는 대선사의 말을 감히 아무도 중단시킬 수 없었기 때문이었다. 청중은 한 시간 동안 단지 보르헤스가 힘주어 말하는 '셰익스피어'라는 단어를 간혹 들을 수 있을 뿐이었지만, 단 한 사람도 자리를 뜨지 않았다. 보르헤스의 아우라와 이따금 들려오는 '셰익스피어, 셰익스피어, 셰익스피어…'라는 단조로운 단어만으로도 마치 마법의 공간이 창조된 듯했다. 강연이 끝났을 때 청중은 여전히 마법에서 풀려나지 못한 듯 우레와 같은 박수갈채를 보낼 뿐이었다(Rodríguez Monegal, 1987: 424-425).

이런 일화는 분명 보르헤스를 더욱 영광스럽게 만드는 종류의 것이다. 하지만 때로는 보르헤스에 대한 과도한 신화화로 귀결되는 부정적인 결과를 낳고야 말았다. 예일 대학에서 강연을 마치고 보르헤스가 받았던 마지막 질문은 '당신은 사랑에 빠진 적이 있습니까?'라는 것이었다(Rodríguez Monegal, 1987: 409). 마치 '당신은 태어났을 때부터 노인이었습니다'라고 단정 짓는 것이나 다름없지 않은가. 보르헤스에 대한 우리나라 사람들의 고정 관념도 이와 크게 다르지 않다. 국내에 소개된 보르헤스의 사진들은 대체로 노년기 것이다. 서구 세계에 탈근대의 지평을 열어 준 작가로, 동양인도 깊이 이해하지 못하는 불교의 오묘한 법도를 깨우친 인물로, 다시 말해 미래를 통찰하는 예지자로 또 시공을 초월한 대스승으로만 보르헤스를 받아들이려 했던 국내에서 젊은 보르헤스의 사진은 금기가 아니었을까? 국외의 각종 서적과 신문, 잡지 등에 게재되는 보르헤스의 사진에서도 묘한 점을 발견할 수 있다. 젊은 시절의 사진은 그렇다 하더라도 만년의 사진에 이르기까지 칼라로 찍은 것은 찾아볼 수 없다. 1986년까지 문명의 이기를 접할 대로 접할 만큼 충분히 오랜 세월을 살았고, 게다가 전 세계적인 유명 인사였던 그의 모습을 흑백 사진만을 통해 볼 수 있다는 아이러니는 어디에 기인하는 것일까? 흑백 사진을 사용하는 것이 고즈넉한 분위기, 세파의 흔적과 희로애락의 감정이 절제된 인물상 연출에 더 유리했기 때문은 아니었을까?

보르헤스의 신화화로 그의 인간적 측면이 베일 속에 감추어짐은 물론이고, 나아가 그의 문학 세계에 대한 갖가지 고정 관념을 낳았다. 보르헤스를 초월적인 인물 혹은 형이상학적인 인물, 즉 인간의 기본적 감정인 희로애락도 세상사의 굴곡도 도외시 할 사람으로 여기는 이들에게 보르헤스의 텍스트는 현실과 완전히 유리된 문학적 자율성, 메타 픽션의 표본이 되었다. 보르헤스의 작품을 지적인 유희, 문학에 대한 유토피아, 환상 문학, 라틴아메리카 냄새가 전혀 나지 않는 문학으로만 평가하는 태도가 보르헤스 신화화의 구체적 양상이다.[2)]

보르헤스 신화의 신도들에게 내면의 보르헤스를 들여다보는 것은 당혹스러운 일일지도 모른다. 그의 전기에서 마주친 전형적인 서구 금발 미인의 사진 밑에 보르헤스의 연인이라고 적혀 있는 것을 보았을 때, 놀라울 정도로 많은 여자를 사랑했고, 때로는 두 여자를 동시에 가슴에 담고 있었다는 것을 알게 되었을 때 말이다. 보르헤스가 현실에 등을 돌렸다는 비판도 뜻밖의 전기적 사실과 마주친다. 보르헤스는 1918년에 레닌의 소비에트 혁명을 찬양하는 세 편의 시를 썼다. 1920년대 중반에는 당시 대통령 후보 이폴리토 이리고옌을 지지하기 위한 지식인 그룹 결성에 관여하고 기꺼이 회장을 맡았다. 1930년대 아르헨티나에 파시즘과 나치즘의 불길한 그림자가 드리웠을 때, 보르헤스는 이를 강력히 비판하는 숱한 글을 잡지에 끊임없이 기고한 얼마 안 되는 사람 중 하나였다. 페론 집권 후에는

---

2) 보르헤스에 대한 이런 고정 관념은 아르헨티나에서도 대세이다. 그리고 때로는 서구에서 보르헤스를 극찬하는 이런 이유들과 똑같은 이유들로 해서 그에 대한 혹독한 비판이 제기되기도 했다. 주로 문학은 사회와 민족에 눈을 돌려야 한다는 입장을 견지한 이들로부터의 비판이었다. 이에 대해서는 Bastos(1974), Fió(1978), 코스타 리마(김춘진 편, 1996: 224-234)를 참조하기 바란다.

반(反)페론 성명서에 여러 차례 서명했다가 결국 직장에서 쫓겨나고 이후 반페론 지식인의 상징으로 추앙받았던 시절도 있었다. 적어도 중년 이전의 보르헤스에게는 이런 결기의 순간들이 있었다.

또, 보르헤스를 서구적 작가라고 주장하는 사람들은 그의 부에노스아이레스에 대한 비정상적이다시피 한 애착 앞에서는 아연해질 수밖에 없을 것이다. 보르헤스는 어디를 가도 기회 있을 때마다 부에노스아이레스를 떠나서는 살 수 없다는 말을 되풀이했다. 거리를 몇 시간씩 산보하던 습관도 이 도시의 매혹을 매일 접하지 않고는 삶의 활력을 얻을 수 없었기 때문이었다.

흑백 사진 속에 갇힌 보르헤스는 어쩌면 그에게 드리워진 베일을 감사하게 여길지도 모른다. 다음 장에 언급하겠지만 내면을 드러내는 일이 그로서는 무척 힘든 일이었기 때문이다. 어쩌면 그래서 문학에서는 작가보다 텍스트와 독자가 더 중요하다고 한사코 주장한 것은 아니었을까? '독자들이여, 텍스트만 보시게. 내 내면을 들여다보는 것은 금기일세'라고 말하고 싶었던 것은 아닐까?

그러나 난해하고 기묘한 텍스트를 독자에게 던져 놓았으니, 그 미로를 헤쳐 나가기 위해 베일이라도 들춰보고 싶은 독자의 심정을 보르헤스가 막을 권리는 없으리라. 그리고 사실 보르헤스의 내면 엿보기는 텍스트 이해를 위해 생각보다 많은 단서를 제공하고 있다. 문학의 대우주를 창조하고, 문학으로 빛나는 은하수의 신비로움을 독자에게 안겨주었던 보르헤스 역시 조물주가 아니라 현실이라는 거울에 투영된 하급신에 불과함을 알게 될 때, 그의 신도들은 경악

할 것이다. 그러나 보르헤스 역시 고색창연한 흑백 사진 같은 인물이 아니라 총천연색 욕망을 지니고 있다는 것을 알게 되는 일은 그의 지론을 충실히 따르는 것이기도 하다. 인간은 영웅적 측면과 배신자적 측면이라는 극단적 속성을 동시에 지닌 존재라고 보르헤스가 설파하지 않았던가? 또 예술가는 비범한 인물, 초월적 인물이라는 낭만주의가 만든 신화를 한사코 거부했던 보르헤스가 아닌가. 모든 문학은 성경과 호메로스의 서사시를 답습하고 짜깁기한 것일 뿐이라서 이후의 작가들은 두 작품을 답습해 왔지, 그 어떤 새로움도 가미하지 못했다고 주장한 보르헤스에게 물신 숭배에 가까운 아우라를 씌워주는 것은 그를 슬프게 하는 것이리라.

3. '비겁자'의 강박 관념과 총천연색 욕망

보르헤스의 내향성과 소심함은 유별날 정도였다. 청년기에 국립 도서관을 문턱이 닳도록 드나들 때에 사서에게 책을 요구하는 것이 멋쩍고 수줍어서, 누구나 자유롭게 볼 수 있도록 비치해 놓은 백과사전만을 온종일 뒤적이는 것으로 만족했다. 페론 집권 후 실직하여 다른 수단으로 생계를 유지할 절실한 필요를 느낄 때까지는 강연회에 연사로 초대되어도 사람들 앞에 서는 것이 두려워 강연문을 대독시키고 숨어서 지켜보기도 했다. 그의 문학 세계의 근간이라고 할 수 있을 거울의 이미지도 어린 시절 거울에 비추어진 자기 모습조차 두려워했던 소심함의 기억에서 비롯된 것이었다. 보르헤스가 사랑한 수많은 여인도 애정 편력의 산물이라기보다 내성적 성격의 산물이었다. 보르헤스는 아름다운 여인을 볼 때마다 마음을 금방 빼앗기고는 했지만,[3] 그의 우유부단함은 좀처럼 사랑의 결실을 맺지 못하게 만들었다. 그저 머릿속으로만 사랑에 마음을 설레고 열병을 앓을 뿐이었다.

보르헤스의 내성적 성격은 아버지에게서 물려받은 듯하다. 게다가 집안 환경은 그를 더욱 더 외부 세계와 차단하였다. 부모가 그를 거의 평생 과보호한 흔적을 여기저기서 찾아볼 수 있다. 유년기의 부에노스아이레스에 대한 기억은 울타리 창살을 통해 바깥을 바라본 것이 거의 전부였다. 초등학교에 다니게 된 것도 아홉 살 때의 일이었으며, 그전에는 영국인 가정교사가 교육을 담당했다. 유럽식 교육을 동경하여 프랑스인이나 영국인 가정교사를 두는 것이 당시로서는 흔한 일이었지만 보르헤스의 경우 그것만이 이유는 아니었

---

[3] 보르헤스 자신은 으레 여자 문제에 대한 언급을 회피했는데, 그를 세계적인 단편 작가로 거듭나게 했던 우발적 사고에도 어느 여인이 관련되어 있었던 것으로 추측되고 있다. 1938년 크리스마스에 보르헤스는 아파트 계단으로 뛰어 올라가다가 열려진 창문에 머리를 부딪치는 사고를 당해 한 달간 사경을 헤맸다. 회복기에 접어들어 보르헤스는 혹시라도 지적인 능력을 상실한 것이 아닌가 하는 두려움에 빠져 시험 삼아 글을 써보기로 작정했다. 그런데 보르헤스는 여기서 또 소심함을 보였다. 예전에 주로 쓰던 시나 수필 대신 거의 써본 적 없는 단편을 택한 것이다. 시나 수필을 썼다가 만족스럽지 못한 결과가 나오면, 사고로 지적 능력이 저하된 것 아닌가 하는 고민에 빠지기 싫어서였다. 이때 쓴 단편이 보르헤스의 대표작 중 하나인 「피에르 메나르, 『돈키호테』의 저자」이다. 이후 보르헤스는 단편 작가로 변신하여, 훗날 서구 지성계를 강타할 문제작들을 속속 발표하게 된다. 보르헤스의 어머니에 따르면 사고 당일 보르헤스는 어느 여인을 점심에 초대할 작정이었다고 한다(Rodríguez Monegal, 1987: 291-295).

다. 보르헤스의 부모는 이민자들의 아이들로 넘쳐 나기 시작한 초등학교에 그를 보내는 것이 위험하다고 생각했다. 성인이 된 후에도 과보호는 계속되었다. 보르헤스는 아버지가 사망하기 직전인 1937년에야 직업을 구할 생각을 하게 되었다. 경제적으로 아버지에게 의존하는 것에 대해 부모도 보르헤스도 모두 당연하게만 생각했었다.[4] 보르헤스가 아르헨티나의 대표적 문인으로 세간에 오르내릴 때도 어머니는 스페인식 이름 '호르헤' 대신 그를 어릴 때 부르던 대로 '조지'라는 영국식 이름으로 부르며 기꺼이 모든 뒷바라지를 했다.

이런 환경이 작용했든 안했든 간에, 보르헤스는 오랜 세월 동안 자신이 세상일에 적극적으로 대처하지 못하는 비겁자라는 강박 관념에 사로잡혀 살았다. 이는 어떤 결과를 낳았을까? 자신이 가지지 못한 것, 될 수 없었던 인물형에 대한 동경으로 나타났다. 그래서 보르헤스는 '사나이 세계'를 엿보았다. 청년기에는 밤마다 부에노스아이레스 빈민가의 거친 술집을 드나들었다. 그리고 그곳을 주름잡던 콤파드리토[5]들은 그에게 선망의 대상이었다. 멜로 영화를 보고는 별반 감흥을 느끼지 못했던 보르헤스가 서부 활극이나 액션물을 보고는 감동의 눈물을 흘렸다는 일화(Rodríguez Monegal, 1987: 167) 역

---

4) 일자리를 얻었다는 사실이 경제적 독립을 의미하지는 않았다. 그가 구한 직장은 시립 도서관의 미관말직이었다. 보르헤스는 처음으로 인생의 쓴맛을 보았다. 보잘 것 없는 보수 그리고 문학을 이해 못하는 속물들의 미로에서 길을 잃은 듯한 느낌이 그로 하여금 인생의 실패자라는 강박 관념을 안겨주었다. 1944년 불면에 시달린 끝에 자살을 기도했던 것도 결코 이와 무관하지 않다. 이 시절의 도서관 근무 경험이 「바벨의 도서관」으로 승화되었다.
5) 콤파드리토(compadrito). 일종의 동네 건달.

시 같은 맥락에서 이해할 수 있다.

탱고에 대한 견해가 특이한 것은 보르헤스가 선망한 세계가 무엇이었나를 적나라하게 보여준다. 탱고는 크게 아르헨티나 탱고와 콘티넨탈 탱고로 구분된다. 20세기 초 탱고가 유럽에 진출하면서 유럽, 특히 파리 취향을 가미한 것이 콘티넨탈 탱고이다. 할리우드의 상업주의가 가미되어 <여인의 향기>, <트루라이즈> 같은 영화를 통해 오늘날 전 세계인이 애호하는 음악 장르로 자리를 굳힌 탱고의 기원이기도 하다. 그러나 아르헨티나 탱고 역시 정착 과정에서 상업주의의 덕을 톡톡히 보았다. <바람과 함께 사라지다>의 클라크 게이블도 인기를 시샘했다는 카를로스 가르델이 등장하면서부터였다. 준수한 용모와 감미로운 목소리로 아르헨티나뿐만 아니라 파리와 미국에도 진출했던 그는 연주곡과 춤곡 중심의 아르헨티나 탱고를 노래 중심의 탱고로 전환시키는 데에 결정적인 역할을 했다. 특히 우수에 찬 사랑의 레퍼토리로 여성들의 마음을 사로잡았던 것이다. 그가 데뷔한 1913년을 탱고의 해라고 일컬을 정도로 한 시대를 풍미했던 가르델의 전설은 에비타 페론이나 마라도나에 비견되는 것이었으며, 오히려 보르헤스 이상 가는 국민적 영웅 대접을 받고 있다.

그런데 누구보다도 아르헨티나를 사랑했던 보르헤스가, 그리고 탱고의 발상지가 우루과이가 아닌 부에노스아이레스라는 논쟁을 벌이기까지 한 그가 가르델에 대해서는 못마땅하게 생각하였다. 사랑타령이나 하며 탱고를 여성화시켰다는 이유에서였다. 그가 좋아하

는 탱고는 초창기의 아직 거칠고 격렬했던 그런 종류의 것이었다
(Borges, 1997: 95-103; Borges, 1981: 159-168). 그 시절의 탱고는 남녀 사이
에만 추는 춤이 아니었다. 때는 아르헨티나에 대규모로 이민자들이
유입되던 시절이라서, 훗날을 기약하며 가족을 두고 혈혈단신으로
이국에 온 남성들끼리 향수를 달래기 위해 짝을 맞춰 추던 춤이기
도 했다. 한편 이민자의 급격한 증가에다 근대화와 도시화로 사회
소외층이 두드러지게 늘어나고 치안이 불안했던 당시는 거리마다
부랑자들이 들끓었다. 폭력이 난무하고 칼부림까지 흔한 상황에서
개개인의 완력이나 사나이다움을 과시하는 것은 생존을 위한 필수
조건이었다. 탱고는 바로 남성다움을 뽐내기 위한 수단의 하나였다.
부랑자들은 때로는 거리에서까지 누가 더 춤을 잘 추는지를 겨뤘다.
판단 기준은 격렬함과 관능성의 조화였다. 바로 초창기 탱고의 율동
그대로이다. 남성의 힘과 기상을 과시하기 위해 열정적인 춤을 출
줄 알아야 했고, 뭇 여성들의 시선을 끌 수 있을 만큼 관능미를 발
휘할 줄도 알아야 했다. 여성들에게 인기를 끄는 것이야말로 남성다
움을 증명하는 최고의 미덕이었기 때문이다.

보르헤스의 남성다움에 대한 동경은 결국 『불한당들의 세계사』
(1935)의 「분홍빛 모퉁이의 남자」를 필두로 노년의 단편 소설집인 『브
로디의 보고서』(1970)에 이르기까지 용기(coraje), 남성의 명예, 칼이나
완력에 대한 숭배를 담은 숱한 작품을 낳았다. 현실 속의 자신과는
전혀 다른 인간형을 작품 속에서 형상화한 것이다. 『불한당들의 세
계사』의 전 세계의 악당들의 삶도 보르헤스가 단지 아르헨티나적

주제에서 탈피하여 보편적 주제를 추구했기 때문이라기보다는, 자신의 '평범한' 일상에서 일탈하고자 하는 욕망 그리고 자신은 이룰 수 없었던 삶을 살았던 이들에 대한 선망을 표출한 것이다.

'평범한' 일상을 살아야 했던 운명을 보르헤스는 아르헨티나 역사에 돌리는 또 다른 '비겁함'을 보여주기도 했다. 보르헤스에 따르면 조국 아르헨티나의 영웅시대는 19세기로 막을 내렸다. 19세기 초의 독립 전쟁, 카우디요6)들의 대립, 내전, 선주민들과의 전쟁 등으로 인해 혼란스러웠던 시대를 오히려 황금시대라고 간주했다. 사람들이 공동의 선을 추구하고 우국지사들의 기상이 드높았던 시대였다는 이유 때문이다. 영웅시대가 끝났을 때 자신에게 남겨진 것은 타락한 현실, 공공의 선을 추구하기보다 개인의 명예에 집착해야 하는 그런 현실이 주어졌다고 보르헤스는 말한다. 자신은 '평범한' 삶을 살 수밖에 없는 역사적, 사회적 상황에 처하게 되었다는 논리이다.7)

평생을 용맹과 일탈에 대한 강박 관념에 사로잡혔던 보르헤스가 단 한 번 '사나이다움'을 발휘한 적이 있었다면 그것은 컬럼비아 대학에서의 강연회에서였다. 강연에 초대된 보르헤스는 대학생 하나가 자신을 모욕하자 극도로 흥분해서, 거리로 나가 사나이 대 사나

---

6) 카우디요(caudillo). 군벌, 토호, 지역 유지 정도의 뜻.
7) 1980-90년대에 보르헤스의 강박 관념과 아르헨티나의 사회상 혹은 역사와의 상관성에 대해 주목한 연구들이 출현했다. 이런 시도는 우리에게는 생소할지 모르지만, 아르헨티나에서는 물론 서구에서도 상당히 주목을 끌었다. 관심이 있는 분들은 Balderston(1993), Olea Franco(1993), Sarlo(1995), 베아트리스 사를로(김춘진 편, 1996: 79-100), 사를로(1999)를 참조하기 바란다.

이로 자웅을 겨뤄보자고 탁자까지 두들기며 고래고래 소리 질렀다 (Rodríguez Monegal, 1987: 407-408). 그러나 보르헤스가 청년 시절부터 그토록 바란 '남성다움'은 이때 단 한 번 발휘되는 것으로 그쳤다. 남들처럼 내면에는 총천연색 욕망이 자리하고 있었지만, 그는 평생 동안 이를 문학으로 분출했을 뿐이다.[8]

---

8) 이 글은 「흑백사진에 갇힌 보르헤스의 천연색 욕망」이라는 제목으로 <세계의 문학> 93호 224-236쪽에 게재되었다.

민족문학가 보르헤스

1. 보르헤스에 대한 기존 시각

보르헤스가 민중의 역사나 사회에 관심이 없는 귀족적인 작가라거나, 아르헨티나적 뿌리가 없는 작가 혹은 현실을 초월한 환상 문학적이고 형이상학적 작가라는 평가는 젊었을 때부터 그를 따라다닌 고정 관념이었다. 아르헨티나에서조차 이미 1933년 엔리케 앤더슨 임베르트가 보르헤스는 국가 정신과는 동떨어진 인물이라고 비판했으며, 1948년 H. A. 무레나는 보르헤스 청년기의 작품 세계가 옛날의 영화에 대한 아르헨티나 과두 계층의 향수를 내포한 과거 지향적이라는 점을 문제 삼아 당대의 민족적 정서를 공유 못하는 작가라고 비난하였다. 또 1954년 아돌포 프리에토는 「보르헤스와 새로운 세대」라는 평론에서 보르헤스에게는 인간의 진정한 가치에 대한 관심이 결여되어 있다고 비판하기도 했다(코스타 리마, 김춘진 편, 1996: 225-9). 1957년 최초의 심도 있는 보르헤스 연구서를 쓴 바레네체아는 보르헤스가 인간에 대한 관심이 없거나 피상적이라는 프리에토의 지적에 반박한다(Barrenechea, 1984: 61). 그러나 보르헤스 작품세계의 가장 큰 특징을 비현실성(irrealidad)이라고 규정하고 있다. 바레네체아 역시 보르헤스를 사회적, 역사적 맥락과 연관시키는 것을 그다지 중요하게 여기지 않았음을 시사하고 있다.

보르헤스가 서구에 처음 소개될 때, '서구적' 혹은 '보편적'이라는 아르헨티나 내 기존 평가가 전략적으로 채택되기도 하였다. 그가 세계적 명성을 얻기 훨씬 전인 1944년 이미 프랑스어로 작품을 번역하고 소개하는 글을 썼던 네스토르 이바라는 아르헨티나에서 보르헤스를 국적불명의 세계주의(cosmopolita) 작가로 몰아가는 분위기를 이용하여 보르헤스를 아르헨티나 작가가 아닌 '보편적'인 작가로 소개하였다(Olea Franco, 1993: 15). 당시만 해도 라틴아메리카 작가의 위상이 그리 높지 않았던 터라 아르헨티나 작가임을 부각시키는 것보다 세계주의자라고 소개하는 것이 더 유리했기 때문이었다.

서구에서의 본격적인 보르헤스 연구의 시초라 할 수 있을 1964년 <레르느> 지의 특집은 보르헤스 수용의 일대 전환이었다. 이때부터는 보르헤스가 아르헨티나적 작가냐 서구적 작가냐 하는 뿌리를 둘러싼 논쟁에서 탈피하여 근대라는 커다란 틀과의 연관성에서 조명하기 시작했다. 쥬네트를 비롯한 소위 '열린 구조주의자'들은 '닫힌 구조주의'에 아직 잠재해 있는 과거의 근원과 중심 및 절대적 진리에 대한 유토피아적 향수를 극복하고 탈구조주의로 나아가기 위한 이론적 근거를 보르헤스에게서 찾았다(송병선, 1995: 87-88). 보르헤스의 텍스트가 근대에 대한 서구의 자체 비판과 반성의 길잡이로 수용될 것임을 예고한 것이다.

1990년대 벽두의 포스트모더니즘 논쟁과 더불어 고조되었던 보르헤스에 대한 국내의 관심은 근대를 해체하려 했던 쥬네트, 푸코, 데리다의 보르헤스 독법의 연장선상에 있었고, 당시로서는 의미 있는 작업이었다. 비슷한 맥락에서 거의 동시에 이루어지기 시작했으면서도 다소 다른 측면에서 접근하는 작업이 있다면 보르헤스와 동양 사상의 관계에 대한 천착이다. 그 결과물의 결정판은 보르헤스가 만년에 알리시아 후라도와 공동 저술한『불교란 무엇인가』(1976)를 번역한『보르헤스의 불교강의』(김홍근 옮김, 1998)일 것이다. 번역본에 포함된 보르헤스, 불교, 포스트모더니즘의 관계를 짚어 본「불교와 포스트모더니즘」이라는 글은(김홍근, 1998: 45-54) 근대적 자아에 대한 서구인들의 맹신을 극복하기 위해서는 보르헤스의 불교적 사유에 귀기울여한다는 점을 역설한다. 이는 곧 근대 이래의 서구중심주의에서 탈피하여 중심부와 주변부의 사유를 대등한 것으로 간주함으로써 주변부 사유의 주체성 복원을 모색한 일종의 포스트식민주의적 작업이라고도 할 수 있을 것이다.

2. 보르헤스에 대한 새로운 지평

서구와 국내의 이런 수용 방향에는 한 가지 심각한 결핍이 존재한다. 보르헤스의 문학 세계를 낳은 아르헨티나 맥락에 대한 역사적, 사회적, 문화적 고찰을 결여하고 있기 때문이다. 물론 보르헤스를 서구적 작가, 보편적 작가, 나아가 근대라는 커다란 틀과 연관시켜 해석하는 접근법이 일반화될 수 있었던 것은 아무래도 보르헤스의 독특한 텍스트에 기인한다. 무엇보다도 보르헤스의 대표작인 『픽션들』(1944)과 『알렙』(1949)의 단편들은 아르헨티나 흔적을 가능한 한 배제했기 때문에 서구와 국내 독자들로서는 배후의 맥락을 짚어내는 것이 그리 쉬운 일이 아니다. 게다가 동서양과 고금을 넘나드는 그의 작품을 아르헨티나 맥락과 연관시키는 일은 언뜻 보아 보르헤스의 풍요로운 작품 세계를 지역적 문학으로 축소하는 일처럼 보일 것이다.

그러나 이런 관점이 보르헤스에게서 아르헨티나를 지워버리는 것을 정당화할 수는 없다. 그는 수많은 라틴아메리카 작가들과는 달리, 유럽이나 미국이 아닌 조국 아르헨티나에 살기를 고집했다. 하루에도 몇 시간씩 부에노스아이레스를 산책하고, 아르헨티나와 자기 가문의 역사, 부에노스아이레스의 풍경과 사람들에 대한 애착도 남달랐다. 특히 그의 초기 텍스트들을 보면, 국민문학 창출, 아르헨티나 문학의 근대화와 세계화, 주변부 작가라는 존재적 조건이 산출한 특이한 사유와 글쓰기 방식 등이 눈길을 끈다. 그러나 이러한 청년 보르헤스의 모습은 서구에서도 비교적 최근까지 등한시되어 왔을 뿐만 아니라 국내에서도 거의 주목받지 못했다. 그래서 국내에서 보르헤스 연구가 본격적으로 개시되었을 때, 포스트모더니즘이니 탈구조주의니 하는 당시 '유행'에 편승했을 뿐, 그의 문학 세계를 총체적으로 조망해보고자 하는 진지한 노력이 수반되지 못했다는 아쉬움을 금할 수 없었다.

국내에서 보르헤스를 포스트모더니즘 논쟁과 연관시켜 수용하는 것을 너무도 당연하게 생각했던 바로 그 무렵 아르헨티나와 서구에서는 이미 그의 문학 세계에 대한 새로운 해석 지평이 열리고 있었다. 굳이 기원을 따지자면 실비아 몰로이의 『보르헤스의 문학』(1979)에서 비롯되었다고 할 것이다. 몰로이는 보르헤스를 환상 문학가로 단순히 정의하는 일반적인 평가에 동의하지 않는다. 그녀에게 보르헤스는 현실과 환상을 끊임없이 오가는 작가이다(Balderston, 1993: 2). 몰로이의 뒤를 이어 보르헤스에게서 좀 더 구체적인 아르헨티나 맥락을 발견하려는 노력들이 속속 결실을 맺었다. 다니엘 발더스턴은 "보르헤스라도 현실적 맥락에서 벗어난 글쓰기를 할 수는 없었다"(Balderston, 1993: 15)라고까지 단언하였다. 새로운 경향의 다른 연구들이 보르헤스의 아르헨티나적 맥락을 쉽게 발견할 수 있는 초기 텍스트들에 집중하는 것과 달리, 발더스턴의 연구는 보르헤스가 서구적 작가라는 인상을 결정적으로 각인시킨 『픽션들』과 『알렙』의 단편들로까지 분석 대상을 넓히는 데에 기여했다. 그러나 텍스트에 파편적으로 널려 있는 아르헨티나 '정보'를 수집하는 데 그쳤다는 인상을 준다. 만일 보르헤스에게 아르헨티나성(argentinidad)을 복원시키는 작업이 정보의 나열에 그친다면 그것은 다분히 문헌학적이고 민족지학적인, 따라서 어떻게 보면 국수적이고 지엽적인 태도라 할 수 있을 것이다.

그러나 베아트리스 사를로를 필두로 라파엘 올레아 프랑코, 호세 에두아르도 곤살레스의 연구들은 보르헤스의 아르헨티나성을 복원시키면서도 한편으로는 근대성이라는 전 지구적 경험과 아르헨티나 맥락을 연관시키는 거시적인 시각을 유지하려는 시도를 하고 있기에 보르헤스 연구의 새로운 지평을 열었다고 말할 수 있다. 사를로는 비판이론과 문학사회학에서 출발하여 근대성을 천착하기에 이르렀다. 특히 필자가 보기에 사를로의 대표적 저술인 『주변부 근대성: 1920-1930년대의 부에노스아이레스』는 롤랑 바르트, 레이몬드 윌리엄스, 발터 벤야민, 미셸 푸코, 에드워드 사이드의 영향도 추적할 수 있지만, 서문에서 밝히고 있듯이 마샬 버만의 『현대성의 경험: 견고한 모든 것은 대기 속에 녹아버린다』의 몇몇 장과 칼 쇼르스케의 『세기말 비엔나』가 시도했던 것처럼 아르헨티나라는 주변부에서의 근대성의 본질과 여러 가지 발현 양상을 규명하는 데에 초점을 맞추고 있다(Sarlo, 1988: 7). 사를로에게는 "보르헤스만큼 더 아르헨티나적인 작가는 존재하지 않고"(Sarlo, 1988: 12), 그의 민족주의 색채는 아르헨티나를 충실히 재현했느냐의 문제라기보다 "문화적으로 주변부에 속한 나라에서 어떻게 문학을 할 것인가?"(Sarlo, 1988: 14)라는 고민을 심도 있게 했다는 데에서 찾을 수 있다. 사를로에게 아르헨티나의 근대성은 중심부와 주변부의 긴장 관계를 가장 커다란 특징으로 하고 있고, 보르헤스는 그 긴장을 가장 성공적으로 형상화시킨 작가인 것이다.

라파엘 올레아 프랑코의 『또 다른 보르헤스 초기의 보르헤스』는 비슷한 작업이기는 하나 근대성이라는 범주보다는 라플라타 강 연안 및 아르헨티나의 문화와 문학의 맥락에 초점을 맞춘다. 보르헤스의 보편성이 그의 세계주의 취향 때문이 아니라 라플라타 지방의 역사적, 문화적 소산임을 강조하면서 보르헤스의 문학 세계를 재정의할 필요를 역설하였다(Olea Franco, 1993: 17). 그에 따라 이 연구는 사를로처럼 서구 문학과 어떤 형태로든 관계를 설정해야 하는 주변부 문학의 태생적 딜레마에 관심을 갖기보다 대략 1940년대 초까지의 아르헨티나의 역사적 맥락, 특히 민족주의의 발흥이 문학에 끼친 영향, 크리오요주의와 보르헤스의 관계, 그의 초기 텍스트에 대한 상세한 분석을 담고 있다.

호세 에두아르도 J. E. 곤살레스의 박사논문 『보르헤스와 근대성 담론』(1994)9)은 근대성에 대한 고찰과 문화 비평을 두 축으로 하고 있다. 그는 근대화 과정에서의 사회의 변화가 보르헤스 작품의 내용에 투영되지는 않았지만 글쓰기 형식의 변화를 낳았다고 결론짓는다(González, 1994: 190). 이 연구는 사회 변동과 형식 변화를 기계론적으로 대응시키고 있다는 점에서는 다소 거친 분석이다. 하지만 적어

---

9) 뉴욕 대학에 1994년 제출한 박사 논문이다. 이 논문은 수정, 보완되어 『보르헤스와 형식의 정치학』(*Borges and the Politics of Form*, New York/London: Garland Publishing, 1998)이라는 제목으로 출간되었다.

도 보르헤스에 대한 새로운 지평이 왜 필요한지 분명한 문제의식을 지녔다는 점에서는 주목할 만하다. 그것은 라틴아메리카의 문화적 종속에 대한 이론적 작업이 여태껏 턱없이 부족했다는 반성이다 (González, 1994: 13-14). 그래서 프레드릭 제임슨이나 레이몬드 윌리엄스뿐만 아니라, 앙헬 라마, 진 프랑코, 훌리오 라모스, 알레한드로 로사다, 네스토르 가르시아 칸클리니 등 라틴아메리카인 혹은 라틴아메리카 연구자들의 이론에 대해서도 고찰하고 있다. 흥미로운 것은 곤살레스가 프랑코, 라모스, 가르시아 칸클리니 등의 관점을 받아들여, 라틴아메리카는 여러 외래문화와 지역 문화의 복잡다단한 상호 작용으로 인해 "원래부터 포스트모던"(postmodern avant-la-lettre)하다고 주장하고 있다는 점이다(González, 1994: 40). 가르시아 칸클리니도 전근대와 근대가 공존하는 라틴아메리카에는 혼종의 문화(cultura híbrida)가 착종되어 있다고 주장한 바 있다(González, 1994: 48). 그런데 곤살레스가 라틴아메리카 문화가 본질적으로 포스트모던하다거나 혼종적이라는 논의를 받아들이는 까닭은 보르헤스가 자생적이고 시대를 뛰어 넘은 조숙한 포스트모더니스트라는 고정 관념을 반박하기 위함이었다. 오히려 서구에 비해 전근대성과 근대성의 공존이 두드러지는 특이한 라틴아메리카의 문화적, 사회적 맥락, 특히 20세기 전반기 그 어느 라틴아메리카 지역보다도 급진적인 근대화 과정을 겪은 아르헨티나적 맥락의 산물이 보르헤스의 텍스트라는 것을 강조하려고 했던 것이다(González, 1994: 52-53).

보르헤스에게 아르헨티나성을 복원시켜 주고 나아가 근대성과 문화 비평의 맥락에서 그의 작품에 대해 새로운 해석을 내리고 있는 이상의 논의는 새로운 시각이나 이론을 바탕으로 한 비평의 유희라고만은 볼 수 없다. 보르헤스가 청소년기를 외국에서 보내고 부에노스아이레스로 귀향했을 때, 아르헨티나는 문화적 민족주의, 보수 우익의 민족주의, 경제적 민족주의 등 각양각색의 민족주의가 각축을 벌이고 있었고, 보르헤스 또한 아르헨티나 국민문학의 방향성에 대해 고뇌하는 시기를 보냈다. 그리고 이런 다양한 민족주의 분출의 배후에는 해일처럼 주변부 곳곳을 강타하고 있던 세계자본주의 체제가 도사리고 있었다. 특히 아르헨티나는 제2차 산업혁명인 교통혁명이 야기한 대규모 이민으로 전 사회가 몸살을 앓고 있던 중이었다. 즉, 근대화가 야기한 여러 가지 문제가 민족주의라는 가면을 쓰고 나타났던 시대였던 것이다. 그리고 당시로서는 가장 현대적이고 서구적이라 할 수 있을 전위주의의 영향으로 글쓰기를 시작했고, 쇼펜하우어나 버클리 같은 서구의 철학적 사유에 지적인 희열을 느꼈던 보르헤스로서는 서구적 사유 및 글쓰기 방식과 민족주의라는 양극단을 동시에 추구하면서 느껴야 했던 내면적 갈등으로 인해 그 누구보다도 주변부 지식인과 서구와의 관계 설정 문제로 고심할 수밖에 없었다.

3. 민족, 근대성, 배타적 민족주의

우리나라에서 민족주의를 논한다는 것은 쉬운 일이 아니다. 단일 민족이라는 환상 때문에 민족이라는 것이 사실은 실체가 없는 것임을 납득시키기 어렵기 때문이다. 우리나라에 비해 민족적 실체가 불분명한 다른 나라의 경우도 흔히들 민족은 언어, 종교, 혈통, 문화 등을 공유하는 집단이라고 보았던 낭만주의적 민족관에서 벗어나지 못하는 경향이 있으니 우리의 경우는 그 정도가 더 심할 수밖에 없다. 물론 민족 국가의 형성에 잠재적 요인으로 작용하는 일종의 공동체 의식인 원형민족주의의 존재를 아예 부정할 수는 없다(홉스봄, 1994: 69). 그러나 근대 이래 세계 지도의 부단한 변화로 인해 원형민족주의에 바탕을 둔 근대 국가는 찾아보기 힘들게 되었다. 오히려 국경이라는 테두리가 일단 정해진 후 국가가 같은 경계 내의 사람들을 결속시킬 목적으로 민족의식을 불어넣으려 애쓰는 것이 소위 민족주의의 일반적인 경우다. 이런 의미에서, 민족주의자들의 주관적인 눈으로 볼 때 민족은 고대성을 지닌 것 같지만, 역사가들의 객관적인 눈으로 볼 때 민족은 근대성을 가졌다는 지적을 상기할 필요가 있다(앤더슨, 1996: 20). 민족주의는 원형민족주의적 특징과 전혀 상관없이 전개되고 주장할 수 있는 엄연히 근대적 현상인 것이다.

아르헨티나의 민족주의는 이런 현상의 극단적인 경우다. 아르헨티나는 애초에 민족 국가를 이룰 만한 기반이 취약했다. 독립 전 아르헨티나에는 원형민족주의라고 부를 만한 공동체 의식조차 희박했다. 원형민족주의를 형성하는 여러 요소 중에서도 특정 정치체에 지속적으로 속해있다는 역사의식의 형성이 가장 중요한데(홉스봄, 1994: 103), 오늘날의 아르헨티나의 모태가 된 라플라타 부왕령은 독립 직전인 1776년에야 설치되었으니 역사의식에 바탕을 둔 소속감이 희박할 수밖에 없었다. 게다가 하나의 민족 국가를 형성하기에는 계층, 인종, 문화, 경제, 지역간 격차가 너무 컸다(우석균, 「도밍고 파우스티노 사르미엔토: 국민국가 형성의 딜레마」, 이성형 편, 1999: 162-166). 실제로 이 갈등은 기나긴 내전과 후안 마누엘 데 로사스의 독재로 표출되었다. 그러나 아이러니하게도 로사스의 강력한 통치 덕분에 아르헨티나는 처음으로 지역적, 계층적으로 한층 광범위한 흡인력을 발휘하며 아르헨티나인들을 결속시킨 "상상의 공동체"(앤더슨, 1996: 87-91)로 재탄생하였다.10)

---

10) 앤더슨은 인쇄자본주의의 발달, 특히 소설과 신문이 민족주의 형성에 결정적인 기여를 한다고 말한다. 알지도 못하는 사람들과 동시대를 더불어 살고 있으며, 특정 문자로 써진 인쇄물이 통용되는 지역에서는 사람들로 하여금 그 지역에 속해 있다는 상상을 가능하게 하기 때문이다(앤더슨, 1996: 54-8). 그는 미국이 하나의 나라로 독립한 데 반해 라틴아메리카는 여러 나라로 분열되어 독립을 맞이한 원인을 바로 이 인쇄자본주의의 발달 유무에서 찾기까지 한다. 라틴아메리카는 미국의 경우처럼 식민지 전역에 유통된 신문이 존재하지 않았기에 분열될 수밖에 없었다는 것이다. 아르헨티나의 비평가 다비드 비냐스는 로사스 시대를 아르헨티나 국민 문학이 최초로 형성된 시기로 파악하는데, 그가 내세우는 이유가 앤더슨의 상상의 공동체 개념과 유사하다. 한편으로는 낭만주의의 수입이 민족주의 형성에 기여했다는 일반적인 관점을 아예 배격하지는 않는다. 그러나 반정부 인사들이 자신들의 입장을 개진하고 로사스를 비판하기 위해 활발한 언론, 문학 활동을 벌였고, 이 과정에서 아르헨티나 현실을 '사막'이나 '공백'(vacío)처럼 정신적인 공황 상태로 파악한다거나, 로사스 독재를 '포로 여인'(cautiva), '도살장'(matadero) 등으로 비유하는 유사한 상상력을 공유했다는 점을 부각시킨다. 또한 비냐스는 독자층이 늘어나고 연재소설이 인기를 끌었다는 점도 지적한다.

최초의 상상의 공동체를 창출한 아르헨티나의 자유주의자 엘리트들은 결국 1852년에 로사스 독재를 타파하고, 1862년에서 1880년 사이에 국가의 기틀을 다졌다. 그러나 이 안정기에 이미 상상의 공동체는 균열 조짐을 보이기 시작한다. 1862년에서 1880년 사이에 차례로 대통령을 역임했던 바르톨로메 미트레, 도밍고 파우스티노 사르미엔토, 니콜라스 아베야네다가 일관되게 추진한 정책은 서구 이민자를 대거 받아들이는 일이었다. 그 결과 독립 후 1880년 무렵까지 유지된 "크리오요 아르헨티나"(Romero, 1997: 97)는 이민자들로 점차 이질화되어 갔고 그에 대한 반작용으로 전통 문화와 순수 아르헨티나어의 보존, 심지어는 피의 순수성까지 거론하였다. 마누엘 갈베스, 리카르도 로하스, 레오폴도 루고네스로 이어지며 고양된 소위 문화적 민족주의는 당시의 이러한 문화적, 언어적, 인종적 갈등의 산물이었다.11)

민족주의의 고조는 아르헨티나에만 국한된 현상이 아니었다. 제2의 산업혁명인 교통과 통신 분야의 획기적 발전이 가속화시킨 세계

인쇄자본주의의 활성화를 상상의 공동체 형성의 중요한 요인으로 꼽는 앤더슨과 비슷한 인식을 하고 있었던 것이다(Viñas, 1995: 13-18).

11) 문화적 민족주의는 정치적, 경제적 민족주의와 대비되는 개념이다. 18세기에 부르주아가 위세를 떨쳤던 영국, 프랑스, 미국에서는 민족주의가 주로 정치적, 경제적 변동과 연관되어 발현되는 반면, 그렇지 못했던 독일, 이태리, 슬라브 여러 민족 사이에서는 주로 문화적인 분야 즉 민족정신(Volksgeist), 문학, 민속, 모국어, 역사 등에 대한 관심을 통해 민족주의가 고양되었기에 이를 문화적 민족주의라 부른다(한스 콘, 「민족주의의 개념」, 백낙청 편, 1993: 17-8). 아르헨티나의 문화적 민족주의도 언어, 가우초 문화, 크리오요 전통, 스페인 전통 등을 자국 국민들의 결집 기제로 사용하며 민족주의를 고양시켰다. 갈베스, 로하스, 루고네스의 문화적 민족주의에 대해서는 Olea Franco(1993: 23-76)를 참조하라.

자본주의 체제의 대두에 수반된 전 지구적 현상이었다. 또한 근대화가 야기한 급격한 사회적, 정치적 변화 역시 민족주의 논의의 불씨를 지폈으며, 변화에 대한 막연한 두려움, 가령 급격한 도시화 현상도 간접적으로 '민족'이라는 초월적 표상에 대한 집착과 관계가 있었다. 그리하여 1870년대 이래 1차 세계대전에 이르기까지 민족주의는 시대의 대세였다. E. J. 홉스봄은 당시 민족주의 고조의 배경을 다음과 같이 요약하고 있다.

(1) 근대성의 쇄도로 위협을 받게 된 전통적인 사회집단들의 저항, (2) 선진국가의 도시화에 의해 급격히 성장한 새롭고 상당히 비전통적인 계급 및 계층, (3) 전 세계에 걸쳐 다양한 민족의 디아스포라를 만들어낸 전대미문의 인구이동(홉스봄, 1994: 145-146).

아르헨티나의 문화적 민족주의도 사실 문화적 갈등은 피상적인 문제일 뿐 경제적, 정치적, 사회적 격변에 따른 현상이었다. 자본주의 세계체제에서 아르헨티나는 밀과 양모를 공급하는 생산기지 역할을 수행하게 되면서 더 많은 노동력을 필요로 하였다. 하지만 아르헨티나의 기득권층과 이민자들은 이해를 달리했다. 지주들은 값싼 노동력을 구했지만 이민자들은 자영농이 되기를 원했다. 이민자들이 몰려오기 시작했을 때 이미 아르헨티나의 거의 모든 토지가 소수의 과두 계층에게 집중되어 있었다는 사실은 양자 간의 피할 수 없는 경제적 갈등을 불러 일으켰고 사회 불안 요소가 되었으니,

기존 아르헨티나인들이 이들에 대해 경계심을 지니게 된 것은 필연적인 일이었다. 더구나 원래 아르헨티나의 이민 정책은 '교양' 있는 유럽인들을 유치하여 고질적인 노동력 부족을 해소하고 '고급문화'를 이식시키려는 목표를 지니고 있었다. 일부 이민자들은 아르헨티나의 농목축업 발전, 특히 밀농사에 매우 중요한 역할을 했다. 하지만 전반적으로 상황은 과두 계층의 기대와는 다르게 전개되었다. 이민자들은 대체로 유럽의 후진 지역에서 몰려 왔고, 대다수 이민자는 도시에 정착하여 빈민층을 형성하였다. 고급 노동력의 유입을 기대하며 농목축업에 이미 막대한 자본을 투자해 놓았는데 정작 이민자들은 도시에 대거 정착했으니, 오히려 아르헨티나의 전통적 수출 기반인 목축업과 곡물 재배에 부담이 되어버렸다. 뿐만 아니라 급격한 도시 팽창은 각종 사회 문제를 야기했고, 이민자 중에는 유럽에서 도망친 무정부주의자, 사회주의자, 공산주의자들이 섞여 있어서 '소요'를 야기했기에 이들에 대한 과두 계층의 적대감은 극에 달했다.

한편 기존 크리오요 중산층은 이민자들에 대해 이중적인 태도를 보였다. 한편으로는 이들과 합세하여 과두 계층이 독점하던 정치적, 경제적 권력의 할애를 요구하였다. 정치적 권력에 대한 욕구는 1916년 대중 후보인 이폴리토 이리고옌의 대통령 취임으로 과두 계층에게서 정권을 빼앗을 만큼 고조되어 있었다. 이 시기를 경제적 민족주의 시대로 분류하기도 하는데(Baily, 1971: 19), 그 이유는 물론 제국주의적 경제 침략에 대한 반발이 대두되기 시작했기 때문이기도 하지만 아르헨티나 국내적으로도 중산층과 서민층의 경제적 분점 욕구가 컸기 때문이다. 하지만 중산층과 서민층도 과두 계층에 대한 정치적, 경제적 대응에서만 보조를 맞추었을 뿐, 서로 갈등을 빚었다. 게다가, 전통 사회에서 근대로 넘어가는 과정에 있어서 불안감을 느끼고 이민자들을 희생양으로 삼으려는 태도는 상류층이나 기존 중산층과 서민층에 공통적으로 나타난 태도였다.

문화적 민족주의는 나름대로 근대화와 이민자로 이질화된 아르헨티나 사회를 통합하는 새로운 이념을 창출하려는 갈망의 소산이었지만, 그 배후에는 이런 정치적, 경제적, 사회적 갈등이 도사리고 있었으니 전 사회 계층의 합일점을 찾는 것은 지극히 어려운 일이었다. 게다가 아르헨티나의 문화적 민족주의는 애초에 대단히 배타적인 성향을 띠고 있었다. 하층 계급 및 장차 아르헨티나 국민으로 편입될 이민자에 대해 배타적인 태도를 취했음은 물론, 나아가 외래문화에 대한 국수적인 태도를 견지했다. 그것은 싫든 좋든 이미 세계 체제에 편입되어 버린 아르헨티나가 필요로 하는 서구와의 유기적 연관의 필요성을 원천 봉쇄한 시대착오적인 선택이었다. 또 주변부 어느 지역보다도 중심부와 밀착된 역사적 경험을 지닌 라틴아메리카의 존재 자체를 스스로 부정하는 것이었다.

4. 아르헨티나성에 대한 청년 보르헤스의 관심

유럽에서 8년여의 청소년기를 보낸 뒤 1921년 귀국한 보르헤스에게 아르헨티나 문단은 너무 고루하다는 인상을 주었다. 표현주의와 스페인 전위주의의 일종인 과격주의(ultraísmo)의 영향 아래 글쓰기를 시작한 보르헤스로서는 아르헨티나 문학을 근대화하는 일을 시급한 당면 과제로 생각하였다. 모데르니스모의 대표 작가인 레오폴도 루고네스에 대한 치기 어린 비판, 대자보 형식으로 담벼락마다 붙인 잡지 <프리즘>(Prisma) 발간, 과격주의 소개와 옹호 등이 그런 작업의 일환이었다(Schwartz, 1991: 100-112).

그러나 보르헤스는 이내 부에노스아이레스의 매혹에 빠져들어 아르헨티나성을 문학적으로 형상화하는 작업에 관심을 돌린다. 부에노스아이레스의 풍경, 가문과 아르헨티나의 역사에 대한 고찰을 주요 주제로 삼은 첫 시집 『부에노스아이레스의 열기』(1923)에서는 이미 과격주의의 흔적은 찾아보기 힘들고 일종의 애향심이라고 부를 수 있을 감성이 진하게 배어 있다. 두 번째 시집 『정면의 달』(1925)에 포함된 시들을 위해서는 사전까지 뒤져 가며 아르헨티나 스페인어의 어휘와 표현을 최대한 사용하려는 노력을 아끼지 않았다. 지역주의, 국수주의, 배타적 민족주의라는 비판을 충분히 받을 수 있을 정도였다.

이론적으로는 아르헨티나 문단의 근대화를 주장하면서도 작품에서는 아르헨티나인의 감성과 어휘에 집착하는 이런 모순된 태도는 청년 보르헤스에게 있어서 서구적 기법 수용과 국민 문학의 창출을 조화시키는 것이 너무도 벅찬 일이었음을 시사한다. 그러나 보르헤스는 적어도 그가 지향해야 하는 최종 목표에 대해서는 확고한 신념을 보였다. 가령, 『정면의 달』처럼 아르헨티나적인 것에 대한 집착으로 눈길을 끄는 에세이집 『내 희망의 크기』(1926) 중의 동명의 글에서, 아르헨티나 문학을 크리오요주의의 지역성을 극복하고 세계성을 담지한 문학으로 만들고자 하는 것이 자신의 글쓰기 목표임을 밝히고 있다(Borges, 1993: 14).

보르헤스가 국민성과 세계성을 동시에 담지한 문학을 크리오요주의를 통해 이룩하려 했던 것은 사실 아이러니이다. 아르헨티나의 크리오요주의는 이미 그 역사적 기능을 다하고 쇠퇴하던 중이었기 때문이다. 그럼에도 불구하고, 1920년대에도 여전히 크리오요주의와의 관계 설정은 중요한 문제였다(Sarlo, 1988: 47). 이민자, 즉 외국인 혹은 외국계 주민이 많은 아르헨티나 사회의 특징 때문이었다. 프리에토에 따르면, 19세기 말에서 20세기 초 사이의 크리오요주의는 아르헨티나성을 가장 내면화시킨 사조였다(Prieto, 1988: 91-100). 그래서 한때는 보수주의자, 민족주의자, 무정부주의자, 사회주의자 등 각양각색의 집단들이 대중의 지지를 끌어내기 위해 후안 모레이라[2]의 이미지를 이용하기도 했다(Prieto, 1988: 163).

보르헤스는 자신이 수입한 전위주의를 크리오요주의와 접목시키

---

12) 후안 모레이라(Juan Moreira, 1829-1874). 사실 모레이라는 사르미엔토가 문명의 걸림돌로 지목한 가우초였다. 이들은 19세기 말에서 20세기 초에 걸친 근대화와 도시화로 사실상 사라졌다. 그리고 '위협'이 사라지자, 가우초는 아르헨티나 번영의 걸림돌이 아니라 아르헨티나 국민성의 상징 혹은 서민층을 대변하는 표상이 되었다. 모레이라는 공권력의 횡포에 시달리는 굴곡진 삶을 살면서, 이에 굴하지 않고 저항한 인물이었는데, 크리오요주의 전성기에 이르러 정의감과 용기를 갖춘 인물, 약자를 대변하는 가우초이자 크리오요로 뒤늦게 각광을 받게 되었다.

려고 노력하였다. "크리오요 전위주의"(Montaldo, 1989: 213)라 부를 수 있을 이런 태도, 즉 서구적인 것과 토착적인 것을 조화시키려는 노력은 그가 적극적으로 관여한 잡지 <마르틴 피에로>와 <남부>(Sur)의 노선과 일치한다. 1924년에서 1927년까지 발간된 <마르틴 피에로>는 전통과의 단절을 선언하고 극단적인 새로움을 추구하는 전위주의 특유의 자의식을 지닌 잡지였다. 이를 기점으로 하여 남미의 문화적, 예술적 표현의 이전과 이후를 구분할 수 있을 만큼 영향력 있고 혁신적이라고 평가하는 이도 있을 정도이다(Schwartz, 1991: 102). 그럼에도 불구하고 <마르틴 피에로>는 아르헨티나 전통과의 완전한 단절을 추구한 것은 아니었다. 비록 이 잡지의 또 다른 중심 인물인 올리베리오 히론도는 서구식 전위주의를 선호했으나, 아르헨티나 국민 문학의 상징인 '마르틴 피에로'를 잡지의 이름으로 삼았다는 점에서 짐작할 수 있듯이 보르헤스 외에도 아르헨티나성에 관심을 갖는 일군의 작가들이 존재했다. <마르틴 피에로>는 국수주의의 함정에 빠지지 않을 진정한 지역성이 무엇인가 하는 문제를 진지하게 고민했고, 에바리스토 카리에고처럼 도시 대중과 관련된 주제들을 크리오요주의와 전위주의를 결합시켜 다루는 일이라고 결론지었다(Altamirano y Sarlo, 1997: 241-242). 아르헨티나 문학과 서구와의 접점을 찾으려는 이런 노력은 빅토리아 오캄포가 주도하여 1931년 창간되어, 이후 몇십 년간 아르헨티나 지성계에 크나큰 영향을 끼친 <남부> 지의 주요 관심사이기도 했다. 서구와 자국의 접점을 찾으려는 시도는 때로는 사대주의적이라는 비판을 받았다. 하지만, 아르헨티나의 기득권층만을 옹호하고 대외적으로는 서구의 모든 것을 거부하였던 문화적 민족주의의 배타성을 극복하여 아르헨티나적인 것과 서구적인 것 모두에 유연한 태도를 견지하면서 생산적인 국민 문학을 건설하려 했던 움직임이었다. 그리고 이는 곧 문학을 통해 아르헨티나 국민을 상상의 공동체로 결속시키고, 국수주의와 사대주의에 구애받지 않는 통합과 해방의 민족주의의 가능성을 모색한 것이다.

5. 민족문학가 보르헤스?

1930년에 출간한 『에바리스토 카리에고』를 마지막으로 보르헤스의 텍스트에서 아르헨티나와 관련된 직접적인 관심은 현저히 줄어들었다. 그리고 앞에서 이미 언급했듯이 그의 대표작으로 꼽히는 『픽션들』과 『알렙』은 아르헨티나적 맥락에서 벗어난 작품으로 평가받고 있다. 그러다가 1950년대 중반 장님이 되고 난 후 발표한 시집이나 『브로디의 보고서』(1970)의 몇몇 단편에서 다시 아르헨티나적 주제를 찾아 볼 수 있다.

그렇다면 1930년대에 무슨 일이 일어났기에 보르헤스 문학 세계의 방향 전환이 이루어진 것일까? 1919년의 경제적 위기, 1928년 재취임한 이리고옌의 무능력이 몰고 온 사회 혼란과 환멸, 1929년의 경제 대공황 등이 야기한 아르헨티나의 사회적, 경제적, 정치적 혼란은 1930년의 군사 쿠데타로 귀결되었다. 이 쿠데타는 이리고옌의 첫 집권 기간 중이었던 1919년부터 조직적으로 반격에 나선 과두 계층의 민족주의 운동을 등에 업었다. 문화적 민족주의자들보다 훨씬 배타적으로 자기 진영의 이해를 옹호한 이 극우 보수 반동적 민족주의자들의 등장으로 보르헤스는 아르헨티나 현실에 깊이 실망하게 된다. 1943년 페론의 등장과 파시즘의 전횡은 그로 하여금 현실에 등을 돌리고 형이상학, 문학, 지적 유희의 세계를 더욱 탐닉하게 하였다. 그리고 현실에 등을 돌린 덕분에 그를 세계적으로 유명하게 만든 『픽션들』과 『알렙』이 탄생할 수 있었을지도 모른다. 보르헤스의 작품 세계에서 흔치 않은 정치성을 띤 시인 「추측의 시」(1943)는 아르헨티나를 혼란에 빠뜨린 이들을 화적(montonero)에 비유했고, 그런 현실에 처한 자신의 운명을 체념적으로 "남미의 운명"(Borges, 1981: 867)이라고 표현하였다.

미래에 대한 전망을 상실하고 운명에 순응하는 듯한 보르헤스의 이런 태도는 그를 민족문학가로 정의하기에 심각한 걸림돌처럼 보인다. 민족주의 혹은 민족문학론은 대개 뚜렷한 이념성과 역사의식을 바탕으로 미래로 향하는 유토피아적 출구를 열어놓음으로써 대중들에게 호소력을 발휘해 왔기 때문이다. 게다가 이런 관점은 가까이는 민족해방운동 주체로서의 민족을 상정하는 1960년대 이래 주변부 민족주의의 특수함 때문에 당연한 것으로 받아들여지고는 한다(김명인, 1998: 259). 외세로부터의 정치적 해방과 봉건 잔재, 식민 잔재 청산 등을 유토피아로 설정하는 미래 전망에 너무나 익숙해 있는 우리나라의 민족문학론이나 쿠바 혁명 후의 제3세계론 혹은 범라틴아메리카 민족주의의 사회참여적 성향이 민족주의에 대한 그런 개념을 낳았다. 그리고 멀리는 근대 민족주의를 태동시키고 확산시킨 자유주의자의 준거틀이기도 하다.

> 자유주의적 시각에서 볼 때 −그리고 자유주의자만이 아니라 맑스와 엥겔스의 예가 보여주듯− '민족' 개진의 논거는 민족이 인류 역사발전의 한 단계를 대표하는 데 있으며, 특정 민족국가의 형성 논거는, 관련 구성원의 주관적 감정이나 관찰자의 사적 동의와는 별도로, 국가형성이 역사 발전과 진보에 상응하는가 또는 그 것을 촉진하는가에 달려 있다.(홉스봄, 1994: 62)

그런데 미래에 대한 정치적, 사회적 전망을 요구하는 민족주의는 애초에 보르헤스의 문학관이 아니었다는 점을 상기할 필요가 있다. 그는 부에노스아이레스를 불멸의 도시로 만들 시, 음악, 회화, 종교, 형이상학을 창조해야 한다는(Borges, 1993: 14) 미학적 전망에 의거하여 미래를 꿈꾸었을 뿐이다. 문학을 통해 아르헨티나적 감성과 미학을 추구하여 아르헨티나인을 상상의 공동체로 결집시키고자 했다는 점에서 분명 보르헤스는 민족문학가인 것이다. 물론 1930년대 초기까지의 보르헤스가 때로는 지나치게 아르헨티나 지역성에 집착하는 배타적 면모를 보인 것은 사실이다. 하지만 역사적 소속감이 다소 부족하고, 이민자들로 그나마의 공동체 의식도 깨져 가고, 배타적 민족주의가 고조되던 시기에 통합을 추구하는 미학적 전망을 제시할 수 있었다는 점에서 보르헤스야말로 아르헨티나 국민 문학이 나아가야 할 방향을 확고히 제시한 민족문학가이다.

또 보르헤스의 대표작들로 꼽히는 1930년대 후반에서 1950년대 중반까지의 단편 소설에서 아르헨티나적 맥락을 쉽게 찾을 수 없다는 점, 그래서 보르헤스를 보편적 혹은 서구적 작가로 보아야 한다는 시각은 사실 1930년대 보르헤스의 방향 전환 이전과 이후를 아르헨티나성 추구/포기라는 대립적 구도로만 파악하는 시각에 불과하다. 보르헤스는 진정한 아르헨티나 국민 문학의 창출에 있어서 아르헨티나적 주제를 다루느냐 아니냐는 지엽적인 문제로 보았고, 서구와 어떻게 관계를 설정하고 글쓰기를 할 것인가를 더 많이 고민해야 한다고 주장했다는 점을 다시 한번 상기할 필요가 있다. 이러한 생각이 잘 드러나 있는 「아르헨티나 작가와 전통」에서 보르헤스는 이렇게 말한다.

시간이 지난 후 나는 진정으로 토착적인 것은 보통 지역색을 제거하거나 제거할 수 있다는 흥미로운 확언을 발견했다. 기번의 『로마제국 쇠망사』에서였다. 기번은 대표적인 아랍서인 쿠란에는 낙타가 없다고 지적한다. 혹시 쿠란의 신빙성이 의심스럽다면, 낙타의 부재를 들어 아랍인의 책이라는 점을 입증하기에 충분하다고 나는 생각한다. 무함마드가 쿠란을 썼는데, 아랍인인 그가 낙타가 특히 아랍인들의 것이라는 점을 알아야 할 이유가 없었다. 무함마드에게 낙타는 현실의 일부였다. 낙타를 부각시킬 이유가 없었다. 반면, 사기꾼, 관광객, 아랍 민족주의자라면 제일 먼저 페이지마다 낙타, 낙타가 포함된 대상들을 집어넣었을 것이다. 그러나 무함마드는 아랍인이기에 호들갑을 떨지 않았다. 낙타 없이도 아랍인일 수 있다는 것을 알고 있었다. 나는 우리 아르헨티나 사람들이 무함마드를 닮아야 한다고 믿는다. 지역색을 물씬 풍기지 않아도 아르헨티나인일 가능성을 믿을 수 있어야 한다.

(Borges, 1981: 270)[13]

보르헤스는 아르헨티나 지역색에 집착하는 태도를 극복하면서 크리오요 전위주의와도 결별한다. 그리고 자신의 글쓰기에서 서구와의 새로운 관계 설정을 모색한다. 그가 얻은 결론은 그 어느 문학 전통에도 구애받지 않고 마음대로 넘나드는 자유를 행사하자는 것이었다. 아르헨티나인은 애초에 유태인이나 아일랜드인처럼 주변부에 속해 있으면서도 서구와 떼려야 뗄 수 없는 긴밀한 관계로 맺어져 있다는 것이 그의 현실인식이었다(Borges, 1981: 272-273). 어쩌면 근대라는 시대의 속성상 모든 국가가 세계체제에 편입되어 서구와 관계를 단절하기 힘들다는 점을 누구보다도 빨리 깨달았기 때문일지도 모른다. 이를 체념적 수용이라고 볼 수도 있겠지만 말이다.[14]

---

13) 「아르헨티나 작가와 전통」은 1951년 강연이고, 글로는 2년 후인 1953년에 발표되었다. 그 과정에 대해서는 Balderston(2013)을 참조하라.
14) 이 글은 1999년 <이베로아메리카연구> 10호 1-29쪽에 게재된 것을 수정하였다.

3부

역사의 현장에 선 네루다

시가 있는 바다

1. 네루다의 칠레

2004년 7월, 네루다 탄생 100주년을 맞이하여 다채로운 행사를 계획하고 있는 칠레를 찾아가면서 자연히 1992년 12월의 TV뉴스가 떠올랐다. 네루다 이장에 관한 뉴스였다. 그해 네루다는 사망한 지 19년 만에 드디어 생전의 유언대로 그가 가장 사랑하는 집이 있던 곳인 이슬라네그라로 돌아갔다. 네루다를 죽음으로 몰아넣은 군부 정권이 결코 허용하지 않던 일이 1990년 민주화가 되면서 들어선 민선정부 하에서 드디어 이루어진 것이다. 당시 필자의 예상을 뛰어 넘는 많은 사람이 참여하여 네루다의 이름을 소리 높여 외쳤다. 화면에는 온갖 표정의 사람들 얼굴이 스쳐지나갔다. 숙연한 얼굴, 한이 서려 있는 듯한 얼굴, 감동으로 상기된 얼굴... 당시는 아마도 민주화가 된 지 얼마 되지 않아 표정들이 밝지 않았을 것이다. 그래서 그로부터 10여 년의 세월이 흐른 2004년에 똑같은 얼굴들을 발견하리라는 기대는 애초에 없었다. 그러나 한 사람의 시인을 그토록 사랑하고 존경한 사람들 틈에서 네루다의 향기를 맡는 일은 어쨌든 가슴이 설레는 일이었다.

칠레 정부는 네루다 탄생 100주년인 7월 12일을 전후한 일주일을 아예 '네루다 주간'으로 선포하였다. 그리고 그 주간을 위해 대통령 산하에 기념사업 추진위원회를 두고 무려 2년 동안 행사를 준비했다. 네루다 주간에는 당시 대통령 리카르도 라고스도 바쁜 나날을 보냈다. 네루다를 자국에 소개하는 데에 공을 세운 외국 문인 100명에게 대통령 훈장을 수여하고, 7월 13일부터 사흘간 열린 네루다 학술대회를 위해서 만찬을 베풀면서 네루다 연구로 탁월한 업적을 남긴 알랭 시카르, 에르난 로욜라, 하이메 콘차 등에게도 훈장을 수여했다. 라고스 대통령은 또한 300명의 국내외 인사들과 함께 '시인 열차'라고 이름을 붙인 특별열차 편으로 네루다 탄생지인 파랄로 가서 기념행사를 주관하기도 했다. '시인'이 네루다를 가리키는 것임은 물론이다. 그 열차에 오른 승객들 중에는 라틴아메리카 문학의 거장인 당시 93세의 아르헨티나 소설가 에르네스토 사바토와 나이 팔십을 바라보던 니카라과 시인이자 산디니스타 혁명의 문화 영웅이었던 에르네스토 카르데날 등이 포함되어 있었다.

면이라고 부르면 딱 적당할 정도의 작은 도시 파랄은 네루다 탄생 100주년을 맞아 새롭게 역사를 정비하고, 역 앞 광장에는 네루다를 기리는 조형물도 세웠다. 또한 네루다의 친어머니 무덤도 꽃단장을 다시 했다. 네루다를 낳은 지 얼마 안 되어 사망한 어머니, 네루다 부친이 가족을 데리고 테무코 시로 일자리를 찾아 떠나면서 자식도 없는 그곳에 홀로 묻혀 있던 어머니, 불러도 대답 없는 어머니를 안타깝게 생각해서 「출생」이라는 시를 쓴 적도 있었던 시인이 (1964년 시집 『이슬라네그라의 추억』에 수록) 지하에서나마 크게 기뻐할 일이었다.

> 무덤들 사이에
> 잠든 어머니를 보여주려고
> 나를 데려간 공동묘지.
> 얼굴 한 번 본 적 없기에
> 보고파서 불러보았지, 망자들 사이에서 어머니를.
> 하지만 다른 망자들처럼 아무 것도 모르고,
> 아무 것도 듣지 못하고, 아무 대답 없었네.
> 그림자 아래 그곳에
> 자식도 없는 그곳에
> 대답 없이 홀로 머물러 있던 어머니.(Neruda, 1980: 948-949)

민간 차원에서도 다채로운 행사가 열렸다. 네루다 재단과 출판업계는 각종 행사를 주최하고 지원하는 것은 물론 수없이 많은 네루다 관련 책을 새로 쏟아냈다. 네루다의 유년기나 스페인 시절 혹은 정치적 박해를 받던 시절만을 집중적으로 연구한 책들이 눈길을 끌었다. 칠레 화가 및 조각가 협회는 7월 12일을 기해 대통령 궁 앞의 헌법광장에 대형 하트를 아로새겼다. 붉은색 사과로 하트 모양을 만들고 파란색 사과로 네루다의 이름을 새겨 넣었다. 태평양에 면한 항구도시 발파라이소에서는 '세바스티아나'라는 별칭의 또 다른 네루다 집이 있는 언덕에서 생전에 그가 다니던 바까지 거대한 두루마리가 펼쳐졌다. 1.6킬로미터에 걸쳐 연결된 종이에는 네루다를 기리는 시와 헌사가 아로새겨졌다. 세계에서 가장 긴 시로 기네스북에 오르게 될 이 두루마리에 글을 쓴 사람들 중에는 군인, 죄수, 유치원 아이까지 각계각층의 사람이 포함되어 있었다. 또한 철도 아닌데 카니발이 열리기도 했다. 생전에 가장 무도회를 즐긴 네루다를[1] 위한 추모행사의 일환에서였다. 이슬라네그라 인근의 30여 개 식당은 네루다 주간을 맞아 일제히 '네루다 정식'이라는 이름의 요리를 제공했다. 칠레를 대표하는 항공사인 란칠레도 '네루다 정식'이라는 이름을 붙인 기내식을 제공해서 칠레를 찾는 모든 외국인에게 네루다의 이름을 알렸다.

정부와 민간 차원에서 다채롭게 진행된 행사는 네루다가 칠레의 국민적인 시인임을 다시 한 번 보여주었다. 하기야 내로라하는 문인과 문학 비평가들이 네루다에 대한 연구 결과를 발표해도, 청중석에 앉은 심리학자나 고고학자가 나서 그들의 발표를 논박하는 곳이 칠레이다. 그만큼 네루다에 대해 애정과 존경을 품은 사람들이 많은 것이다. 그래서 "칠레의 네루다가 아니라 네루다의 칠레이다"(Skármeta,

---

1) 가면에 대한 네루다의 독특한 취향에 대해서는 Tejeda(1995)를 참조하라.

204: 37)라는 어느 낙서가 예사롭게 여겨지지만은 않았다.

2. 황혼에 발견한 아름다움

네루다 주간을 여는 공식행사는 마포초 문화센터에서 시작되었다. 지금은 문화센터로 변한 옛 역사 내부에 네루다의 시 낭송이 울려 퍼지고 있었다. 생전에 네루다가 시 낭송을 할 때마다 청중들은 으레 『스무 편의 사랑의 시와 한 편의 절망의 노래』(1924)의 시를 요청하곤 했다. "오늘 밤 나는 가장 슬픈 시를 쓸 수 있다"(네루다, 2010: 48)로 시작되는 「시 20」은 특히 여성들의 한숨 섞인 탄성을 자아내곤 했다. 1970년 리마에서 낭송회를 가졌을 때는 「시 20」을 낭송한 네루다에게 사인을 받으려고 사람들이 몰려들어 그가 가지 못하게 하려고 승용차를 번쩍 들어올리기까지 했다고 한다(Edwards, 1994: 736-737). 사실 네루다는 그리 매력적인 목소리의 소유자는 아니었다. 그가 토로하는 것처럼 "줄곧 내리는 빗소리를 들어본 남부 지방 사람의 단조로운"(재인용, Rodríguez Monegal, 1988: 140) 목소리이다. 그렇지만 남부 지방의 비를 경험하지 못한 필자에게 마포초 역에 울려 퍼지는 네루다의 목소리는 대지의 소박함을 연상시켰다. 아무런 가식 없는 목소리이기 때문이다. 커졌다 작아졌다 하는 리드미컬한 파도 소리 속에서도 일정한 톤을 유지하는 네루다의 목소리, 그것은 천년을 가도 변치 않으리라는 대지의 약속이었다.

마포초 역 정면에는 짙푸른 바다를 배경으로 한 네루다의 플래카드가 걸려 있었다. 시 낭송 배경음으로 깔린 파도 소리도 이 플래카드도 모두 바다를 사랑한 시인에 대한 경의의 표시였다. 그럼에도 불구하고 필자는 바다를 사랑한 네루다보다는 젊은 날의 네루다가 떠올랐다. 마포초 역이 대학에 진학하기 위해 처음 상경한 17세의 네루다가 처음 내린 역이기도 하지만, 플래카드 속 네루다의 시선이 역 옆을 흐르는 마포초 강 건너편을 향하고 있었기 때문이다. 강 건너편에는 산티아고에서의 첫 보금자리가 있었다. 마루리 가 513번지의 하숙집이었다. 네루다는 두고두고 그 시절을 잊지 못했다. 지금도 결코 쾌적한 거리가 아닌 그 거리에서 가난과 무명시인의 설움을 곱씹었던 기억을 결코 지울 수 없었던 것이다. 네루다는 그곳에서 "황혼에 넋을 잃은 슬픈 학생"(「마루리 가의 하숙집」, Neruda, 1980: 995)으로 변했다. 저녁마다 발코니에 앉아 시시각각 색깔이 변하는 저녁놀을 바라보면서, 마루리 가의 초라한 집들이 저녁놀과 함께 스러지기라도 할까봐 저어했다. 하지만 네루다는 고단한 영혼을 그 황혼에 의지하기로 했다. 때로는 노을에서 아름다움을 발견하고 잠시나마 현실의 고단함을 잊었고, 또 때로는 노을을 빌어 피곤한 삶을 토로했다. 첫 시집 『황혼일기』(1923)는 그렇게 해서 탄생했다.

만년의 네루다의 삶은 젊은 날의 슬픔이나 외로움, 가난과는 거리가 멀었다. 위대한 시인으로 또 행동하는 지식인의 표본으로 많은 이에게 사랑과 존경을 듬뿍 받았다. 노벨문학상을 받는 영화도 누렸고, 그의 곁에는 늘 친구와 추종자들이 넘쳐났다. 그러나 칠레 현대

사의 비극은 애잔한 석양이 있는 동네로 네루다를 다시 데려갔다. 마포초 강을 피로 물들인 군사 쿠데타가 일어난 1973년 9월 분노의 나날을 보내던 네루다는 지병이 갑자기 악화되어 사망했고, 군인들의 감시 속에 네루다의 유해는 그가 그리워하던 바다 대신 마루리가 너머의 시립공동묘지로 갈 수밖에 없었다. 네루다의 영혼이 있다면, 다시는 기억하기 싫었을 그 동네로 돌아가게 된 것에 대해 아마도 인생무상을 느꼈을 것이다. 그러나 가진 것 하나 없던 그 젊은 날에도 황혼의 아름다움을 발견했듯이 네루다는 죽어서도 아름다움을 발견했을 것이다. 그를 기리는 수많은 사람들이 19년 인고의 세월 동안 계속 무덤 앞에 바친 붉은 꽃들이 황혼보다 더 찬란하고 영롱하게 빛나고 있었으니 말이다.

3. 아우마다 거리의 부활

주말 오후의 아우마다 거리는 한가한 오후를 즐기러 나온 사람들로 복잡해지기 시작했다. 군사정권 시절 보행자 전용도로로 바뀌면서, 야외로 나가지 못한 사람들이 소일거리를 찾아 아우마다로 몰려드는 일은 이미 산티아고 도심의 주말풍경이 된 지 오래다. 하지만 군사독재 시절 아우마다 거리의 평화는 위장된 평화였다. 그곳은 노래꾼들이 마치 게릴라처럼 군인, 경찰들과 숨바꼭질을 하고 실랑이를 벌이는 곳이었다. 노래꾼들은 기타를 들고 도심으로 나갔고, 아우마다에 포진해 있다가 틈을 봐서 비올레타 파라의 <생에 감사해>나 <룬룬은 북쪽으로 가버렸네> 같은 노래들을 불렀다. 비올레타 파라는, 아옌데 정권과 함께 명멸한 칠레의 노래운동 '누에바 칸시온'의 대모라고 할 수 있지만, 민중연합 정부가 들어서기 이전에 죽었고, 이 노래들 또한 실연의 아픔을 담은 곡들이라 민중연합과 연루되었다는 의혹을 덜 샀기 때문이다.

그러나 2004년 네루다 주간 첫날의 아우마다의 주인공들은 노래꾼들이 아니라 네루다였다. 아우마다가 끝나는 곳에 위치한 산티아고 중앙광장에서 공산당이 집회를 열고, 시민들을 위해 네루다 시 낭송 행사를 마련한 것이다. 그 행사는 언론의 주목도 별로 받지 못했고 정부의 지원도 받지 못했다. 지지율이 고작 2퍼센트 내외에 머물고 있는 당시 공산당의 신세를 보여주는 듯했다. 하지만 공산당은 인기가 없어도 네루다는 그렇지 않았다. 주최 측의 한 젊은 여성 당원이 떨리는 목소리로 네루다의 민중시를 낭송하자 지나가는 사람들이 하나, 둘 발길을 멈추었다. 또 네루다에 심취해 있는 것이 분명한, 대학생인 듯한 청년이 네루다 목소리를 본떠 시를 낭송하자 분위기가 고조되었다.

이윽고 초청 연사 한 사람이 마이크를 잡았다. 그리고 네루다가 상원의원으로 처음이자 마지막으로 직접 정치 일선에 나섰을 때의 일화를 회고했다. 네루다는 1945년 공산당에 입당하여 상원의원으로 당선된 바 있다. 공산당에 입당한 지 한 달 뒤에는 『마추피추 산정』을 쓰기 시작했다. 라틴아메리카 역사와 민중을 노래한 장편 서사시 『모두의 노래』(1950)를 구성하는 15부 중에서도 가장 극찬을 받은 시집이었다. 『마추피추 산정』에서 네루다는 민중을 향해 외쳤다. "나의 핏줄과 나의 입으로 달려오라./나의 말과 나의 피로 말하라"(네루다, 2010: 122)라고 마치 현실정치의 장에 직접 나서서 민중을 대변하겠다는 각오를 피력한 듯한 구절이다. 나이가 상당히 많아 보이는 그 초청 연사는 1948년 정치적 배신을 한 가브리엘 곤살레스 비델라 대통령을 고발하며 거리로 나선 네루다를 자신이 직접 목격했다고 말했다. 정치보복을 당해 네루다가 망명을 떠나게 된 계기가 된 사건이었다. 약 1년 동안의 지하생활 끝에 경찰마저 순찰을 포기할 정도로 험난한 안데스의 길, 밀수꾼들이나 이용하는 길을 통해 아르헨티나로 넘어가기 직전 "조국이여, 잘 있거라. 나는 이렇게 떠나지만 항상 너와 함께 하리라"(Neruda, 1980: 705-706)라고 썼던 네루다의 비장함이 아우마다 거리에서 생생하게 다시 기억되고 있었던 것이다.

4. 시가 있는 바다

네루다를 기리는 마음이 가장 뭉클하게 느껴진 것은 아무래도 박물관이 된 네루다의 집과 무덤이 있는 바닷가 마을 이슬라네그라에서였다. 일요일을 맞이하여 이슬라네그라는 참배객으로 붐볐다. 피서객의 발길이 끊기는 겨울에는 이례적인 일이다. 집 울타리 너머

백사장은 야외 추모미사에 참석하기 위한 사람들로 가득 찼다. 또 집을 방문하려는 사람들로 긴 줄이 생겨나기도 했다. 동네 청소년들이 민속음악을 연주하고 재담을 늘어놓고, 인근 마을의 할아버지, 할머니 합창단이 줄을 선 사람들의 지루함을 덜어주었다. 미사가 끝난 후 네루다의 무덤 앞에서 추모식이 열렸다. 누군가가 시인의 생일을 축하하기 위해 이슬라네그라 해변에 아라우카리아 세 그루를 심었다고 고한다. 네루다의 고향산천을 뒤덮고 있는 나무이자, 우국지사들의 씩씩한 기상과 불굴의 의지를 연상시키는 침엽수이다. 민속악단 마니피에스토는 네루다의 유언장을 노래로 만들어 불렀다. 이 유언장 역시 네루다가 망명을 떠나기 전, 『모두의 노래』 말미에 포함시킨 시이다. 헐벗고 착취당하는 이들에게 잠시나마 쉴 공간을 마련해주기 위해 이슬라네그라 집을 기증하겠다는 내용이다(「유언(1)」, Neruda, 1980: 705-706).

  네루다를 기리기 위해 모인 사람들 중에는 군부독재 시절 가족을 잃는 아픔을 겪은 이들도 있었다. 그들 중 일부는 이슬라네그라 집이 폐쇄되고 네루다의 무덤도 없던 시절에도 이곳으로 순례를 오곤 했다. 그리고 감시의 눈을 피해 몰래 그들의 한을 담은 글이나 네루다를 기리는 글을 울타리에 남겼다. 네루다의 지인들 중에서도 이슬라네그라의 집과 네루다를 그리워하는 사람들이 많았다. 사람을 유난히 좋아한 네루다인지라 이슬라네그라는 문인들을 비롯한 온갖 종류의 지인들의 사랑방이요 별장이었다. 저택 한쪽에 있는 중세풍의 탑에서 파도소리를 들으며 첫날밤을 보낸 이들도 많았고, 바에서 열리던 파티를 기억하는 이들도 많았다. 별채로 지은 바에 네루다는 '알베르토 로하스 히메네스'라는 이름을 붙였다. 그는 네루다가 무명시인의 설움을 주체하지 못해 보헤미안 생활을 할 때의 절친한 동료였지만 일찍 세상을 떠났다. 그밖에도 바 내부에는 먼저 죽은 친구들의 이름을 여럿 새겨 놓았다. 그렇게 죽은 친구들을 망각의 늪에서 건져 올려 이슬라네그라에 부활시켰지만, 정작 네루다 본인은 산티아고 시립공동묘지에 누워 있고, 이곳에는 부재한다는 사실이 군부독재 시절 많은 이의 가슴을 아리게 했다. 안토니오 스카르메타의 『네루다의 우편배달부』(1985)가 칠레인들의 마음을 잔잔하게 적실 수 있었던 요인 중 하나는 네루다가 이슬라네그라로 이장되기 전에 이미 그를 이 바닷가로 데려왔다는 점이었다. 『네루다의 우편배달부』에는 집배원 마리오가 파리 대사로 나가 있는 네루다의 육성 녹음테이프를 받고 감격하는 장면이 있다. 마리오는 바다를 바라보며 네루다가 없는 동안 공허하기만 하던 풍경이 시인의 목소리 덕분에 다시 꽉 찼음을 느낀다(스카르메타, 2004: 107). 네루다가 이슬라네그라를 떠나 있는 동안 마리오가 느낀 공허함이 바로 스카르메타가 실제로 느끼던 공허함이었고, 스카르메타가 느낀 공허함은 또한 칠레 국민이 평소에 느끼던 공허함이었다.

그 공허함이 허구 속의 공허함도 아니고, 마리오가 허구 속 인물만은 아니라는 확신을 준 것은 이슬라네그라 이웃마을인 키스코의 셰프 카밀로 식당에서였다. 이 식당의 주인 카밀로 씨는 네루다가 좋아하던 붕장어탕이라는 음식 요리법을 전수받은 것으로 유명한 인물이다. 사연은 이렇다. 집으로 찾아오는 수많은 손님을 다 대접할 수는 없었던지라, 네루다의 부인 마틸데는 집 앞 식당에 요리법을 전수해 주어 손님들에게 최소한의 배려를 했다. 카밀로 씨는 그 식당의 종업원으로 있다가 나중에 독립하여 키스코에 식당을 차렸다. 네루다는 친히 '셰프 카밀로'라는 식당 이름을 지어주었을 뿐만 아니라 수시로 손님들을 데리고 가서 매출을 올려주었다. 훗날 프랑스 대통령이 된 지스카르 데스탱 같은 인물도 손님들 중 하나였다. 그뿐만이 아니다. 카밀로 씨는 가끔 네루다에 대한 강연을 요청받기도 하고, 네루다 관련 행사에 셰프로 초대되어 예의 붕장어탕을 참석자들에게 선보이기도 했다. 변변히 배운 것 없이 촌구석에서 평생을 보낸 카밀로 씨는 덕분에 네루다의 지인이라는 자부심을 가지고 노년을 보내고 있었다.

이슬라네그라에 네루다가 있어야 하는 진정한 이유는 이슬라네그라의 바다에는 시가 있기 때문이다. 네루다가 처음 찾은 1930년대 후반 이슬라네그라는 단 두 채의 집밖에 없던 외딴 해안이었다. 그 외딴 해안은 네루다에게 '이슬라네그라', 즉 '검은 섬'이라는 뜻의 시적인 이름을 선물 받고, 네루다가 자신의 삶을 돌아본 시집『이슬라네그라의 추억』을 쓰면서 문학사에 영원히 이름을 남기게 되었다. 이슬라네그라는 그 보답으로 네루다에게 시를 선물했다. 바다는 네루다에게 늘 영감을 주었기에 이슬라네그라 집에 머물 때면 네루다는 바다가 정면으로 바라보이는 책상에 앉아 시를 쓰기를 즐겼다. 그는 주로 겨울에 이슬라네그라에 머물렀다. 큰 파도가 넘실대는 거친 겨울바다를 좋아했기 때문이다. 망명 시절 카프리 섬에서 머물 때 네루다를 슬프게 하고 향수를 자극한 것이 그곳의 잔잔한 바다였다는 일화가 있을 정도이다(Urrutia, 1987: 92). 『마추피추 산정』이 바로 이슬라네그라의 넘실거리는 바다를 바라보고 웅장한 파도 소리를 들으며 쓴 시집이었다. 누가 언제 왜 만들었는지도 모르는 잉카의 잃어버린 도시 마추피추의 폐허에 올랐을 때, 네루다는 처음에는 죽음에 대한 상념에 빠졌다고 한다. 그러나 네루다는 죽음만이 감도는 그 폐허에서 허무를 극복하고 역사를 발견했다. 지배자들의 명령에 따라 온갖 고초를 겪으며 그 험준한 안데스에 마추피추를 건설했을 민초들의 목소리를 듣고, 그들의 한을 어루만져 주고, 그들의 목소리를 되살렸다. 이슬라네그라의 웅장한 파도 소리가 격랑의 역사를 통찰하는 데 도움이 되었음은 물론이다.

5. 비가 시작되는 곳

네루다의 시적 상상력의 또 다른 중요한 원천인 테무코를 찾았다. 산티아고에서 남쪽으로 687km나 떨어져 있는 곳이다. 네루다가 고향을 오가던 시절과는 비교도 되지 않을 정도로 쾌적한 기차가 칠흑 같은 밤을 뚫고 테무코에 다다랐을 때는 주룩주룩 비가 내리고 있었다. 네루다가 "비가 시작되는 곳"(Neruda, 1980: 947)이라고 정의한 테무코의 아침은 그렇게 축축하게 밝았다. 네루다가 자란 집은 테무코 역 바로 근처에 있었다. 그곳이 네루다의 집이었음을 알리는 현판과 노란 꽃이 달려 있었다. 역과 네루다 집 중간쯤에는 눈에 익은 건물이 하나 있었다. 마치 사다리를 펼쳐서 눕혀 놓은 듯한 그 특이한 건물을 배경으로 사진을 찍은 젊은 날의 네루다 모습이 떠올랐다. 지금은 우중충한 건물로 변했지만 아마도 당시에는 테무코 제일의 현대식 건물이었을 것이다. 네루다가 어린 시절만 해도 테무코는 문명의 땅이 끝나고 대자연이 시작되는 조그만 도시에 불과했으니 말이다. 사실 테무코 일대를 스페인어로 '국경'이라는 뜻을 지닌 '프론테라'라고도 부르고, 테무코가 속한 주도 아라우카노 선주민2)이 사는 지역이라는 뜻을 지닌 '아라우카니아'라고도 부른다. 테무코가 1887년 병영으로 출발해 아라우카노 선주민들을 복속시키면서 성장한 도시였음을 짐작할 수 있는 이름들이다.

그래서 네루다는 이를테면 문명과 자연의 경계에 선 경계인이었다. 분명 네루다도 문명의 빛을 그리워했다. 무엇보다도 시인이 되고 싶어 했고, 랭보와 보들레르에게 심취하면 할수록 테무코의 문화적 척박함이 한스러워 그 땅을 벗어나고 싶어 했다. 노벨상 수상 연설에서조차 네루다는 오지의 시인이 느끼던 답답함을 토로하였다.

저는 지리적 조건 때문에 다른 나라들과 격리된 나라, 그것도 그 나라의 오지 태생입니다. 가장 버림받은 시인이었고, 제 시는 지역적이고 고통스럽고 비에 젖어 있었습니다.(Neruda, 1971: 37)

---

2) 선주민들은 자신을 '마푸체'라고 부른다.

그러나 네루다는 또 한편으로는 묘하게도 아직 태초의 신비를 간직하고 있는 테무코의 자연에 매료되어 있었다. 학교 뒤편의 니엘롤 동산을 쏘다니며 나무와 꽃과 풀을 세세히 관찰하고, 세찬 바람과 빗소리를 들으며 시의 운율을 내면화시키고, 화산과 지진을 보며 대자연의 신성함을 깨달았다. 훗날 그는 '사물에 대한 세 편의 노래'라고 이름 붙인 세 편의 시를 통해 누구보다도 사물에 대한 관찰력이 탁월한 시인이라는 평을 받게 되었고, 휘트먼처럼 신천지를 노래한 시인, 즉 마치 천지창조를 하듯 라틴아메리카의 자연을 시에 담은 시인이라는 칭송을 받았다.

이런 평가가 미사여구만은 아니었음을 니엘롤 동산과 임페리알 강, 카라웨와 바호임페리알(지금의 푸에르토사아베드라)을 돌아다니며 깨닫게 되었다. 네루다에게는 어린 시절부터 친숙했던 여정이다. 테무코와 바호임페리알을 오가는 화차 기관사였던 아버지 덕분이었다. 바호임페리알에 이르기까지 비는 쉼 없이 내렸다. 도로 옆에는 이미 물에 잠긴 목초지도 보이고, 강물은 금방이라도 넘쳐서 지나다니는 차량들을 덮칠 것 같아 보였다. 그러나 그 길을 오가는 사람들은 그저 그러다 말겠지 하는 표정들이었다. 빗줄기가 거세지거나 바람이 세차게 불 때마다 산과 강의 윤곽을 가늠하기 힘들었고, 강물 위에 핀 자욱한 물안개는 하늘과 강의 경계마저 지워버렸다. 산티아고와 테무코를 오가며 썼다는 『스무 편의 사랑의 시와 한 편의 절망의 노래』의 시들 중에는 사랑하는 여인이 아스라하게 멀어지는 것을 안타깝게 묘사한 대목이 많다. 네루다의 시집 중에서 가장 대중적인

이 시집을 읽은 이들은 잡힐 듯 말 듯한 이브를 언젠가 사랑한 경험 때문에 아스라하게 멀어지는 여인의 존재에 대해 공감했다. 그러나 네루다가 시로 승화시킨 그 아스라함은 실연의 경험에서 우러난 것만은 아니었던 것이다. 산도 들도 강도 하늘도 희뿌옇게 지워버리는 테무코의 비바람이 창조한 아스라함이기도 했다. 그래서 네루다에게는 자연의 시인이라는 평가가 더할 나위 없이 잘 어울린다.

바호임페리알에서 필자는 네루다가 사모하던 바다를 다시 만날 수 있었다. 천둥 같은 소리만으로도 네루다의 삶에 들어왔다는 그 거칠고 웅장한 바다였다.

> 난생처음 바다 앞에 섰을 때 나는 완전히 압도당하고 말았다. 바다는 커다란 일케 언덕과 마울레 언덕 사이에서 한참 격노하고 있었다. 어마어마한 파도가 수미터 상공으로 치솟았을 뿐만 아니라 거대한 심장이 고동치고 우주가 박동하는 듯 울부짖고 있었다.(네루다, 2008: 30)

그러나 그 바다 역시 빗줄기와 물안개로 희뿌옇게 보였다. 그리고 희뿌연 하늘. 희뿌연 물안개를 뚫고 솟구친 파도가 문득 하얗게 부서지더니 거대한 대양의 품으로 되돌아갔다. 그 순환하는 바다를 시 창작의 동반자로 삼았던 네루다가 파도에 시를 실어 망망대해로 보내던 시절, 그 시절은 시가 있어 찬란했다.[3]

---

[3] 이 글은 2004년 <세계의 문학> 113호 313-327쪽에 게재된 것을 수정한 것이다.

자연의 상상력과 국민문학

1. 네루다의 다양한 면모

국내에서 네루다 수용의 역사는 제법 오래되었고 나름대로 고착화된 이미지가 있다. '사랑의 시인' 혹은 '민중시인'이라는 이미지이다. 이런 경향은 칠레 및 라틴아메리카, 그리고 서구에도 존재해 왔던 것이니 전혀 타당성을 결여하고 있다고 말할 수만은 없다. 다만 외국에서는 전위주의 시인으로도 유명하다. 네루다의 시세계를 살펴보면 하는 이유를 납득할 수 있다. 그만큼 다양한 얼굴을 가진 시인이다.

네루다에게 '사랑의 시인'이라는 칭호를 안겨준 시집은 불과 스무 살이던 1924년에 발표한 『스무 편의 사랑의 시와 한 편의 절망의 노래』이다. 제목 그대로 사랑과 사랑의 아픔을 다룬 시집으로,

관능성과 플라톤적 사랑이 절묘하게 시적으로 형상화된 작품이다. 마지막 부인인 마틸데를 위하여 1959년에 쓴 『백 편의 사랑 소네트』 와 더불어 사랑의 시인으로서의 네루다의 면모를 대표하는 시집이 다.

　『스무 편의 사랑의 시와 한 편의 절망의 노래』에 대한 당시 칠레 젊은이들의 반응은 무척이나 뜨거웠다. 그리고 이 시집은 입소문을 타고 국경을 넘어 아르헨티나 독자들 사이에서도 회자되었으며, 호 세 카를로스 마리아테기가 창간하여 페루 지성사에서 한 획을 그은 잡지 <아마우타>에도 소개될 정도였다. 교통과 통신이 발달하지 않아 라틴아메리카 국가간 교류가 적었던 당시에 무명시인의 이름 이 이웃나라에 알려지게 된 것은 대단히 이례적인 일이었다. 『스무 편의 사랑의 시와 한 편의 절망의 노래』의 대중성은 판매 부수에서 도 입증된다. 1961년 이미 스페인어판으로만 100만부를 돌파했으며 현재까지도 스테디셀러이다. 아마도 단일시집으로서는 라틴아메리 카에서 가장 많이 팔리고, 또한 가장 널리 읽힌 시집일 것이다. 세 계적으로도 수십 개국 언어로 번역되었음은 물론이고, 국내에서도 정현종(민음사, 1989), 추원훈(청하, 1992)에 의해 두 차례 번역, 소개된 바 있다.

　21편으로 구성된 『스무 편의 사랑의 시와 한 편의 절망의 노래』 중에서도 「시 15」와 「시 20」이 특히 대중적인 인기를 끌었다. 가령, 「시 15」의 서두는 자신의 사랑이 받아들여졌으리라고 애써 믿으려 하는 청춘 남녀들의 심리를 꿰뚫어본 명구절로 많은 사람들의 기억

속에 각인되어 있다.

마치 곁에 없는 것 같아 말 없을 때의 네가 좋다.
넌 멀리서 내 말에 귀 기울이고, 내 목소리는 네게 닿지
못한다.
네 두 눈은 멀리 날아가 버린 듯하고
한 번의 입맞춤이 너의 입을 걸어 잠근 것만 같구나.

(네루다, 2010: 44)

이러한 대중성 덕분에 1972년 지병으로 주 프랑스 대사직을 사임하고 귀국한 네루다를 위해 누에바 칸시온의 기수 빅토르 하라가 이 시에 곡을 붙여 헌정했으며, 영화 <일 포스티노>(2004)의 원작 소설 『네루다의 우편배달부』에서도 네루다의 시로 베아트리스를 유혹하는 우편배달부의 입에서 이 시의 일부 구절이 흘러나왔다(스카르메타, 2004: 62). "오늘밤 나는 가장 슬픈 시를 쓸 수 있다"로 시작되는 「시 20」역시 실연의 아픔에 잠 못 이루는 밤을 아름답게 승화시켜 청춘남녀들의 심금을 울렸다. 문인이자 네루다의 지인이었던 호르헤 에드와르즈가 라틴아메리카의 애국가라고 평한(Edwards, 1994: 736) 바로 그 시이다.

오늘 밤 나는 가장 슬픈 시를 쓸 수 있다.

이를테면, "별이 총총한 밤, 멀리서 별들이,

파랗게, 떨고 있다"라고.

밤바람은 하늘을 휘돌며 노래한다.

오늘 밤 나는 가장 슬픈 시를 쓸 수 있다.
난 그녀를 사랑했고, 때론 그녀도 나를 사랑했다.

오늘 같은 밤이면 그녀를 품에 안고
가없는 하늘 아래서 수없이 입 맞추었지.

그녀는 나를 사랑했고, 때론 나도 그녀를 사랑했다.
그 초롱초롱하고 커다란 눈망울을 어찌 사랑하지 않았으랴.

(네루다, 2010: 48)

'전위주의 시인'으로서의 면모를 볼 수 있는 작품은 1933년에서 1935년 사이에 간행된 『지상의 거처』 두 권이다. 파편적인 세계인식과 자의식 과잉이 특징인 작품이다. 훗날 한때 네루다는 『지상의 거처』와 『스무 편의 사랑의 시와 한 편의 절망의 노래』를 희망이 결여된 고통의 시집들이며 개인의 출구 없는 문제에만 집착하였다고 자아비판하기도 했다. 하지만 『지상의 거처』는 미학적으로 가장 완성도 높은 작품이다. 미학적인 측면만을 기준으로 삼는다면, 일반적으로 네루다의 시세계가 완성되지 못한 작품으로 평가되는 『스무 편의 사랑의 시와 한 편의 절망의 노래』는 도저히 비교대상이 될 수 없다. 17세기의 황금세기 이래 쇠락하기만 하던 스페인 문학의 중흥을 이끈 소위 27세대의 페데리코 가르시아 로르카, 라파엘 알베르티 등이 네루다를 인정하고 그들의 그룹에 받아들인 것도 『지상의 거처』를 높이 평가해서였고, 아마도 알론소가 『파블로 네루다의 시와 문체』라는 최초의 심도 깊은 네루다 연구서를 쓰게 된 것도 『지상의 거처』에 매료되어서였다.[4]

'민중시인'이라는 칭호는 아무래도 네루다의 전기적 요소, 세계정세, 라틴아메리카의 사회 분위기 등이 작용했다. 물론 스페인내전을 전후해서 네루다는 사회비판적인 시를 쓰기 시작했고, 1950년 『모두의 노래』라는 라틴아메리카 초유의 대서사집을 썼다는 점이 결정적으로 작용했음을 부인할 수는 없다. 하지만 『모두의 노래』 이후의 네루다는 민중이 이해할 수 있는 더 쉬운 시를 주창하면서 또 한번 변신한 바 있다. 1954년 『기본적인 것들에 바치는 송가』로 시작되는 송가 연작시집이 그것이다. 물론 그 후로도 사회비판적인 시를 간간이 쓰기는 했지만, 전투적인 민중시를 쓴 기간은 스페인내전에서 『모두의 노래』에 이르는 15년 정도일 뿐이다. 반면 스페인내전 이후부터의 네루다의 행보는 민중시인이라는 이미지를 거의 탈색시키기 불가능하게 만들었을 정도로 일관되고 강렬한 것이었다. 반파시스트 운동, 공산당 입당과 상원의원으로서의 정치활동, 대통령의

---

4) 아마도 알론소의 저서는 1940년에 출판되었지만 사실은 1936년에 쓴 것이다. 네루다가 민중시인으로 변신하기 전의 연구인 셈이다. 따라서 알론소가 네루다를 자의식에 유폐된 비관주의자로만 규정한 것이(Alonso, 1974: 15-35) 특별히 비판받을 일은 아니다.

정치적 변절을 질타한 국회연설, 이에 따른 검거령과 정치적 망명, 아옌데 정권의 탄생 과정에서의 역할, 군부쿠데타로 인한 비극적 분사 등에서 알 수 있듯이 역사의 고비마다 행동하는 지식인의 책무를 마다하지 않았던 것이다. 네루다의 이러한 행보는 세계정세와 무관하지 않았다. 스페인내전 자체가 2차 세계대전의 전주곡이었고, 네루다의 망명도 사실 냉전체제와 긴밀한 관계가 있었다. 1948년 네루다가 질타한 당시 칠레 대통령 가브리엘 곤살레스 비델라의 변절이란 냉전체제 속에서 미국의 압력으로 반공노선을 강화한 정책을 지칭하기 때문이다. 1946년에서 1952년 사이에 집권한 곤살레스 비델라는 급진당 후보였지만 공산당의 지지 덕분에 대통령에 당선된 터라 처음에는 그 보답으로 공산주의자들을 내각에 임명했다. 그러나 좌파를 진원지로 하는 사회 갈등을 겪으면서 정치적 대립이 시작되었고, 1947년 지방선거에서 공산당의 약진을 목격하면서 우파와 손을 잡고 좌파를 억압하기에 이르렀다. 그리고 냉전 초기부터 라틴아메리카에서 좌파의 고립을 절대 절명의 대외정책으로 삼았던 미국의 줄기찬 요구를 받아들여, 1948년 국회를 움직여 공산당을 불법화시켰다(스키드모어·스미스·그린, 2014: 492-493).

라틴아메리카 사회 분위기, 특히 지적인 분위기에도 냉전체제의 기류가 고스란히 반영되었다. 미국의 압력 때문에 라틴아메리카 전역에 걸쳐 반미 감정이 확산되었고, 라틴아메리카 좌파는 1950년대 초반에 역사상 가장 뜨거운 대중의 지지를 확보했다. 네루다가 칠레를 넘어 라틴아메리카 좌파의 상징으로 떠오르기 시작한 것도 그 무렵이었다. 진 프랑코도 네루다와 브라질 소설가 조르지 아마두가 국제적인 문인으로 떠오른 데에는 냉전체제에 따른 반사이익도 작용했음을 암시한다(Franco, 2002: 66). 이 와중에 일어난 1952년의 볼리비아 혁명, 1954년 미국의 개입에 따른 과테말라 아르벤스 정권의 붕괴, 1959년 쿠바혁명 등은 라틴아메리카 지식인들 사이에 지식인의 사회적 참여의 필요성을 각인시켜준 사건들이었다. 미국이 가장 커다란 외부의 위협으로 부상한 만큼 그 여파로 라틴아메리카 민족주의가 고조되었고, 이 민족주의는 미국 체제의 적인 공산주의를 최선내지 차선으로 보았다. 이러한 선택은 1960-70년대 문학 장(場)에서 마르크스주의 문학비평의 초강세로 귀결되었다. 칠레의 경우도 예외는 아니었고, 특히 1960년대 말부터 1973년의 쿠데타까지 작품의 내재적 가치보다는 사회적·역사적 가치를 따지는 경향이 주류를 이루었다(Subercaseaux, 1983: 245). 이런 분위기 속에서 네루다 연구 역시 아마도 알론소 식의 텍스트 내적 비평은 드물어지고, 마르크스주의 비평 일색으로 재편된다. 『파블로 네루다에서 존재와 죽음』을 쓴 에르난 로욜라 같은 이가 대표적인 경우로, 그는 내면적으로 쌓여 오던 네루다의 개인적 고뇌가 스페인내전을 비롯한 결정적 계기들을 겪으면서 민중성으로 승화되었다고 주장한다(Loyola, 1967). 이를 테면 변증법의 양질 전환법칙을 작품 해석에 적용한 것이다. 이렇게 하여 민중시인으로서의 네루다 이미지는 움직일 수 없는 진실처럼 굳어졌다.

2. 네루다의 국내 수용

그렇다면 국내에서는 어떻게 네루다를 수용했을까? 네루다가 국내 독자들에게 뜨거운 열기를 불러일으킨 적은 없지만, 그렇다고 낯선 작가는 아니다. 하지만 전위주의 시인으로서의 네루다의 면모는 우리에게 친숙한 모습은 아니다. 우리에게 네루다는 '사랑의 시인' 혹은 '민중시인'으로 주로 각인되어 있을 뿐이다.

네루다가 민중시인으로 각인된 시기는 아주 오래 전이다. 1960년 대에서 1980년대에 이르는 동안 김수영과 김남주가 네루다에게 관심을 보인 것은 익히 알려진 사실이지만, 이미 1950년대 초반, 즉 민중시인으로서의 네루다를 대변하는 『모두의 노래』가 나온 직후부 터라는 점은 비교적 최근에 알려진 사실이다. 이태준, 이기영, 한설야 등 월북 작가들이 주도한 일이었기 때문이다. 이태준은 네루다가 1951년 베이징을 방문했을 때 그를 만나 깊은 인상을 받았다. 그래서 이듬해 발간한 『위대한 새 중국』에서 네루다를 소개하였다. 또한 이기영은 자서전 『태양을 따라』에서 1952년 구 소련을 방문했을 때 네루다를 만난 적이 있다는 사실을 밝히며 그를 반제국주의 투사이자 혁명시인으로 예찬했다. 또한 한설야 역시 기행문을 통해 네루다와의 만남이 인상적이었음을 적고 있다(김현균, 2006: 210-212).

그런가 하면 사랑의 시인으로서의 네루다의 이미지도 확고하게 뿌리를 내리고 있다. 1974년 임중빈이 번역한 『하인리히 뵐/파블로 네루다』(신구문화사)에 수록된 네루다의 작품은 『스무 편의 사랑의 시와 한 편의 절망의 노래』, 『백 편의 사랑 소네트』 등에서 뽑은 사랑을 주제로 한 시들이다. 또한 『스무 편의 사랑의 시와 한 편의 절망의 노래』라는 제목으로 한 네루다 시집은 앞서 언급했듯이, 1989년 민음사와 1992년 청하에서 각각 정현종과 추원훈에 의해 번역되었다. 정현종의 것은 사실상 여러 시집에서 골고루 시를 뽑았음에도 『스무 편의 사랑의 시와 한 편의 절망의 노래』라는 제목을 달고 있다는 점이 눈길을 끌며, 추원훈의 것은 네루다의 이 시집을 완역하고 그 외에 10편의 시를 덧붙인 것이다.

이렇듯 민중시인 혹은 사랑의 시인으로서의 네루다의 이미지가 국내에 고착화되면서 무엇보다도 전위주의 시인으로서의 네루다의 면모가 상대적으로 덜 소개되었다는 점이 아쉽다. 하지만 그보다 더 중요한 사실은 사랑과 민중이라는 요소들 뒤에 가려져 네루다의 전 작품의 기저에 흐르는 '자연의 시인'으로서의 진면목이 잘 드러나지 않고 있다는 점이다. 이는 다른 나라의 네루다 수용에서도 별로 다르지 않은 치명적 현상이다.

3. 자연의 시인으로서의 네루다

네루다 시의 매력 중 하나는 원초적 자연이 살아 꿈틀거린다는 점이다. 용솟음치는 화산, 태고의 신비를 담고 있는 듯한 울창한 원시림, 거센 비바람, 격노한 파도 등이 사랑의 시에도, 전위주의 시에도, 사회비판적인 시에도 스며들어 있다. 앞서 언급한 것처럼 이러한 자연의 상상력의 원천은 시인이 유년시절을 보낸 칠레 남부의 테무코였다. 네루다와 테무코는 일종의 애증의 관계였다. 척박한 문화적 환경에는 한없이 절망했지만, 고향산천에서 얻은 시적 상상력의 끈은 결코 놓은 적이 없다. 1939년에 이슬라네그라에 새로 집을 마련한 것도 그 때문이다. 특히 이슬라네그라의 거친 바다가 네루다를 매혹시켰다. 테무코 옆을 흐르는 강이 흘러드는 바다가 바로 그런 모습이었기 때문이다.

네루다가 자연의 시인이었음은 그가 등장하기 이전 칠레 문단의 기린아였고, 그 후 한때 숙명적인 라이벌이었던 비센테 우이도브로,5) 그리고 네루다 이후 칠레 시의 대표적 시인들로 손꼽히며 네루다 시학을 비판한 니카노르 파라, 엔리케 린 등과 비교해 보면 확연히 드러난다. 네루다가 문학적으로 또 지식인으로서의 역할 등에서 국민시인으로 성장하면서 우이도브로는 빛을 잃었다. 여기에는 여러 가지 요인이 작용했다. 미학적 성취도에서 네루다에 비해 다소 떨어지고, 공산주의에 동조하기는 했지만 네루다에 비해 진정성도 떨어졌다. 또한 일반 독자들에게는 지나치게 난해한 전위주의 시를 썼고, 상대적으로 일찍 사망한 것도 한 요인으로 꼽힌다. 그러나 일반인들의 기억에서는 멀어졌다 해도, 칠레 시인들 중에는 늘 열렬한 추종자가 있었다. 네루다가 문단의 거두가 된 이후 소위 '영향의 불

---

5) 1930년대에 네루다, 우이도브로, 그리고 또 다른 시인 파블로 데 로카는 시학적 차이와 경쟁의식 때문에 서로 치열한 논쟁을 벌였다. 이에 대해서는 Zeran(1992)을 참조하라.

안'(Bloom, 1997)에 사로잡혀 네루다와 다른 시, 즉 네루다를 모방하지 않은 독창적인 시를 쓰면서 시인으로서 성공할 수 있을까를 고민하던 시인이 많았고, 우이도브로가 네루다와 다른 시를 쓸 수 있는 가능성을 제시해 주는 존재였기 때문이다. 파라나 린이 바로 우이도브로의 추종자였고, 이들의 노력 덕분에 칠레 문단에는 우이도브로-파라-린으로 이어지는 또 다른 시인 계보가 구축되었다. 그 과정에서 네루다는 칠레 문단에서 여전히 신성불가침한 시인으로의 지위를 유지하기는 했지만, 더 이상 따라할 수 없는 시인으로 인식되게 된다.6)

그렇다면 우이도브로가 어떤 가능성을 제시했다는 것일까? 그 해답은 그가 1920-30년대 칠레에서는 드물었던 도시적 감수성의 시인이었다는 데에 있다. 네루다와 정반대 지점에 위치한 시인이었던 것이다. 네루다가 도시적 감수성의 시인들에게 어떻게 비쳐졌는지는 1960년에 등단한 호세 앙헬 쿠에바스의 「산티아고 입문」이라는 시에서 확연히 드러난다.

나는 멍한 네루다를 보았다.
차들은 지나만 가고
사람들 모두 지옥의 소동 속을

---

6) 네루다 이후의 대표적 시인들과의 대담 모음집인 『칠레 시와의 대화』에 수록된 니카노르 파라, 에두아르도 앙기타, 곤살로 로하스, 엔리케 린, 오스카르 한, 라울 수리타 등 총 6인의 시인중 수리타를 제외한 시인들 모두 네루다보다는 우이도브로에게 빚진 시적 영향이 크다고 입을 모으고 있다(Piña, 1993).

걷고 있었다.
네루다는 고개를 높이 들고 무엇인가를 응시했다.
(...)
그러나 갑자기 아무에게도 말을 건네지 않고
주머니에서 손을 꺼내고는
나타니엘 가(街)의 하늘을 가로지르며
서쪽을 향해 비상했다.(Ángel Cuevas, 1989: 40)

네루다는 왠지 어리둥절한 모습 혹은 어색한 모습으로 그려지고 있다. 다른 이들은 소란스런 거리를 차를 타고 혹은 걸어서 바삐 지나가는데, 네루다는 멍하니 멈춰 서 있을 뿐이다. 다시 말해 모두가 분주한 도시의 리듬이 내면화되어 있는데도 네루다는 이 리듬에 몸을 맡기지 못하고 있다. 무엇인가를 응시하는 네루다의 모습은 현란하게 움직이는 도시공간에서 사물에 대한 지각능력마저 상실하고 있다는 인상을 준다. 마침내는 아무에게도 말을 건넬 수 없는 도시의 낯설음에 갑자기 하늘로 올라가 사라져버리는 것을 택한다. 결국, 바쁜 도시의 리듬 속에 그려진 네루다는 도시인이 아니라 이방인이었던 것이다. 이번에는 네루다의 『지상의 거처』의 유명한 시 중 하나인 「배회」를 보자.

때로는 사람으로 사는 게 지긋지긋할 때가 있다.
어깨를 축 늘어뜨리고, 멍하게, 양복점이나 영화관에
들어갈 때가 있다, 시원(始原)과 재의 물위를

떠다니는 펠트 백조처럼.

(...)

나는 태연하게 거닌다, 눈을 부릅뜨고, 구두를 신은 채,
분노하며, 망각을 벗 삼아, 걷는다.(네루다, 2010: 69-71)

이 시의 화자의 어슬렁거림은 언뜻 보면 앙헬 쿠에바스의 시에
등장하는 네루다의 모습과 유사하다. 다만 「배회」 속의 도시는 공간
이동 속도나 현란함에서 화자의 적응력을 철저히 유린하고 있지는
않다. 적어도 화자가 도시의 군상을 확실히 지각할 수 있고, 거리
를 천천히 쏘다니면서 비인간적인 도시적 삶을 비판할 수 있을 만
큼의 여지는 남겨 주는 도시 풍경, 아직은 지나치게 발전하지 않은
그런 도시 풍경이 펼쳐진다. 앙헬 쿠에바스가 그린 네루다는 바로
이런 도시에나 어울린다. 1962년, 월드컵이 칠레에서 열렸을 때 자
신의 모습을 회고한 시인 「1962년 월드컵」에서 앙헬 쿠에바스가 그
리는 도시는 훨씬 속도감 있고 현란할 뿐만 아니라 때로는 광란의
즐거움까지도 존재한다. 그에게서 도시는 단순한 비판의 대상이 아
니라 희로애락이 교차하는 삶의 터전이기에 속도감, 현란함, 광란을
기꺼이 감수한다.

1962년의 우리들 청소년
즐거움의 날에

군중속에 어찌나 묻혀있었던지

오토바이들은 기타리스트처럼 웅웅거리고
악기들은
울부짖음과 눈물로 하늘을 가득 채웠네
몇몇은 버스 승객들과의 건배를 위해
멈추었고
모두들 얼싸안고 좋아했네.(Ángel Cuevas, 1989: 14)

　이런 열광의 감수성, 파편적인 혼돈의 세계인 듯하면서도 나름대로의 삶의 방식이 존재하는 도시 풍경은 네루다의 시에서는 존재하지 않는다. 이런 간단한 비교를 통해 가능한 추론은 네루다의 도시적 감수성에는 한계가 있다는 점이다. 물론 「배회」의 예에서처럼 네루다 역시 도시적 풍경을 다루는 시를 다수 썼다. 산티아고에 처음 올라왔을 때 경험했던 도시의 충격, 초기 산업화된 도시의 소외 현상 등이 시인에게도 오래도록 작지 않은 흔적을 남겼기 때문이다. 하지만 우이도브로나 린처럼 산티아고에서 자랐거나, 파라처럼 네루다보다 훨씬 뒤에 산티아고 경험을 한 사람들과는 감수성이 달랐다. 다시 말해 네루다의 도시 경험은 생득적 체험으로 내면화된 것이 아니었다. 그래서 비평가 페데리코 촙은 도시적 삶의 양식이나 소외에 대한 네루다의 비판도 테무코의 자연에서 유리되어 뿌리를 박탈당했다는 상실감이 더 크게 작용되었다는 견해를 피력한다(Schopf, 1985: 41). 바로 이 차이 때문에 어느 시점부터인가 네루다의 시는 도시적 감수성을 지닌 후배 문인들에게 더 이상 시적 영감을 불러일으키지 못하게 된 것이다. 1942년에서 1948년 사이에 씌어지고, 1954년에 출판된 니카노르 파라의 출세작이자 대표작인『시와 반시』는 이미 발터 벤야민의 보들레르론에서 열거되는 것과 유사한 도시적 감성, 즉 도시 생활이 주는 심리적 불안감, 의식의 파편화, 급격한 감정기복 등을 보여주면서 네루다 시와 분명히 다른 모습을 보여주었다(Schopf, 1985: 44-45). 그리고 엔리케 린 이후에는 도시적 감수성의 시가 칠레 문단의 확고한 주역으로 자리 잡아갔다.[7] 이처럼 도시적 감수성의 시인들의 부상과 함께 네루다가 후배 시인들에게 더 이상 롤 모델이 되지 못한 현상이야말로 그가 자연의 시인이었음을 여실히 보여주고 있다.

4. 자연의 상상력과 국민문학

국내에서는 네루다의 시적 상상력의 근간이 자연이라는 점을 거의 놓치고 있지만, 국외에서는 꼭 그렇다고는 볼 수 없다. 아니, 네루다 작품에서 자연의 상상력의 중요성을 정면으로 반박하는 사람

---

7) 물론 지방적 색채나 자연에 대한 시적 담론을 생산하는 시인들이 완전히 사라진 것은 아니다. 엔리케 린과 비슷한 시기에 활동했던 호르헤 테이예르를 필두로 하는 라르 그룹(Grupo Lar)의 시인들이나, 지방도시 발디비아나 콘셉시온에서 활동하면서 등단한 몇몇 시인이 존재했다(Alonso et al., 1990: 63-64). 그리고 1960년 대까지는 칠레 시단에서의 이들의 영향도 상당했다. 하지만 점차 엔리케 린 유의 도시적 시인들에게 자리를 내어준다.

은 거의 없다. 네루다의 주요 연구자 중 한 사람인 알랭 시카르는 그의 시를 일관하는 요소가 시간을 붙들어 매어 영원한 인간이 되려는 시도(Sicard, 1981: 68)라고 말하면서도, 사람들의 발길이 닿지 않은 칠레의 자연 공간들의 중요성을 논한다(Sicard, 1981: 627). 마르가리타 아기레가 쓴 네루다 전기도 그 시작과 끝에서 강을 부각시키고 있다(Aguirre, 1973: 296-301).[8] 또 에미르 로드리게스 모네갈은 네루다의 모든 작품이 칠레 남부의 숲과 나무집에 내리는 비라는 단 하나의 이미지로 귀결된다고 말한다(Rodríguez Monegal, 1988: 18). 따라서 자연의 시인으로서의 네루다의 면모 자체는 충분히 언급되고 강조되었다고 할 수 있다.

하지만 문제는 그 자연의 상상력이 네루다가 라틴아메리카 문학, 아니 적어도 칠레 문학에서 숙명처럼 수행해야 했던 역할이었음을 많은 이들이 놓치고 있다는 점이다. 필자가 보기에 네루다의 자연의 상상력은 서사적 창건 행위였다. 자연의 상상력에 입각한 문학을 통해 라틴아메리카 민족주의의 형성에 결정적인 역할을 한 것이다. 네루다의 청년기인 1920-30년대에 라틴아메리카 문인들이 지닌 첨예한 문제의식 중 하나는 19세기 말에서 20세기 초에 전성기를 누린 모데르니스모가 변질되면서 과도한 세계주의로 흐른 것을 바로잡아야 한다는 것이었다. 이에 따라 눈을 조국으로, 또 자기가 살고 있는 고장으로 돌리자는 목소리가 높아졌다. 안데스, 팜파스, 아마존

---

8) 사실 이 책의 맨 뒤에는 에필로그 부분이 있다. 책의 인쇄가 시작되었을 때 네루다의 갑작스런 사망 소식을 접하고 저자가 작업을 중단시키고 첨가한 것이라 한다.

등을 다룬 1920년대의 지역주의 소설이 이런 목소리를 대표하는 문학 경향이었다. 시 영역에서는 프랑스 전위주의의 강력한 자장이 이런 경향을 무색하게 만든 것처럼 보이지만 네루다의 경우는 그렇지 않았다. 그는 1966년 로버트 블라이와의 대담에서 라틴아메리카 시인들은 라틴아메리카의 자연에 눈을 돌려야 한다고 강조하고 있다.

> 남미에서의 시는 전혀 다른 문제다. 알다시피 우리 대륙의 나라들에는 이름없는 강들, 아무도 모르는 나무들, 누구도 말한 적이 없는 새들이 있다... 우리의 의무는 들어보지 못한 것을 표현하는 것이다. 유럽에서는 모든 게 그려졌고, 유럽에서는 모든게 노래되었다. 그러나 아메리카에서는 그렇지 않다.
>
> (네루다, 1989: 124).

얼핏 보면 자연이 문학에 기계론적으로 반영되어야 한다는 투박한 문학론 같아 보이는 대목이다. 하지만 네루다가 강조하고 싶었던 것은 라틴아메리카 시인이라면 서구 시인과는 다른 차별적 인식을 필요로 한다는 것이다. 네루다가 원초적 자연을 통해서 차별성을 상정한다는 것 그것은 바로 국민문학 정립을 향한 첫 걸음이다.

그럼 국민문학 형성 과정이 어떻게 전개되고, 그 과정에서 자연이라는 요소가 어떻게 작동하였는가 하는 질문을 할 수 있을 것이다. 국민문학 형성에 있어서는 무엇보다도 '우리는 누구인가?'라는 정체성에 대한 질문이 제기될 수밖에 없다. 네루다가 직면한 문제는 유년기의 회상에 잘 나타난다. 네루다는 테무코가 역사와 전통이 있을 리 만무한 개척도시였다고 말하는(네루다, 2008: 18) 결핍 의식에 사로잡혀 있다. 이는 앞서 언급한 대담에서도 볼 수 있는 것처럼 지리적 특징조차 아직 정의되지 않은 곳인 라틴아메리카에 살고 있다는 자의식이다. 국민문학 정립을 위해서는, 먼저 언급되지 않은 것들의 목록을 만들어 자기파악에 나서는 것이 시급한 과제임을 시사한 것이다. '우리'가 누구인가를 알기 위해서 철저한 신체검사를 선행과제로 인식하고 있는 셈이다. 지리학이 인류학보다, 해부학이 심리학보다 선행했듯이, 라틴아메리카 민족주의가 먼저 손쉽게 할 수 있었던 자기파악은 인간 자체 혹은 인간 내면에 대한 관심보다는 자연에 대한 목록을 작성하거나 눈으로 볼 수 있는 외부적 특징을 규정하는 것이었다.

칠레에서 이는 네루다만의 과제가 아니었다. 모데르니스모 이후부터 네루다에 이르기까지 대표적인 시인들인 가브리엘라 미스트랄, 비센테 우이도브로, 파블로 데 로카 등도 미처 의식하지 못한 채 같은 작업을 수행했다고 볼 수 있다. 각자 출신지가 다른 이들의 시세계들을 종합하면 바로 칠레 지형의 완결판이다. 미스트랄은 북부 지방을, 우이도브로는 수도 산티아고를, 데 로카는 중부 해안을, 네루다는 남부 지방을 시에 담고 있기 때문이다(Bianchi, 1987: 171.) 자기 것에 대한 관심을 소리 높여 외친 지역주의 소설보다 오히려 이들 시인들이 '칠레다움'이 무엇인지 알려주는 각각의 퍼즐 조각을 제공하면서 국민문학을 성공적으로 창건하는 역할을 했다. 특히 네루다는 『스무 편의 사랑의 시와 한 편의 절망의 노래』에서는 사랑을 노래하면서도 그 사랑을 칠레의 자연이라는 맥락에 위치시킬 줄 알았고, 『모두의 노래』에서는 역사를 논하고 사회를 비판하면서도 칠레와 라틴아메리카의 자연의 목록을 작성하는 작업을 동시에 수행했다. 지역주의 소설이 지리학에서 독립하지 못하고 종속되어 있다는 인상, 혹은 문학과 지리학을 병치시키고 있다는 인상을 준 것에 비하면 네루다의 성취는 예찬할 만하다.

국민문학 형성 과정에서 자연이 필요했던 두 번째 요인으로는 라틴아메리카인의 '열등감'을 들 수 있다. 역사적·문화적으로 서구에 말단으로 편입되었다는 느낌을 지울 수 없었던 라틴아메리카인들이 국민문학 정립에 착수했을 때, 가장 큰 고민은 서구에 비해 모든 면에서 뒤처져 있다는 인식이었다. 서구적 담론에 대한 대응 논리를 개발하지 않고서는 자긍심을 필요로 하는 국민문학 정립은 곤란할 수밖에 없다. 이런 구도는 엘리아스가 지적하는 근대 초기의 프랑스와 독일의 문명/문화의 대립관계와 유사하다. 루이 14세 이래 유럽의 패권을 다투고 문명국이라는 자부심을 지녀온 프랑스에 대한 독일의 열등감은 헤겔, 괴테, 실러, 레싱 등에 의해 극복되는데, 이는 독일인은 문화민족이라는 개념의 창출로 가능하였다(엘리아스, 1995: 31-75). 라틴아메리카에서는 신세계주의(mundonovismo)가 등장해서 그 역할을 수행하였다. 물론 이런 의식 역시, 1차 세계대전이 야기한 정신적 황폐함 속에서 서구 문명은 몰락하고 신대륙에 새로운 서광이 비칠 것이라는 예언을 담은 『서구의 몰락』을 쓴 슈펭글러의 영향이었기는 하다. 그러나 라틴아메리카인들은 이 테제를 민족주의 고양을 뒷받침할 수 있는 이념으로 받아들여 퇴락한 서구 문명/신세계의 원초적 자연의 대립구도를 설정하여 서구와의 차별성을 부각시켰다.

세 번째 요인으로는 칠레인의 의식구조에 뿌리 깊이 박힌 경계의식을 들 수 있다. 동으로는 험준한 안데스, 서쪽으로는 광대한 대양, 북쪽으로는 풀 한포기 자라지 않는 광활한 사막, 남쪽으로는 울창한 원시림 지역에 이어 거센 풍랑이 접근을 막는 파타고니아에 둘러싸여 외부와 단절된 세계의 맨 구석, 즉 문명이 다하고 대자연이 시작되는 경계에 살고 있다는 의식이다. 네루다 유년기의 테무코만 해도 칠레의 최남단이라고 할 수 있는 곳이었다. 더 남쪽에 위치한 도시나 마을들도 많았지만 테무코와의 사이에 있는 광활한 지역은 아직 동화되지 않은 원주민들의 점유 지역이라 육로로는 왕래가 힘들었다. 따라서 테무코는 문명이 끝나고 원초적 대자연이 시작되는 곳이었다. 네루다의 시에서 낮과 밤의 경계인 황혼이라든가, 혹은 육지와 바다의 경계인 해안이 가지는 중요성이 어쩌면 이런 경계의식에 상응하는 모티브일지도 모른다. 문명의 끝에 서서 저 너머의 자연을 그리워하기, 그것은 바로 서구 전위주의 기법을 내재화시키는 와중에도 원초적 자연을 담았던 『지상의 거처』의 네루다의 모습이기도 했다.

네루다의 자연의 상상력이 칠레, 나아가 라틴아메리카 문학에서 국민문학을 창건하는 역할을 수행했다는 점은 『모두의 노래』에서 더욱 뚜렷하게 드러난다. 이에 대해서는 뒤에서 다루고, 지금으로서는 자연의 상상력과 국민문학 형성의 함수 관계를 언급한 이유를 적으면서 이 장을 마치고자 한다. 흔히 네루다가 민중시인으로 변모한 것은 스페인내전에서 가까운 벗들을 잃은 다음이라고들 말한다. 그러나 라틴아메리카만의 특징이라고는 할 수 없을 태초의 대자연을 내세워서라도 라틴아메리카 정체성의 차별적 요소를 발견하고자 한 시도가 없었다면, 스페인내전을 통해 민족주의자로 거듭나는 일은 불가능했을 것이다.9)

---

9) 이 글은 1997년 <외국문학> 53호 192-211쪽에 게재된 「파블로 네루다의 재평가: 자연의 시인으로서의 파블로 네루다」, 1998년 <이베로아메리카연구> 9호 85-106쪽에 게재된 「소설 속의 파블로 네루다」, 2003년 <이베로아메리카> 5호 15-34쪽에 게재된 「『스무 편의 사랑의 시와 한 편의 절망의 노래』 – 무정부주의자의 사랑」에 의거하여 다시 썼다.

스페인내전, 그리고 『모두의 노래』

1. 여기서 쫓겨나면 또 어디로 가나요?

1939년 9월 3일 칠레 발파라이소 항구로 들어가는 위니펙 호라는 배에 타고 있던 아이가 묻는다. "엄마, 마드리드에서 쫓겨났을 때 우리 가족은 발렌시아로 갔고, 발렌시아에서 쫓겨나서는 바르셀로나로, 바르셀로나에서 쫓겨났을 때는 프랑스로 갔어요. 프랑스에서도 우리를 쫓아내서 칠레로 왔는데, 여기서 쫓겨나면 또 어디로 가나요?"(Gálvez Barraza, 2003: 224) 겨우 일고여덟 살 난 아이의 처량한 말이었다. 스페인내전은 이렇듯 철없는 아이까지 정착할 땅을 걱정하게 만들었다. 그럴 만했다. 1939년 프랑코 파가 바르셀로나를 점령하면서 프랑스로 탈출한 스페인 난민만 6만 명을 헤아렸고, 그들 대부분이 갈 곳이 없었다. 전 세계적으로 파시즘을 규탄하는 목소리가 고조되었음에도 불구하고 예나 지금이나 국제 현실은 냉혹하기 그지없었다. 프랑스는 스페인인들을 수용소에 가두었고, 미국은 자국 이민법을 내세우며 그들을 모른 척 했고, 누구보다도 파시즘을 맹렬히 비난하던 소련도 난민 문제에는 등을 돌렸다.

스페인 난민들이 얼마나 절망적인 상황이었는지는 1940년 1월에 일어난 사건으로 능히 미루어 짐작할 수 있다. 프랑스 정부는 스페인 난민들을 강제송환하려 했다. 난민 숫자가 너무 많아서이기도 하지만, 나치 독일의 동향에 신경이 곤두서 있던 터라 배후에 있는 프랑코의 스페인을 적으로 돌리기 힘들었던 까닭이다. 1940년 1월 노동에 동원된다는 말을 듣고 기차에 오른 난민들은 자신들을 태운 기차가 스페인 쪽으로 가는 것을 깨달았다. 그러자 갑자기 세 사람이 창밖으로 몸을 던졌다. 기차가 멈추고 심하게 다친 그들을 태웠다. 그리고 다시 출발하자, 이번에는 또 다른 네 사람이 내려서 앞으로 급히 뛰어가더니 달리는 기차에 몸을 던졌다. 기차는 다시 멈춰 섰지만 그들은 모두 사망한 뒤였다. 모골이 송연해진 프랑스 경비병들은 스페인으로 가는 것이 내키지 않아 되돌아갔다. 스페인내전이 낳은 마지막 영웅들 덕분에 그 기차에 타고 있던 난민들은 그렇게 강제송환을 면할 수 있었다.

이러한 상황이었으니 위니펙 호에 타고 있던 2,000명의 스페인인들은 정말 운이 좋은 편이었다. 비록 너무도 먼 곳까지 왔지만 사지에서 벗어난 것만으로 다행이었다. 더구나 그들은 칠레 정부로부터 정식으로 영주권을 보장받고 왔으며, 발파라이소에 내리자 시민들은 물론 정부요인들까지 나와 열렬히 환영해주니 '파라다이스 계곡'이라는 이름에서 비롯된 지명 그대로[10] 지상낙원에라도 온 기분이었으리라. 스페인 난민을 공식적으로 받아들인 나라는 칠레가 최초였으며, 그 규모도 최대였다. 그리고 그 어느 나라도 받아주지 않고 있었던 스페인 난민을 칠레로 데리고 오는 일을 성사시킨 이가 바로 파블로 네루다였다. 그는 스페인 난민이 수용소에서 겪는 고초를 전해 듣고는 칠레 대통령에게 면담을 요청했다. 그리고 스페인 난민을 선별, 망명시키는 일을 담당할 프랑스 주재 특별영사로 발령을 받았다. 네루다 자신이 그 일을 직접 담당하기를 원한데다가, 이미 1937년부터 칠레지식인연대를 결성하고 회장직을 수행하고 있었기에 누구보다도 적임자로 인정을 받은 것이다.

가장 큰 문제는 재원이었다. 그래서 네루다는 파리로 가면서 짬짬이 틈을 내 아르헨티나, 우루과이 등을 돌며 기금을 모았다. 일찍이 아르헨티나로 이민 간 스페인인들 덕분에 꽤 많은 기금 모금에 성공했지만 난민 모두를 데려 오기에는 턱없이 모자랐다. 하지만 네루다는 한 사람이라도 많은 사람을 칠레로 데려가고 싶었다. 그래서 자금을 아끼려고 배도 낡은 것을 빌릴 수밖에 없었다. 위니펙 호는 건조된 지 20년이 넘은 배, 그것도 승객은 고작 100명 정도 태워본 경험밖에 없는 허름한 배였다. 또, 네루다는 사진값이라도 아껴보려고 난민들의 단체사진을 찍은 후 얼굴을 오려 증명사진으로 쓰고

---

10) '발파라이소'(Valparaíso)라는 지명은 '바예 델 파라이소'(Valle del Paraíso)에서 왔다고 하며, '파라이소'는 '파라다이스'라는 뜻이다.

하는 억척을 떨기까지 했다. 2,000명이나 되는 사람들의 목숨을 구할 수 있었던 것은 순전히 네루다의 열성적인 모금과 억척스러움 덕분이었던 것이다. 많은 사람이 네루다를 예찬했지만 그는 수많은 난민 중에서 2,000명의 사람을 선별하는 일이 무척 고통스러웠다. 도대체 그 어느 누가 타인의 삶과 죽음의 경계를 가를 권리가 있으랴! 은근히 파시즘을 지지하는 칠레 보수파의 반발을 무마하기 위해 국가 발전에 도움이 될 전문직업인만 데려오겠다는 명분을 내세운 터라 선별 작업은 더욱 고통스러웠다. 때로는 직업을 속이는 줄 알면서도 차마 거절하지 못해 눈을 감아주기도 했고, 그러다가 사상이 의심스러운 사람들이나 자신과 가까운 사람들만 데려올 것이라는 중상모략에 시달리기도 했다. 하지만 누가 뭐라고 하건 인명을 최우선으로 생각했기 때문에 네루다는 그 일이 자신의 삶에서 가장 고귀한 사명이었다고 두고두고 말했다(Gálvez Barraza, 2003: 205-242).

2. 자칼들도 멸시할 자칼들아

네루다가 스페인을 돕는 데에 열성적이었던 것은 결코 이념 때문이 아니었다. 스페인내전 이전의 네루다는 사회의식 면에서는 특별할 것이 없었다. 스페인내전을 지켜보면서 시인으로서의 분노, 또 인간이라면 누구나 의당 느끼는 분노가 그를 행동하는 지식인으로 만들고, 나아가 훗날 민중시인으로 변모시킨 것이다. 내전은 그가 마드리드에 영사로 근무하던 중 발발하였다. 덕분에 네루다는 파시즘이라는 역사의 악령의 정체를 뼈저리게 느낄 수 있었다. 그런 그에게 남의 나라 내정에 간섭하면 안 된다는 외교 수칙은 이미 무의미한 일이었다. 네루다는 결연히 반파시즘 규탄 대열에 참여했다. 내전 후 네루다가 제일 먼저 발표한 시는 「죽은 민병대원 어머니들에게 바치는 노래」(1937)라는 시였으며, 이를 공화국파 집회에서 낭송하기까지 했다. 이 시는 스스로 자신이 쓴 최초의 프롤레타리아 시라고 일컫는 작품이다. 이 일로 인해 네루다는 보직 해임을 당하지만 차마 스페인을 떠나지 못한다. 스페인 친구들로부터 내전의 실상을 외국에 낱낱이 알려달라는 부탁을 받고서야 출국했고, 스페인과 비교적 가까운 마르세유에 머물기를 원했다. 하지만 본국 외무성에 자신을 그곳 영사로 임명해 달라고 탄원했건만 오히려 귀국을 종용받자, 아예 외교관 직을 포기하였다.

내전 기간 중에 네루다는 오직 스페인을 위해 자신의 삶을 바쳤다. 생계를 잇는 것도 여의치 않은 상황에서 네루다는 제2회 국제작가대회를 스페인에서 열기 위해 주도적인 역할을 한다. 문인들의 국제 연대를 통해 파시스트들의 폭거를 국제사회에 널리 알리기 위해서였다. 1935년 파리에서 열린 국제작가대회를 계기로 문화수호를 위한 국제작가협회가 결성되고, 이에 참여한 대부분의 작가가 파시즘에 반대했다는 점에 착안한 것이다. 게다가 스페인 지식인들도 내전의 외중에서도 반파시즘 지식인연대를 결성하고 적극적으로 활동하던 중이라, 이들과 공동으로 대응할 필요성도 있었다. 1937년 7

월, 28개국 200여 명의 작가들이 발렌시아, 마드리드, 바르셀로나 등지에서 파시즘을 규탄하는 대회를 열었다. 지금은 거의 망각된 사실이지만, 제2회 국제작가대회에 참여한 작가들의 활동은 1차 세계대전 때보다 훨씬 적극적이었고 국제적으로도 커다란 반향을 불러일으켰다. 참여한 작가들 중에는 톨스토이, 앙드레 말로, 아라공, 짜라, 하인리히 만 등이 포함되어 있었다. 라틴아메리카 작가로는 네루다, 멕시코의 옥타비오 파스, 페루의 세사르 바예호 등이 참여하였다.11) 라틴아메리카 입장에서 볼 때 스페인내전은 역사상 처음으로 라틴아메리카 지식인들끼리의 국제 연대가 이루어진 계기였으며, 또한 서구 지식인들과 대등한 반열에 서서 사회비판적인 목소리를 낸 사건이었다. 네루다는 그 중심에 서서 세계 각국 사람들에게 정의와 평화의 메시지를 보내고 스페인 국민에게 용기와 희망을 주었던 것이다.

　스페인내전과 관련해서는 많은 문학 작품이 쏟아져 나왔다. 앙드레 말로의 『희망』(1937), 조지 오웰의 『카탈루냐 찬가』(1938), 폴 엘뤼아르의 『게르니카의 승리』(1938), 헤밍웨이의 『누구를 위하여 종은 울리나』(1940) 등이 대표적인 작품으로 거론된다. 그러나 이 작품들보다 더 스페인인들에게 힘이 되고 위안이 되었던 작품은 다름 아닌 네루다의 『가슴속의 스페인』(1938)이었다. 물론 이 작품이 스페인어로 쓰였기 때문에 스페인인들 사이에서는 더 대중적일 수밖에 없

---

11) 외국인 참가자 명단과 간략한 활동 내용에 대해서는 Morales(1999: 19-21)를 참조하라.

었다. 그러나 스페인어 작품이라는 점 외에도 네루다의 시가 공화국파 병사들의 심금을 울릴 수밖에 없는 이유가 몇 가지 있었다.

첫 번째 이유는 네루다가 가슴 속 깊은 곳에서 치밀어 흐르는 분노와 피눈물을 시에 담았기 때문이다. 마드리드는 네루다 인생에서 처음으로 행복을 느끼게 해준 곳이었다. 테무코의 척박한 문화 수준, 산티아고에서의 빈한한 생활, 아시아에서의 고독했던 외교관 생활 등 네루다의 삶에는 고달픈 일이 많았다. 5년이나 이어진 아시아 생활에 대해 네루다는 이렇게 회고한다.

[실론의] 웰라와타에서 살던 그 시절에 나는 진정한 고독을 알게 되었다. 그때는 군인이나 탐험가처럼 야전 침대에서 잤다. 내 주변에 있는 것이라고는 식탁 하나와 의자 둘, 일과 개와 몽구스 그리고 낮에는 집안일을 해 주고 밤이면 자기 집으로 돌아가던 소년이 전부였다. 소년은 사실 동료라고 할 수는 없었다. 동양인 하인이라는 신분 때문에 눈에 띄지 않는 그림자처럼 행동했기 때문이다. (...)

이런 고독은 문학적 영감을 불러일으키는 고독이 아니라 감옥의 벽처럼 단단한 고독이었다. 아무리 벽에 머리를 박고, 아무리 고함을 치고, 아무리 울어도 달려오는 사람 하나 없었다.(네루다, 2008: 142)

그러다가 마드리드로 왔고, 처음으로 문화적 향취에 흠뻑 취할 수 있었고, 덕분에 비로소 행복을 느낄 수 있었다. 1920-30년대의 스페인은 회화뿐만 아니라 27세대라 불리는 일군의 젊은 시인들이 문화적 부흥기를 선도하고 있었던 터였다. 네루다도 '꽃들의 집'이라는 애칭으로 불리던 자신의 집을 예술인들의 사랑방처럼 만들었다. 아직까지도 보존되어 있는 이 집에 대해, 네루다는 『가슴속의 스페인』의 「그 이유를 말해주지」라는 시에서 다음과 같이 묘사하고 있다.

> 나는 종(種)과
> 시계와 나무들이 있는,
> 마드리드의 한 구역에 살았다.

> 그곳에서 가죽의
> 대양(大洋) 같은 카스티야의
> 메마른 얼굴이 바라보였다.
> 　　　　제라늄이 사방에서
> 꽃망울을 터뜨렸기 때문에 나의 집은
> 꽃들의 집이라고 불렸다. 개와
> 아이들이 뛰노는
> 아름다운 집이었지.(네루다, 2010: 93-94)

이처럼 행복했던 삶이, 그리고 시인들이 넘쳐나고 예술이 꽃피던 문화의 도시가 파시스트들의 반란으로 파괴되었기에 네루다는 스페인 국민 이상으로 상실감을 느꼈다. 더구나 절친했던 시인이자 극작가 페데리코 가르시아 로르카가 내전 초기 암살당하면서 네루다 역시 피눈물을 흘려본 경험이 있던 터였다. 따라서 『가슴속의 스페인』은 스페인인의 감성으로 쓴 것이나 다름없었다.

두 번째 이유는 네루다가 구사한 직설적이고 신랄한 시어 덕분이었다. 다시 한 번 「그 이유를 말해주지」를 보자.

자칼들도 멸시할 자칼들아,
메마른 엉겅퀴도 물었다가 뱉어버릴 돌멩이들아,
독사조차 증오할 독사들아!

(...)

반역자
장군들아.
폐허가 된 나의 집을 보라.
박살 난 스페인을 보라.
그러나 무너진 집마다 꽃 대신
불타는 쇳덩이가 나온다.
그러나 스페인의 틈새마다
스페인이 생겨난다.
그러나 죽은 아이마다 눈 달린 총이 나온다.
그러나 죄악마다 언젠가 너희들의
심장을 정확히 꿰뚫을
총탄이 태어난다.(네루다, 2010: 95-96)

자칼과 독사조차 무시하고 증오할 존재로 파시스트들을 비유한 구절이나 내전에 희생된 죽은 아이가 눈 달린 총으로 부활해 파시스트들과 싸울 거라는 구절 등은 파시즘을 증오하는 이들의 가슴을 후련하게 만들고 전의를 불태우게 했다. 『모두의 노래』 같은 웅장함을 갖추지는 못했지만 『가슴속의 스페인』은 그런 미덕을 지니고 있었던 것이다.

이 시집은 출판 역사상 전설로 남았다. 책을 만드는 과정에서의 뭉클한 일화 때문이다. 이 책의 1쇄는 바르셀로나 근처 산 속에 있는 몬세라트 수도원에서 1938년 11월 순조롭게 발간되었다. 그러나 그다지 많은 부수를 찍지는 못해서, 이듬해 1월에 또다시 2쇄를 찍어야했다. 하지만 제본을 마치기도 전에 프랑코파 병사들이 수도원으로 들이닥쳐 모든 책을 파기했다. 이 무렵 공화국파의 마지막 보루나 마찬가지인 바로셀로나도 함락될 위기에 처하고, 많은 사람이 프랑스로 탈출하고 있었다. 그러나 공화국파 병사들은 경황이 없는 와중에서도 『가슴속의 스페인』이 많은 사람에게 희망과 용기를 주리라는 생각을 떨쳐버릴 수 없었다. 그래서 병사들은 오르피라는 작은 마을에서 다시 2쇄를 찍기 시작했다. 책을 찍을 종이가 모자랐지만 아무런 문제가 되지 않았다. 병사들은 붕대와 깃발, 심지어 자신들의 옷가지까지 이용해 기어코 종이를 만들고 책을 찍어냈다. 2년 후 이 사실을 알게 된 네루다는 잔잔하게 밀려오는 감동을 주체할 수 없었고, 평생의 영예로 생각했다(Gálvez Barraza, 2003: 160-162; 네루다, 2008: 191). 스페인 병사들은 목숨을 걸고 네루다의 책을 만들어냈다. 하지만 네루다도 정의로운 세계를 만들기 위해 신명을 바칠 결심을 했다. 1939년 3월 네루다는 이렇게 적고 있다. "세상이 바뀌어 나의 시도 바뀌었다. 나는 맹세하노니 이 삶이 다할 때까지 스페인에서 살해된 행복을 누릴 수 있는 권리를 수호할 것이다."(Neruda, 1980: 173)

3. 창건의 서사시 『모두의 노래』

무려 15장 231편의 시로 구성된 서사시집이 있다면 그 분량만으로도 족히 기념비적인 작품이라 할 수 있으리라. 더구나 마치 백과사전을 연상시킬 정도로 라틴아메리카의 역사, 자연, 지리, 인물 등 등 모든 것을 한 권의 시집에 다 담고자 했으니 저자의 그 원대한 포부 역시 기념비적이이었다. 『모두의 노래』가 바로 그런 시집이다. 정말로 기념비적인 사실은 네루다가 이 시집의 대부분의 시들을 1년 2개월 남짓 이집 저집을 옮겨 다니는 도피생활을 하며 썼다는 사실이다.[12]

『모두의 노래』를 쓰겠다고 결심한 것은 1943년 페루의 마추피추 유적을 방문하면서였다. 그 이전에는 단지 칠레에 대한 시집을 계획하고 있었을 뿐이다. 『모두의 노래』 7장인 「칠레의 모두의 노래」가

---

12) 네루다의 회고에 따르면, 도피를 위해 은신처를 바꿀 때 외에는 오로지 『모두의 노래』 집필에 몰두했다고 한다(Varas, 2003: 152).

애초에 네루다가 계획하던 시집이었다. 그러나 마추피추 산정에서 얻은 깨달음 때문에 인식의 지평을 칠레에서 라틴아메리카 전체로 확장하게 되었다.

그 깨달음의 기록이기도 한 『모두의 노래』 2장 「마추피추 산정」은 이미 1945년 집필하여 이듬해 별도의 시집으로 출판한 바 있다. 네루다가 마추피추 여행에서 그만큼 강렬한 인상을 받았다는 반증이다. 『모두의 노래』에서 비평가들로부터 가장 호평을 받은 이 2장에서 마지막을 장식하는 「시 12」는 "형제여, 나와 함께 태어나기 위해 오르자"(네루다, 2010: 120)라는 구절로 시작한다. 이 시구에서 '형제'는 잉카 시대의 민중을 지칭한다. 네루다가 안데스 선주민을 동포로 받아들인 점이 무척이나 의미심장하다. 훗날 네루다는 마추피추 산정에 올랐을 때 실제로 자신이 "칠레인이자 페루인이고 아메리카인이라고 느꼈다"(네루다, 2008: 256)고 회고한 바 있다. 라틴아메리카인이 하나라는 깨달음이 네루다로 하여금 칠레에 대한 시집이 아닌 라틴아메리카 전체를 "통합시키고 발견하고 건설하고 되찾을" 『모두의 노래』 같은 작품을 모색하게 만든 것이다.

네루다가 마추피추에 오른 지 8년 뒤인 1951년에 체 게바라가 자기가 살고 있는 땅에 대하여 알아야겠다며 무전여행을 떠났다. 그리고 그로부터 또 8년 뒤인 1959년에는 쿠바혁명이 성공하면서 라틴아메리카인이 하나가 되어 외세를 물리치자는 구호가 혁명의 시대를 열었다. 1960년대에는 라틴아메리카가 하나라는 믿음이 대다수 사람들의 신념이 되었고, 이 거대한 조국을 속속들이 알기 위해 네루다처럼, 또 체 게바라처럼 길을 떠나는 젊은이들이 부지기수였다. 1969년 아르만도 테하다 고메스가 노랫말을 쓰고, 세사르 이세야가 작곡한 <모두 함께 부르는 노래>는 당시의 그런 시대적 분위기를 웅변적으로 대변하고 있다. 월드뮤직의 신화 메르세데스 소사가 불러 전 세계적으로 유명해진 바로 그 곡이다.

남미의 대동맥을
일주하러 나서네.
바람 불고 햇빛 찬란한
초록이 우거진 지방을 밟으며.
걸음걸이마다 모든 아메리카의 살결을
내 살결에 느끼고,
내 목소리를 통해 격랑을 해방시키는
강물이 내 혈관을 흐르네.

알토 페루[13]의 태양,
볼리비아의 얼굴인 주석과 고독.
구리와 광물의 우리 칠레에
입 맞추는 초록의 브라질.
남쪽으로부터 오르네,
아메리카의 총체적인 정수를 향해.
점점 커져 폭발하고야 말 함성의

---

13) 대체로 오늘날의 볼리비아에 해당함.

순수한 뿌리를 향해.

모든 사람의 목소리,
모든 사람의 손,
모든 피가
바람결에 노래가 될 수 있으리니.
나와 함께 노래하세
아메리카의 형제여,
그대의 희망을 목소리에
담아 함성으로 해방시켜라.

노랫말이 다짐하듯이 국경이라는 장벽을 초월할 것은 물론, 백인
과 흑인과 선주민과 메스티소와 물라토 간의 인종적 차이도 극복하
리라는 다짐은 1960년대의 이상이었다. 그리고 그 이상은 네루다가
마추피추 방문에서 얻은 깨달음에서 비롯된 것이다. 그래서 『모두의
노래』는 다가오는 시대를 예고한 예언서와도 같은 존재였다.

네루다가 마추피추 산정에서 얻은 또 다른 깨달음은 이름 없는
민초들의 영웅적인 투쟁의 역사를 복구해야 한다는 것이었다. 회고
에 따르면, 네루다는 마추피추 산정에서 문득 언젠가 자신이 그곳에
서 밭을 갈고 바위를 다듬었던 적이 있었던 것 같은 느낌을 받았다
고 한다. 정의롭지 못한 사회현실에 눈을 뜬 자신을 농민, 석공에
오버랩시킨 것은 지식인과 민중의 연대의 필요성을 시사한 것이다.
또한 농민과 석공과 같은 노동 계급에 주목한 것은 유물론적 사관

에 입각해 라틴아메리카 역사를 해석하겠다는 의지를 드러낸 것이다. 그러나 유물론적 사관의 정립보다 더 중요한 점은 네루다가 이름 없는 민초들을 하나하나 호출하고 있다는 사실이다.

> 농부여, 직공이여, 말없는 목동이여.
> 수호신 과나코14)를 길들이던 사람이여.
> 가파른 비계를 오르내리던 석공이여.
> 안데스의 눈물을 나르던 물장수여.
> 씨앗 속에서 떨고 있는 농부여.
> 점토 속에 뿌려진 도공이여.(네루다, 2010: 120-121)

이렇듯 마치 초혼제를 지내듯 민초들을 하나하나 거명하면서, 『모두의 노래』는 아래로부터의 역사를 구현하겠다는 의지를 강력하게 천명했다. 『모두의 노래』가 아래로부터의 역사를 완벽하게 구현하고 있는가는 논란의 여지가 있다. 가령, 『모두의 노래』를 여는 시 「내 사랑 아메리카(1400)」에는 "나 여기 있으매 역사를 말해주리라"(Neruda, 1980: 243)라는 구절이 있다. '나만이 역사를 알고, 나만이 역사를 말해줄 수 있다'라는 식의 네루다의 당찬 선언에서 민중이 직접 자신의 목소리를 전달할 여지는 별로 없어 보인다. 따라서 자신만이 민중의 역사를 말할 수밖에 없다는 이런 태도는 지식인의 오만함으로 비판받을 소지가 있다.

---

14) 야생의 라마.

그러나 『모두의 노래』를 쓸 때의 네루다의 처지를 감안하면 그런 비판이 오히려 오만하게 느껴진다. 1945년 공산당을 대표하여 상원의원으로 당선된 네루다는 2년 후 당시 칠레 대통령 가브리엘 곤살레스 비델라의 정치적 변절과 좌파 탄압 등을 비난하는 글을 베네수엘라 일간지에 게재했다. 이어 이듬해인 1948년 1월 6일에는 국회에서 '나는 고발한다'라는 제목의 연설로 비판의 수위를 한층 높였다. 꼭 50년 전 드레퓌스 사건에 항의하며 동명의 글을 신문에 기고한 에밀 졸라처럼 말이다. 그 결과 네루다는 면책특권을 박탈당하고 지명수배를 당했으며, 1년여의 도피생활 끝에 망명을 떠날 수밖에 없었다. 그때의 비장함은 『모두의 노래』의 마지막 장 「나는」에서 엿볼 수 있다. 자신이 살아온 삶을 회고하는 시들이 주를 이루는 가운데 특이한 시들이 눈에 띈다. 두 편의 유서와 반드시 돌아오리라는 다짐을 담은 「나는 살리라(1949)」이다.

나는 죽지 않으리라. 난 지금 떠난다.
일촉즉발의 공포 가득한 오늘
난 민중을 향해, 삶을 향해 떠난다.
총잡이들이 옆구리에 '서구문화'를
끼고 어슬렁거리는 오늘,
나 여기서 굳은 결의 되새긴다.
스페인에서 살육을 자행하는 손들
아테네에서 흔들리는 교수대
칠레를 지배하는 치욕

나 여기서 이야기를 멈추리라.

나 여기에 머물리라.

또다시 나를 기다릴, 별처럼 빛나는

손으로 나의 문을 두드릴

말[言]과 민중과 길과 더불어.(네루다, 2010: 157)

오늘날의 관점에서 볼 때 네루다가 시대의 한계를 뛰어넘지 못하고 지식인의 오만함에서 탈피하지 못했든 말든 그것은 별로 중요한 문제가 아닐지도 모른다. "나 여기 있으매 역사를 말해주리라"라는 구절은 강렬함을 넘어 숙연한 아름다움을 느끼게 해주기 때문이다. 작은 이야기들만 무성한 최근의 문학은 감히 하지 못할 선언이라 그런 장엄한 의기를 발휘할 수 있었던 시절이 그리울 따름이고, 역사의 흐름을 온몸으로 껴안으려는 그 엄숙함에 그저 머리를 수그릴 따름이다.

하지만 역사에 대한 이러한 진지함에도 불구하고 『모두의 노래』는 굳이 정의하자면 역사서보다는 백과사전에 가깝다. 물론 『모두의 노래』가 시집으로서보다 백과사전으로서 더 가치가 있다는 말은 아니다. 『모두의 노래』를 객관적인 정보를 체계적으로 전달하는 백과사전으로 간주하기에는 너무나도 풍요로운 시적인 상상력이 가미되어 있다. 하지만 인명사전을 연상시킬 정도로 숱한 영웅—이름 없는 영웅들을 포함하여—과 악당을 거론함과 동시에 또 한편으로는 박물지처럼 라틴아메리카의 지리와 풍경과 생물을 시 세계에 담았기 때문에 백과사전을 연상시킨다고 보는 것이다.

그렇다면 『모두의 노래』가 백과사전의 특징을 띠게 된 것은 어떤 이유에서일까? 앞서 언급한 것처럼 네루다가 살았던 시대에 고조되었던 민족주의와 불가분의 관계가 있다. 물론 라틴아메리카의 민족주의는 우리와 비교할 때 그 토대가 튼튼하지 못하다. 다인종, 다문화 사회라 구성원들끼리의 일체감이 희박하기 때문이다. 그러나 외부로부터의 심각한 위협이 있다면 문제는 달라진다. 모든 라틴아메리카인이 하나가 되기를 꿈꾸던 시절이 존재할 수 있었던 것도 미국이라는 외부의 적이 경제적 수탈과 군사적 개입을 되풀이했기 때문이었다.

민족주의가 고조되면 문학도 자국의 정체성에 대해서 고뇌하고, 외래문학이나 식민문학과 확연히 구분되는 독립적인 표현과 문체와 소재를 모색하고, 나아가 문학이 성취한 독립성을 민족 구성원에게 가르치고자 한다. 네루다가 『모두의 노래』에서 라틴아메리카의 지리, 풍경, 생물 등을 일일이 열거하고 새롭게 묘사하고 시적 이미지를 창조한 것도 문학의 독립을 달성하고 이를 널리 전파하려는 노력의 일환이었다. 그렇게 때문에 『모두의 노래』는 백과사전을 넘어 호메로스의 『일리아드』나 『오디세이』처럼 창건의 서사시라 할 수 있다. 라틴아메리카 문학의 태초에 자리매김하여 민족에 대한 각성을 끊임없이 불러일으키는 『모두의 노래』가 세월이 지나도 고전으로 남을 수밖에 없는 이유가 바로 그것이다.

4. 테오도라키스의 〈모두의 노래〉

1970년 테오도라키스는 파리로 향했다. 예술가들의 천국이요 개인적으로도 음악을 공부하며 청춘을 불태웠던 곳이었건만 군부정권의 표적물이 되어 3년간 옥고를 치른 후 망명길에 나선 것이라 테오도라키스의 발걸음은 무거울 수밖에 없었다. 고달픈 망명생활 속에서도 조국 그리스의 민주화를 위해 무엇인가를 해야 한다는 사명감에 불타던 어느 날, 그는 커다란 위로가 되는 인물과 조우했다. 칠레의 주 프랑스 대사로 임명 받은 파블로 네루다였다. 네루다 역시 과거 정치범으로 고단한 망명객 생활을 경험했던 터라 테오도라키스에게 따뜻한 배려를 베풀곤 했다.

네루다는 테오도라키스가 칠레를 방문할 수 있도록 주선한다. 이리하여 테오도라키스는 1972년 살바도르 아옌데의 민중연합 정권하에 있는 칠레를 방문하게 되었다. 그는 그곳에서 희망과 환희를 느꼈다. 소외된 사람들이 하나가 되어 정의로운 사회를 구현하려고 애쓰던 칠레에서 그리스의 미래를 보았기 때문이다.

테오도라키스는 칠레에서 네루다가 얼마나 위대한 시인인지 새삼 느낄 수 있었다. 네루다의 수많은 시가 노래로 만들어져 불리고 있었기 때문이다. 항구도시 발파라이소에서 테오도라키스는 어느 연사의 네루다 시 낭송을 듣고 영감이 떠올랐다. 일찍이 스페인내전 직후 네루다의 주선으로 2,000명에 달하는 스페인인들이 새로운 삶을 찾은 그곳에서 테오도라키스는 새로운 음악적 꿈을 꾸기 시작한 것이다. 네루다의 『모두의 노래』를 음악으로 승화시키려는 야심만만한 꿈이었다. 며칠 후 아옌데를 방문한 자리에서 그 결심을 털어놓자, 아옌데는 소장하고 있던 『모두의 노래』를 꺼내 들고 시 몇 편을 직접 낭송해 주었다. 그리고 그 책을 테오도라키스에게 선물했다.

테오도라키스는 파리로 돌아와 『모두의 노래』를 작곡하기 시작했다. 네루다와 여러 차례 작품에 대해 의논하기도 했다. 그리고 1973년 어느 정도 완성된 <모두의 노래>를 들고 라틴아메리카 순회공연에 나섰다. 부에노스아이레스에서의 초연은 대성공이었다. 청중들은 테오도라키스와 네루다를 연호했고, 테오도라키스는 감격에 겨워 수화기를 들었다. 부에노스아이레스에 오기로 했으나 류머티즘이 도져 이슬라네그라에 머물 수밖에 없었던 네루다와 기쁨을 나누기 위해서였다. 테오도라키스는 그 다음 차례로 예정되어 있던 칠레 공연을 설레는 마음으로 기다렸다. 그 공연만은 반드시 네루다와 같이 할 수 있으리라 굳게 믿었기 때문이다.

그러나 아옌데가 직접 관심을 가지고 추진했고, 네루다도 참석 의사를 밝혔건만, 공연은 무산되었다. 칠레 정국은 이미 파국으로 치닫고 있었고, 다음을 기약하자는 전갈만 받아든 테오도라키스는 결국 베네수엘라로 발길을 돌릴 수밖에 없었다. 베네수엘라에서 테오도라키스는 칠레의 쿠데타 소식을 듣고 당혹한다. 그러나 그 다음 공연 예정지인 멕시코로 날아든 소식은 더욱 황망한 것이었다. 쿠데타가 일어난 날 아옌데가 숨진 데 이어, 네루다마저 병세가 악화되어 12일 후 사망했다는 소식이었다. 가슴을 도려내는 슬픔을 딛고 테오도라키스는 거리로 나서 칠레 쿠데타 규탄 대회에 참여하고, 그 날 저녁에는 공연을 가졌다. 원래 조국 그리스의 아픔을 달래기 위한 장으로 마련된 공연이었지만 그날만은 테오도라키스나 청중들이나 모두 칠레와 네루다 그리고 아옌데를 애도했다.

테오도라키스는 한없는 슬픔을 음악으로 승화시키고자 그해 겨울 <모두의 노래>를 다듬고 또 다듬었다. 그러던 중 그리스의 군부독재가 종식되면서 그는 조국으로 금의환향하게 되었다. 그리고 꿈에 그리던 조국에서의 순회공연을 1975년 가지게 되었을 때, 만감이 교차한 테오도라키스는 <모두의 노래>를 공연 레퍼토리에 집어넣었다. 테오도라키스의 <모두의 노래>에는 네루다의 시집에서 유래하지 않은 곡이 딱 하나 있었다. 하지만 그 한 곡이 어느 곡보다도 사람들의 마음을 아프게 했다. 바로 <네루다를 위한 레퀴엠>이었다.

세월은 속절없이 흘렀다. 5년이 가고 10년이 가도 칠레는 여전히 군부독재로 신음하고 있었다. 테오도라키스의 마음 한구석은 늘 찜찜할 수밖에 없었다. 그러나 인고의 시간은 헛되지 않아 1990년 드디어 칠레에도 민선정부가 들어섰다. 테오도라키스는 1993년 비로소 칠레에서 <모두의 노래>를 울려 퍼지게 할 수 있었다. 1973년에 가지려던 공연이 무려 20년 후에 열린 것이다. 네루다도 아옌데도 이미 사망한 지 오래였지만 그 사실이 테오도라키스에게 회한으로만 다가온 것은 아니었다. 20년이나 지났는데도 기어코 이루어진 공연에, 예술과 역사와 인간존엄의 위대함을 재확인할 수 있었기 때문이다.

2004년 테오도라키스는 팔순이 된 몸을 이끌고 다시금 <모두의 노래>를 지휘했다. 이번에는 스페인에서였다. 네루다 탄생 100주년이 되던 해였기에 그냥 지나칠 수는 없었던 것이다. 그 공연에는 마리아 파란두리를 비롯해 1975년 그리스 공연의 주요 멤버들이 모두 참여했다. 테오도라키스는 평소 네루다의 『모두의 노래』를 성경이나 일리아드에 비교하곤 했다. 그리고 그의 작품도 시집만큼이나 스케일이 큰 작품을 만들고자 혼신의 힘을 다한 바 있었다. <모두의 노래>를 지휘하는 것도 혼신의 힘이 필요할 수밖에 없었다.15)

---

15) 이 글은 2014년 <실천문학> 76호 366-373쪽에 게재된 「스페인내전과 네루다>, 『서양의 고전을 읽는다』 4권 146-159쪽에 에 게재된 「시대의 아픔과 이상을 노래한 대서사집」에 의거하여 다시 썼다.

4 부

마콘도의 노랑나비

펄펄 끓는 얼음

1. 펄펄 끓는 얼음

　1982년 노벨문학상 수상자 가브리엘 가르시아 마르케스의 대표작 『백년의 고독』(1967)에서 가장 고독한 인물 중 하나인 자유주의자 아우렐리아노 부엔디아 대령은 정부군에게 포로로 잡혀 사형선고를 받고 어느 날 총살형 집행 대원들을 마주보고 섰다. 사형 집행은 당국의 '호의'로 고향 마콘도에서 진행될 예정이었다. 대령은 어째 실감이 나지 않았다. 특유의 타고난 예지력 덕분에 숱한 죽음의 위기를 넘겨 왔는데, 이번에는 죽음에 대한 징조를 별로 느끼지 못했기 때문이다. 그렇다고 목숨을 부지할 수 있으리라 기대하는 것은 언감생심이었다. 대령은 마콘도에 진주한 보수주의 정권의 군인들이 마을사람 다섯을 죽이자 봉기하게 되었는데, 우선 군인 다섯부터 결연히 죽여 버림으로써 '눈에는 눈, 이에는 이'의 시대를 스스로 열었던 터였다. 마콘도 주민의 박수갈채를 받으며 그와 함께 호기롭게 마을을 떠난 스무 명의 장정 중 단 한 사람만 살아남았을 정도로 끔찍한 폭력의 시대이기도 했다. 그런 시대에 총살대의 총구들을 마주하고 있으니 죽음이 그를 비껴가리라 어찌 자신할 수 있을 것인가.

죽음을 앞두면 지난 삶이 주마등처럼 스친다는 말은 다 헛말일까, 아우렐리아노 대령의 기억은 유년기의 어느 날 오후에 주로 머물렀다. 집시들이 가지고 온 얼음 구경을 하던 오후였다. 그의 아버지 호세 아르카디오 부엔디아는 난생 처음 보는 얼음에 손을 얹고 신비로움과 감격에 휩싸여 몇 분 동안 손을 얹고 있더니 당대의 가장 위대한 발명품이라고 엄숙하게 선언했다. 그런데 어린 아우렐리아노의 기억은 전혀 달랐다. 그에게 얼음과의 조우는 아버지의 경험처럼 경이로움이 아니라 공포의 경험이었다. 얼음에 손을 얹자마자 화들짝 놀라 얼음이 펄펄 끓고 있다고 말하며 뒤로 물러선 기억이 생생했던 것이다.

무슨 말인지 알아듣지 못한 호세 아르까디오 부엔디아가 그 납작한 덩어리를 만져보려고 손을 내밀자 집시가 그의 손을 막았다. 「만지려면 5레알을 더 내시오」 집시가 말했다. 호세 아르까디오 부엔디아는 5레알을 낸 뒤 얼음 위에 손을 얹은 채 몇 분 동안 그대로 있었는데, 그 사이 신비한 물건을 만지고 있다는 두려움과 기쁨으로 인해 그의 가슴은 부풀어 오르고 있었다. 그는 어떻게 설명해야 좋을지 몰라, 자식들이 그 신비한 경험을 직접 할 수 있도록 10레알을 더 지불했다. 어린 호세 아르까디오는 얼음을 만지려 하지 않았다. 반면에 아우렐리아노는 앞으로 한 발자국 나아가 얼음에 손을 얹더니 화들짝 뒤로 뺐다. 「펄펄 끓고 있어요」 놀란 아우렐리아노가 소리쳤다. 하지만 아버지는 그 말에 주의를 기울이지 않았다. 그 명백한 기적에 도취된 호세 아르까디오 부엔디아는 그 순간 자신의 혼동스런 사업들이 실패했다는 사실과 오징어들의 밥이 되어버린 멜키아데스의 몸에 대해서는 잊어버렸다. 그는 5레알을 더 내고서 마치 성서 위에 손을 얹고 서약을 하듯 그 납작한 덩어리 위에 손을 올려놓은 채 외쳤다.

「이건 우리 시대의 가장 위대한 발명품이야」

(가르시아 마르케스, 2000: 1권 35-36)

이는 문명의 이기, 아니 정확하게 말하자면 근대화의 물결이 도달하기 전 마콘도의 풍경이었고, 그 근대화가 필연적으로 찬란한 빛과 짙은 그림자를 동시에 수반하리라는 예고였다. 아우엘리아노 대령이 죽음의 징조를 느끼지 못한 것은 어쩌면 당연했다. 그의 아버지는 고향을 떠나 정착지를 찾아다니던 어느 날, 벽이 거울로 된 집들이 들어선 시끌벅적한 도시가 세워지는 꿈을 꾸었다. 아우엘리아노 대령의 사형이 집행되던 시점은 이러한 발전이 본격적으로 전개되기 전이었고, 따라서 그 찬란한 빛 뒤에 도사린 그림자가 확실히 모습을 드러내기 전이었다. 불균등한 문제적 발전이 야기할 라틴아메리카의 고독이 체화된 아우엘리아노 대령에게는 아직 고난의 길이 숙명처럼 남아 있었다. 이런 인물이 벌써 텍스트에서 사라질 수는 없었다. 적어도 32번 패배하고, 적어도 17명의 자식이 대부분 같은 날, 그리고 결국에는 모두 암살되는 정도의 참척 정도는 겪어야 했다. 결국 그는 사형 집행 직전 친형 호세 아르카디오에게 구출되어 그에게 예정된 고독의 미로를 헤매게 되었다.

2. 노새에서 철도로

콜롬비아는 두 얼굴의 나라였다. 19세기 초 독립과 건국 과정에서부터 불거진 보수당과 자유당의 갈등으로 아우엘리아노 대령 일화의 역사적 배경인 천일전쟁(1899-1902)이 발발했고, 1948년에는 대중적 인기를 누리던 정치인 호르헤 엘리에세르 가이탄이 암살되어 일명 '보고타소'라고 불리는 보고타 소요가 있었고, 뒤이은 강경진압은 대폭력시대(1948-1958)로 귀결되었다. 그럼에도 불구하고 콜롬비아는 여타 라틴아메리카 국가들에 비해서는 독립이나 건국 과정이 대체로 무난했다는 평가를 받는다. 또한 대폭력시대를 마감하는 협약 끝에 국민전선(1958-1974) 체제 하에서 자유당과 보수당이 번갈아 집권하며 권력을 양분하는 '미덕'을 발휘하기도 했다.

이러한 상대적 무난함은 지리적 조건과 식민적 조건의 합작품이었다. 안데스산맥이 국토를 서부, 동부, 카리브 연안 일대로 삼등분하고 있어서 오늘날까지도 육로 교통이 불편한 콜롬비아, 그래서 노새를 타고 다니던 시대에서 항공 시대로 갑자기 도약해 버렸다는 평가를 받는 나라가 콜롬비아였다. 또한 두드러진 단일작물이나 광물이 없었기 때문에 세계체제에 느슨하게 편입되어 있었다. 덕분에 식민지시대부터 콜롬비아는 지역주의, 소농장 등을 특징으로 하는 저발전 사회였고, 극단적인 권력투쟁으로 치달을 만큼 커다란 이권이 걸린 사회도 아니었다. 근대화 과정에서도 산업화와 도시화가 수도에만 집중되지 않고 여러 곳에서 완만하게 이루어진 것도 일정 부분 이러한 조건에 기인했다.

그렇지만 세계체제의 외부는 존재하지 않는다는 것을 유나이티드 프루트 사의 바나나농장과 철도가 입증했다. 콜롬비아의 철도 건설은 어찌 보면 우리나라보다도 더뎠다. 1930년대까지도 주요 2대 도시인 보고타와 메데인이 철도로 연결되지 못했으니 말이다. 하지만 또 다른 측면에서 보면 꼭 그렇다고 볼 수도 없다. 1849년 미국의 골드러시 직후 당시 콜롬비아 영토이던 파나마에 이미 철도가 부설되었기 때문이다. 물론 미국의 경제적 이해 때문에 가능했던 일이다.[1]

마콘도 같은 조그만 마을, 호세 아르카디오 부엔디아가 몇 달을 헤매어도 또 다른 마을과 이어지는 길을 찾지 못했을 정도의 오지였던 마콘도에 철도가 부설된 것도 같은 맥락에서 볼 수 있다. 세계

---

1) 콜롬비아에 대한 개괄적 설명을 위해 스키드모어 · 스미스 · 그린(2014: 338-380)과 버키스트(2015)를 참조했다.

체제 속에서 바나나가 중요한 지위를 차지하지 못했다면 결코 불가능했을 것이기 때문이다. 그리고 콜롬비아 자국의 이해관계가 아닌 미국의 이해관계에 의해, 또 수탈적 세계체제가 본격적으로 작동함에 따라 벌어진 일이었기에 그 결과는 예고된 것일 수밖에 없었다.

얼음에 대한 호세 아르카디오 부엔디아 부자의 상반된 반응이 그 운명을 이미 예고한 것이 아닐까? 호세 아르카디오 부엔디아가 느낀 경이로움이 낙후된 지역에 사는 이들의 근대성에 대한 열망의 일단이라면, 아우렐리아노 대령이 느낀 두려움은 근대성에 수반될 어두운 그림자에 대한 막연한 불길함 때문이 아니었을까? 소설 속에서 외부 세계와 사실상 격리되어 있던 마콘도에 문명의 이기를 전해준 멜키아데스와 집시에 대한 상반된 평가는 이런 진단을 가능하게 해준다. 『백년의 고독』에서 멜키아데스는 문명의 전달자로 묘사되고 있는 반면, 그 후 마콘도를 방문한 또 다른 집시들은 그저 잡다한 상품을 팔고 오락거리나 제공하고 심지어 쾌락을 팔면서 마을사람들을 현혹시키는 장사치로 묘사되고 있다. 얼음을 가져온 이들은 이 장사치 집시들이었다. 두 부자는 그 얼음에 내포된 위험을 정확히 인식하지 못했고, 심지어 아버지 호세 아르카디오 부엔디아는 장사치들에게도 열광했다. 하지만 정작 문명의 전달자로 묘사된 멜키아데스는 분명 알고 있었다. 그가 처음부터 알았는지 혹은 죽었다가 인간세계로 다시 돌아오는 과정을 겪으면서 세상사에 눈을 뜬 것인지 몰라도, 죽음의 세계에서 마콘도로 돌아와 그가 쓴 양피지에는 똑똑히 적혀 있었다. 호세 아르카디오 부엔디아가 꿈꾸던 거울의 도시, 즉 한때 번영을 누릴 마콘도는 바람에 의해 파괴될 것이고, 그와 함께 부엔디아 가문도 파멸될 것이고, 그 가문에 대해서도 또 마콘도에 대해서도 그 누구도 기억 못하게 될 것이라고 문명의 전달자가 예언한 파멸, 그것이야말로 발전의 환상에서 깨어나기를 촉구한 것이 아닐까?

3. 흑마술과 백마술

가르시아 마르케스는 상당히 오랫동안 자신이 마술적 사실주의 작가라는 사실을 받아들이지 않았다. 그에게 『백년의 고독』은 지극히 사실적인 작품이었기 때문이다. 어찌 되었든 『백년의 고독』이 서구 문학계에 강렬한 인상을 남기고, 오늘날 세계문학의 백미로 평가받을 수 있게 된 것은 리얼리즘보다는 마술적 요소 덕분이었다. 즉, 작품 속의 흑마술이 서구 독자들의 눈길을 사로잡은 것이다. 여기서 '흑마술'이란 환상, 미신, 황당무계한 인물과 사건 등 서구의 이성중심주의적 시각으로는 도무지 이해하기 힘든 라틴아메리카 현실을 주로 가리킨다. 가르시아 마르케스가 자신의 작품이 사실적이라고 주장한 이유도 이렇게 현실에 기초하기 때문이다.

그러나 『백년의 고독』에는 다른 종류의 마술도 존재한다. 소위 백마술이라 정의할 만한 것이다. 흑마술이 라틴아메리카의 황당무계한 현실이라면, 백마술은 마콘도 주민들이 경이로운 눈길로 바라

보는 서구의 근대 문명이다. 망원경, 돋보기, 자석, 기차 등을 처음 보았을 때, 마콘도 주민들은 마치 누군가 마술을 부린 듯 거기에 매료되었다. 특히 호세 아르카디오 부엔디아는 마콘도 마을을 처음 세울 때의 근면함과 솔선수범의 미덕을 하루아침에 잊어버리고 몽상가로 변했다. 근대의 물결이 해일처럼 밀려들면서 백마술이 사람들의 얼을 빼놓은 것이다. 이런 점에서 『백년의 고독』은 프랑코 모레티가 월러스틴의 이론에 의거하여 지적하듯이 근대 세계체제에 마콘도가 합병되는 과정을 그린 작품이라고 볼 수 있다.[2]

하지만 합병의 이야기로만 정의하기에는 한참 부족하다. 세계체제에 합병된 결과가 너무나 혹독했기 때문이다. 철도와 바나나 회사가 들어오면서 작은 마을에 불과했던 마콘도는 비약적인 발전을 이루었다. 하지만 외국인들은 고립영토(enclave)를 확보하고, 주변에 울타리를 치고, 그 속에서 호의호식했지만, 바나나 농장 노동자들은 그저 착취의 대상이었을 뿐이다. 그러던 어느 날 노동자들은 대대적인 시위를 일으킨다. 그리고 공권력이 투입되어 삼천 명을 웃도는 모든 시위자들이 단 한 사람만 빼고 순식간에 학살되고, 그들의 시신은 마콘도 주민이 순진하게도 번영의 약속으로 굳게 믿었던 기차에 실려 어딘가로 향한다. 부엔디아 가문의 일원으로 유일한 생존자였던 호세 아르카디오 세군도도 기차에 실렸다가 겨우 탈출하여 마콘도로 돌아온다.

2) 백마술과 흑마술의 구분, 월러스틴의 근대 세계체제에 입각한 『백년의 고독』 분석 등은 이 작품을 다루고 있는 『근대의 서사시』 에필로그(모레티, 2001: 357-382)를 참조하라.

『백년의 고독』이 서구에 소개되었을 때, 아마 서구 독자들은 툭 하면 이승 나들이를 하는 죽은 자들, 침대 시트를 타고 하늘로 올라가는 미녀 레메디오스, 늘 사람을 따라다니는 신비스러운 나비 떼 등등 라틴아메리카의 마술적 현실에 더 매혹을 느꼈다. 하지만 단지 시위를 했다는 이유로 학살극이 벌어지고, 그것도 거의 모든 시위자를 순식간에 죽이고 태연히 시신을 유기하는 믿기 힘든 일이 벌어지는 라틴아메리카의 현실이야말로 오히려 더 마술적이지 않는가? 호세 아르카디오 세군도가 마콘도에 돌아와 겪는 현실은 더욱 마술적이다. 아무도 학살을 기억하지 못하는 것이다. 정부는 시위를 일으킨 이들이 해산 명령을 순순히 따라 각자의 고향으로 돌아갔다는 포고령을 발표하고, 농장의 대표자인 브라운이란 인물은 하지도 않은 노사 협상이 타결된 것을 기념한다면서 축제를 열고 그 비용을 부담하겠다고 말하지만 실제로는 사업을 접고 철수한다. 바로 이 대목에서 마술적 사실주의 작가로서의 가르시아 마르케스, 이야기꾼으로서의 가르시아 마르케스의 진면목이 여실히 드러난다. 브라운은 학살극을 벌인 군 당국에 마침 내리고 있던 비가 그친 다음에 협상 타결안에 서명하겠다고 말하는데, 때는 건기였음에도 불구하고 갑자기 폭우가 쏟아진다.

나중에 퍼진 얘기에 따르면, 군 당국자들이 노무자들의 동의를 받아낸 후 그 사실을 브라운 씨에게 보고하러 갔더니, 그가 새로운 요구 조건들을 수용했을 뿐만 아니라 쟁의의 해결을 축하하기

위한 공공 연회를 사흘 동안 열 돈을 내놓겠다고 제의했다는 것
이다. 군 당국자들이 그 합의서의 서명일을 언제로 발표할 거냐고
그에게 물었을 때에야 비로소 그는 창문을 통해 번개가 번쩍대는
하늘을 쳐다보더니 아주 애매한 표정을 지었다.

「비가 그치면 할 거요. 비가 오는 동안 우린 모든 활동을 중지
하잖소」 그가 말했다.

석 달 전부터는 비가 오지 않는 건기였다. 그러나 브라운 씨가
결심한 바를 발표하자 갑자기 바나나 재배 지역 전체에 폭우가
쏟아지기 시작했고, 바로 그 폭우가 마꼰도로 돌아오고 있던 호세
아르까디오 세군도를 덮쳤던 것이다.

(가르시아 마르케스, 2000: 2권 156-157)

그 후 마콘도에는 4년 11개월 2일을 주구장창 비가 내린다. 성경
은 노아의 방주 때 40일 간 비가 내렸다고 적고 있다. 그런데 가르
시아 마르케스는 마콘도에 4년 11개월 2일 동안 비가 내렸다고 적
고 있다. 두말할 나위 없이 마콘도는 거의 폐허가 되었다. 여기서
주목할 점은 이 마술적 비의 원인이 바나나 농장, 그리고 나아가 수
탈적 세계체제라는 점이다. '4년 11개월 2일'은 그저 가르시아 마르
케스의 허풍이 아니라 에두아르도 갈레아노가 말하는 '절개된 혈
관,[3] 즉 깊고 깊은 식민적 상처의 메타포이다. 따라서 모레티처럼
『백년의 고독』을 근대 세계체제에 의한 합병의 서사로 본다면 이

---

3) 우리나라에 『수탈된 대지: 라틴아메리카 5백년사』로 번역, 출간된 에두아르도 갈
레아노의 책 원제가 '절개된 혈관'이다.

식민적 상처의 정도를 축소하는 일이다. 자본주의 세계체제 속에서 저발전 지역에 밀려든 근대의 물결은 식민주의적 착취를 수반하고, 그래서 아니발 키하노, 엔리케 두셀, 월터 미뇰로 등 라틴아메리카의 비판적 지식인들은 이 점을 지적하며 월러스틴의 용어인 '근대 세계체제'는 마땅히 '근대/식민 세계체제'로 수정되어야 한다고 말한다.

> 나는 500년 전 '아메리카의 발견'으로 만들어진 근대 세계를 근대/식민 세계로 규정하며, 식민성은 근대성을 구성하고 식민성 없이는 근대성도 존재할 수 없었음을 지적하고자 한다. 라틴아메리카라는 '개념'은 고립적으로 다뤄질 수 없으며, 근대/식민 세계의 관점은 세계체제에 소용돌이를 일으킬 수 있다.(미뇰로, 2000: 22-23)

이런 관점에서 보자면 『백년의 고독』을 '마술적 사실주의'로 규정하는 것도 불만스럽다. '마술적 사실주의'가 이미 널리 받아들여지고 사용되는 용어이니만큼 굳이 새로운 용어를 제안할 일은 아니라고 생각한다. 그러나 라틴아메리카 현실이나 일상의 삶, 혹은 라틴아메리카인들의 의식구조 등이 마술적이라는 일종의 오리엔탈리즘적 오류를 야기할 가능성이 있는 용어라는 점은 분명히 지적해야겠다. 라틴아메리카 현실이 마술적인 이유는 백마술의 농간이 크게 작용했기 때문이다.

『백년의 고독』의 바나나 농장 일화는 특히 오늘날에도 시사하는 바가 크다. 당시의 신식민주의적 맥락과 신자유주의적 상황을 단순 비교하는 것은 무리가 따르겠지만, 자본의 속성만은 그때나 지금이나 판박이다. 이 일화의 모델인 유나이티드 프루트 사는 다국적 기업의 원조 격인 기업이었다. 생산비 절감을 위해 라틴아메리카에서만도 온두라스, 에콰도르, 과테말라, 콜롬비아 등 여러 나라에 생산기지를 두었다. 생산기지에서 치외법권을 획득하는 것은 물론이고, 으레 철도와 항만도 해당국가의 통제를 받지 않고 사용할 수 있는 권리를 획득하였다. 그래서 권력이 국가에서 시장으로 이동한 오늘날의 현실을 연상시킨다. 또한 『백년의 고독』에서 브라운이라는 인물을 통해 적나라하게 비판하고 있듯이 생산 조건이 여의치 않아지면 오늘날의 초국적 자본처럼 유유히 철수하면 그뿐이었다. 그리고 해당지역은 마콘도처럼 철저히 폐허로 변한다. 『백년의 고독』에서 대규모 학살극이 일어났는데도 하룻밤 만에 모든 것이 망각되는 것은 정부와 외세의 유착만을 비판한 것이 아니다. 식민적 조건에 압도된 저발전 지역에서 자본주의의 역사는 자본의 본원적 축적이 투자, 산업화, 발전으로 차례로 이어지는 연속의 역사가 아니라 언제 번영을 누렸는지도 기억 못할 정도로 철저히 폐허가 되어버리는 단절의 역사라는 점을 빗댄 것이다. 죽은 자들이 걸핏하면 출몰하는 마콘도는 분명 독자를 매료시키는 마술적 공간이다. 하지만 자본이 마치 유령처럼 출몰하는 곳이기도 하다. 그래서 현실을 완전히 잊고 유쾌하게 즐길 수만은 없는 것이다.[4]

---

4) 이 글은 2014년 <지구적 세계문학> 4호 367-375쪽에 게재되었다.

마콘도에 노랑나비가 날아오르고

2016년 여름 우리나라의 살인적인 무더위를 콜롬비아에서 미리 겪었다. 카리브에 면해 있는 콜롬비아 북쪽 해안지대를 여행하면서 였다. 한낮 기온은 섭씨 37도를 넘나들고 습도까지 높으니 그야말로 찜통더위였다. 최고로 더울 때는 아직 아니라는데도 낮에는 가끔씩 정신줄을 놓고 있는 기분이었다. 가르시아 마르케스의 단편 「화요일의 시에스타」가 떠올랐다. 학창시절 최초로 접한 그의 작품들 중 하나였다. 8월의 어느 화요일 한 여인이 어린 딸과 함께 시골마을 공동묘지의 아들 무덤을 방문하는 내용의 단편이다. 여인은 한창 더울 시각인 오후 2시경에 도착했는데, 화자는 "마을이 더위 속을 둥둥 떠다녔고… 온 마을이 기진맥진하여 시에스타 중이었다"(García Márquez, 1962)라고 묘사한 바 있다. 첫 방문지인 바랑키야 공항에 내리자마자 그 더위를 느껴보고, 그 더위를 느끼자마자 가르시아 마르케스 단편

이 떠올랐으니 서광이 비치는 기분이었다. 1982년 노벨문학상 수상자이자 으레 마술적 사실주의의 대표 작가로 꼽히는 가르시아 마르케스의 상상력의 원천을 더듬어보고자 나선 여행길이었기 때문이다.

1. 가르시아 마르케스, 바랑키야 그룹, 상상의 지리

바랑키야에 가게 된 것은 가르시아 마르케스와 바랑키야 그룹의 흔적을 찾아서였다. 그는 <전령>(El Heraldo) 지에 칼럼을 쓰기 시작한 1950년부터 4년 동안 이 도시에 살았다. 젊은 시절의 가르시아 마르케스에게 가장 신명난 시절이었다. 젊은 문인 및 예술가들의 모임이었던 바랑키야 그룹의 존재 때문이었다. 가르시아 마르케스를 비롯해 알폰소 푸엔마요르, 알바로 세페다 사무디오, 헤르만 바르가스 등 콜롬비아 문단에 나름대로 한 획을 그은 인물들이 주도한 모임이었다. 이들이 자주 어울렸다는 '라 쿠에바'에는 곳곳에 이들의 흔적이 있었다. '동굴'이라는 뜻의 라 쿠에바는 1954년 생긴 바였다. 1969년 문을 닫았지만, 노벨 문학상 수상자까지 낳은 바랑키야 그룹을 기리기 위해 2002년 라 쿠에바 문화 재단이 설립되면서 2004년 다시 문을 열었다. 지금은 전시, 강연, 공연, 식사, 술이 가능한 문화 공간이다.5) 가르시아 마르케스 개인 사진도 묘한 아우라를 발산하고, "많은 세월이 지난 뒤, 총살형 집행 대원들 앞에 선 아우렐

---

5) 바랑키야 그룹과 라 쿠에바에 대해서는 Fiorillo(2006)를 참조하기 바란다.

리아노 부엔디아 대령은 아버지에 이끌려 얼음 구경을 갔던 먼 옛 날 오후를 떠올려야 했다"(가르시아 마르케스, 2000: 1권 11)로 시작되는 『백년의 고독』을 기리는 듯 얼음이 든 냉동 박스를 한구석에 두어 이채를 띠었고, 바랑키야 그룹의 여러 사진들도 고풍스러운 멋을 풍 기고 있었다.

가장 인상적이었던 것은 한쪽 벽을 뒤덮은 긴 사진이었다. 알바 로 세페다 사무디오가 1950년 뉴욕에서 귀국했을 때, 친구들이 마 중 나가 찍은 사진이다. 오늘날의 용어를 사용하자면 세계화를 지향 하는 개방적인 그룹의 특징을 잘 보여주고 있는 듯했다. 콜롬비아 중앙에 위치한 보고타에서 보자면 카리브 해안은 콜롬비아의 북쪽 끝자락에 불과하다. 그러나 바랑키야 그룹은 오히려 보고타를 세계 의 끝자락으로 여겼다. 이들에게 당시의 보고타는 분위기도 문학도 보수적이다 못해 폐쇄적으로 여겨졌다. 그래서 이들은 바다 너머에 시선을 돌린 채 살았다. 카리브 해가 콜롬비아와 세계를 나누는 경 계가 아니라, 콜롬비아와 세계가 만나는 일종의 "접촉지대"[6]였다. 가르시아 마르케스의 자서전에서도 보고타는 일국의 수도답지 않게 뭔가 폐쇄적인 분위기의 도시로, 콜롬비아 북단은 자메이카, 쿠라사 오, 베네수엘라 카리브 해안지대 등과 교류가 일상적이었던 사통팔

---

6) 원래 언어학 용어로 메리 루이스 프랫이 『제국의 시선: 여행기와 문화횡단』에서 "지배와 복종, 식민주의와 노예제도 등과 같이 극도로 비대칭적인 관계 속에서, 또는 이러한 것들이 오늘날 전 세계를 가로질러 계속해서 유지되고 있는 것과 같 이 극도로 비대칭적인 관계가 초래한 결과 속에서 이종문화들이 만나고 부딪히고 서로 맞붙어 싸우는 사회적 공간"(프랫, 2015: 32)이라는 의미로 전유하여 사용하 면서 여행서사 연구에 영감을 불어넣은 개념이다.

달의 공간으로 서술된다(가르시아 마르케스, 2007: 100). 이러한 독특한 상상의 지리는 바랑키야가 해외의 최첨단 문물을 수입해 보고타에 전해준다는 자부심을 바랑키야 그룹에 부여하기도 했다. 지역이 중앙을 선도한다니, 중앙과 지역의 관계에 대한 일반적인 통념을 뒤집는 특이한 자부심이요, 특이한 상상의 지리가 아닐 수 없다.

이 상상의 지리는 바랑키야의 지경학적 위치와 무관하지 않다. 바랑키야는 콜롬비아 제4의 항구도시이다. 카리브 해로 흘러드는 마그달레나 강이라는 큰 하천을 끼고 있어서 식민지시대 때부터 일찌감치 도시로 발전하였다. 특히 19세기 중반에서 1930년대 사이가 전성기였다. 콜롬비아의 주산품인 커피도 주로 바랑키야를 통해 수출되던 시절이었다. 흔히 콜롬비아 교통은 "노새에서 바로 비행기로 도약했다"(스키드모어 · 스미스 · 그린, 2014: 351)고 이야기할 정도로 인프라 구축이 더디게 이루어졌다. 험준한 안데스산맥이 국토를 서부, 동부, 카리브 연안 일대로 삼등분하고 있다 보니 지역간 철도나 도로 건설이 용이하지 않았다. 항공 시대가 개막되기 전까지, 콜롬비아를 종단하면서 안데스 고산지대와 바다를 연결하는 마그달레나 강은 대단히 유용한 운송로였다. 하지만, 1950년대 초반에도 이 강을 따라 보고타까지 가려면 여드레가 걸렸다고 한다(가르시아 마르케스, 2007: 258). 바랑키야로 쏟아져 들어오는 사람과 물자가 보고타까지 도착하는 데 그렇게 오래 걸렸다니, 보고타를 오히려 문물의 끝자락으로 여긴 바랑키야 그룹의 독특한 자부심이 이해될 만도 하다.[7]

우연의 일치일지 모르겠으나 바랑키야 그룹의 또 다른 활동무대
가 '세계'라는 뜻의 문도 서점이었다. 카탈루냐인 라몬 비녜스의 서
점이었다. 그는 1914년 처음 바랑키야로 건너와 전위주의 잡지 <목
소리들>(Voces, 1917-1920)을 창간한 문인이었다. 1931년 바르셀로나
로 돌아갔지만, 스페인내전 직후 망명하여 바랑키야에 정착했다. 그
리고 바랑키야 그룹의 일원으로 활동하면서 가르시아 마르케스를
비롯한 젊은 예술가, 문인들의 멘토 역할을 했다. 제법 규모가 컸던
그의 서점은 세계로 통하는 창구였다. 그래서 가르시아 마르케스는
이 서점을 통해 서구 문학을 폭넓게 접할 수 있었던 것은 물론이고,
보르헤스와 코르타사르 등의 아르헨티나 작가들도 다양하게 접할
수 있었던 것을 평생 고맙게 생각했다. 2차 세계대전 이후 아르헨티
나 출판사들이 스페인어권 출판시장의 강자로 떠오른 덕분에 콜롬
비아까지 책들이 유통될 수 있었지만, 라몬 비녜스의 안목도 크게
작용했다(가르시아 마르케스, 2007: 157-181). 그래서 가르시아 마르케스
는 비녜스에 대한 경의의 표시로 『백년의 고독』에 '카탈루냐의 현
인'이라는 인물을 잠시 등장시킨다. 충분히 그럴 자격이 있었다. 이
소설의 허구적 공간인 마콘도 탄생에 결정적으로 기여했기 때문이

---

7) 한편으로는 이런 자부심이 합리적이지 않은 측면도 있다. 1950년대의 바랑키야는
   태평양 연안에 위치한 항구도시 부에나벤투라에 독보적 지위를 이미 내준 상태였
   다. 1914년 카리브 해와 태평양을 잇는 파나마운하가 개통되면서, 태평양 항구의
   필요성이 끊임없이 제기된 끝에 항구도시로 성장한 곳이었다. 따라서 바랑키야
   그룹이 결성될 무렵 바랑키야의 영광은 사실 과거지사였다(Abello Vives, 2015:
   61-62). 다만 바랑키야의 전성기에 구축된 문화적 토대가 알게 모르게 이 그룹의
   자양분이 되었고, 그 덕분에 문화에 관한 한 콜롬비아 최고라는 자부심 형성에 기
   여했으리라는 점은 부인하기 힘들다.

다. 『백년의 고독』은 1967년에 출판되었지만, 가르시아 마르케스는 이미 바랑키야 시절에도 자신이 유년기를 보낸 아라카타카와 외조부모 집에 대한 소설을 구상 중이었다. 신화적 분위기의 제목을 붙여야 작품이 보편성을 띨 수 있지 않겠냐는 것이 돈 라몬 비녜스의 조언이었고(가르시아 마르케스, 2007: 538), 이에 따라 가르시아 마르케스가 고심 끝에 탄생시킨 허구적 공간이 바로 마콘도였다.

2. 마콘도에 노랑나비가 날아오르고

바랑키야에서 아라카타카까지는 130킬로미터 정도 길이다. 마그달레나 강을 건너고 얼마 후부터 시에나가까지 버스는 거의 직선도로를 달렸다. 왼편에는 카리브 해가, 오른편에는 어마어마한 규모의 습지가 펼쳐졌다. 시에나가는 그 습지가 끝나는 곳에 있는 작은 도시이다. '시에나가'라는 지명 자체도 '습지'라는 뜻이다. 이 도시를 지난 뒤 얼마 후 버스는 내륙으로 접어들었다. 무성한 아열대 수풀과 작물들이 자아낸 풍경에 아라카타카가 지척이라는 느낌이 들어 설레었다. 다만 바나나 나무 대신 야자나무 나무가 즐비했다. 『백년의 고독』이 보수주의자들과 자유주의자들의 내전이었던 천일전쟁(1899-1902)을 전후하여 부엔디아 가문의 7세대에 걸친 이야기를 다룬 만큼, 21세기의 아라카타카가 소설 속 마콘도와 동일할 수는 없었다. 바나나 특수로 한때 흥청망청했다는 아라카타카의 번영도, 신식민주의의 상징이었던 유나이티드 프루트 사의 수탈도 이미 아스라한 과거사일 뿐이다. 하긴 가르시아 마르케스도 1950년 거의 14,5년 만에 아라카타카를 찾았을 때, 번영과 수탈의 시대가 끝나고 쇠락해버린 그곳이 어릴 때 모습과 달리 너무 적막했다고 회고한 바 있다(가르시아 마르케스, 2007: 29).

아라카타카에 도착해서 제일 먼저 찾은 곳은 당연히 가르시아 마르케스가 유년기를 보낸 집이다. 2010년 복원되어 문학관으로 변신해 있었다. 아라카타카가 워낙 외진 곳에 있고 작은 마을이어서 그런지 입장료도 무료였다. 집 정면에 가르시아 마르케스가 플리니오 아풀레요 멘도사와의 대담에서 한 말이 적혀 있었다.

> 내 기억 중에서 가장 생생하고 항구적인 것은 외조부모와 함께 살았던 아라카타카의 집에 대한 기억이다. 매일 그 집에 있는 꿈을 꾸었다는 인상을 받으며 잠에서 깨어난다. 진짜로 꿈을 꾸었든 아니든 간에 말이다. 나이에 상관없이, 또 특별한 동기도 없이 그 집에 내가 있어서 마치 그 거대한 옛집을 한 번도 벗어나보지 못한 것 같은 느낌이다.(García Márquez, 1983: 15).

외조부모 외에도 일부 친척들과 하인들이 같이 살았다는 점을 감안하면 그리 집이 크다고 볼 수는 없다. 그러나 긴 복도를 따라 좌우로 방이 도열해 있어서, 호기심 많은 아이였던 가르시아 마르케스가 이 방 저 방 기웃거렸을 모습이 눈에 선했다. 또한 『백년의 고독』에서 아우렐리아노 대령이 황금물고기를 만들던 작업실의 모델이 된 세공실, 중병에 걸린 가족이 사용하던 방, 오묘한 그늘을 자아내는 아름드리나무가 있는 마당, 선주민 하인들이 거주하던 별채 등 범상치 않은 공간들의 존재로 어린 가르시아 마르케스에게 그 집은 분명 신비로운 대저택으로 비쳤을 것이다.

집도 집이지만 외할아버지 니콜라스 마르케스도 가르시아 마르케스에게 지대한 문학적 영감을 주었다. 그는 중편 소설 『아무도 대령에게 편지하지 않다』(1961)에서는 내전이 끝났을 때 정부가 약속한 연금의 지급 개시를 알리는 편지를 하염없이 기다리는 인물, 『백년의 고독』에서는 32회나 봉기를 일으켜 모조리 실패하고 말년에는 황금물고기를 만들었다 녹이는 일을 무한 반복하면서 하릴없이 세월을 보내는 인물의 모델이 되었다. 자유주의파 대령으로 천일전쟁 때 참여한 경력 때문이다. 다만 아우렐리아노처럼 말년을 무기력하게 보내지는 않았다. 천일전쟁 일화, 유나이티드 프루트 사의 착취, 바나나 농장 노동자들의 파업 등에 대한 이야기를 어린 외손자에게 해줄 정도로 여전히 정의감에 불타 있었다고 한다.

집을 돌아본 후 마지막으로 저택 전경을 찍으려고 사진기를 들이댔을 때, 마술 같은 일이 일어났다. 정원의 노란 꽃들 사이로 불현듯 노랑나비들이 날아올랐다. 가르시아 마르케스가 사망했을 때, 사람들은 노란 꽃을 바치거나 종이로 노랑나비를 접어 조의를 표했다. 『백년의 고독』에서 마콘도에서 일어난 수많은 마술적 사건 중 하나가 마우리시오 바빌로니아라는 청년을 항상 따라다니던 노랑나비떼였음을 기린 것이다. 노동자 주제에 부엔디아 가문의 고명딸 메메를 사랑한 죄로 암탉 도둑이라는 누명을 쓰고 총에 맞아 평생을 장애인으로 살게 된 인물이었다. 그런데 필자는 노랑나비가 실제로 아라카타카에 흔할 것이라는 생각은 한 번도 하지 못했다. 필자 같은 외부 독자에게 마술적 일로 비쳐진 일이 사실은 현실에 기초하고 있었던 셈이다.

앞서 언급한 『백년의 고독』의 첫 구절을 다시 떠올렸다. 주로 장돌뱅이 집시들이 마콘도에 망원경 등 문명의 이기를 들여오기 시작할 무렵의 기억들이다. 이들이 들여온 것 중에 얼음이 있었다. 생전 처음 보는 신기한 물건에, 돈까지 지불하고 얼음에 처음 손을 댄 순간 아우렐리아노는 깜짝 놀라며 "펄펄 끓고 있어요"라고 외쳤고, 그의 아버지 호세 아르카디오 부엔디아는 "이건 우리 시대의 가장 위대한 발명품이야"라고 선언했다(가르시아 마르케스, 2000: 1권 36). 즉, 마콘도 주민에게는 노랑나비가 아니라 문명사회의 발명품들이 요상한 조화를 부리는 물건들이었다. 그래서 호세 아르카디오 부엔디아가 자석, 천문학, 도로 건설 계획 등에 골몰했을 때, 이웃사람들은 그가 특이한 마법에 걸렸다고 생각했다. 편의상 황당무계한 미신이나 사건들이 자아내는 낯설음이나 경이로움을 흑마술, 문명의 산물이 자아내는 경이로움을 백마술로 규정해보자. 그렇다면 『백년의 고독』은 외부 독자들에게는 흑마술의 소설처럼 느껴지겠지만, 라틴아메리카인들에게는 백마술의 소설인 셈이다.

가르시아 마르케스 문학관이 생겨난 것과 동시에 아라카타카에는 그를 기리는 또 다른 기념물들이 생겼다. 아버지가 전신 기사로 일하던 우체국에는 가르시아 마르케스의 부모 유물들이 전시되어 있고, 우체국 안뜰에는 『백년의 고독』의 여장부 우르술라 동상이 있고, 작품 속에서 세상의 때가 전혀 묻지 않은 순진무구한 미녀로 결국은 침대 시트를 타고 승천한 것으로 설정되어 있는 레메디오스의 조각상도 있었다. 집시로 마콘도를 드나들고, 한번 죽었다가 부활하는 이적을 행하고, 만년에는 부엔디아 가문의 집에 거주하면서 이 집안의 운명을 적은 산스크리트어 원고를 남긴 멜키아데스를 기리고자 가짜 무덤까지 만들어 놓는 재치를 발휘하기도 했다.

그러나 이런 아기자기함보다는, 아직도 기차역이 남아 있고 아직도 기차가 다닌다는 묵직한 사실이 더 반가웠다. 『백년의 소설』에서 철도는 마콘도의 운명을 완전히 뒤바꾸어 놓는다. 소설 속에서는 아우렐리아노 대령의 혼외 아들 17인 중 하나인 아우렐리아노 트리스테가 자신이 마콘도에 정착해서 세운 얼음공장의 현대화를 위해 기차를 끌고 온 것으로 되어 있다. 철도가 연결되자 마콘도는 외지인들이 손쉽게 드나들며 흥청대는 마을로 변한다. 그리고 유나이티드 프루트 사가 들어와 마콘도를 작은 마을에서 번쩍거리는 도시로 성장시킨다. 마콘도 주민들은 철도라는 백마술에 감사하고 찬양한다.

실제로 아라카타카에는 일찌감치 1908년에 철도가 부설되었다. 아라카타카 같은 작은 마을이 20세기 초에 이런 수혜를 보게 된 것은 대단히 이례적인 일이었다. 보고타와 제2의 도시 메데인 간에도 1930년대까지 철도가 연결되지 못했으니 말이다. 그 철도는 항구도시 산타마르타와 아라카타카를 비롯한 바나나 생산지들을 연결한 것이다. 영국 회사가 건설하였지만 가장 큰 수혜자는 유나이티드 프루트 사였다. 덕분에 바나나 생산, 운송, 판매를 수직계열화시킬 수 있었기 때문이다(Abello Vives, 2015: 234-235).

마콘도 주민들이 백마술에 홀린 대가는 컸다. 바나나 농장의 착취가 심해지자 노무자들의 파업이 일어난다. 군인들이 시위대에 발포했고, 증거 인멸을 위해 시신들을 기차로 실어 나른다. 부엔디아 가문의 호세 아르카디오 세군도가 정신을 잃고 희생자들 틈에 섞여 있다가 다행히 무사히 마콘도에 돌아온다. 그가 사람들에게 말한다. 삼천 명은 학살되었을 거라고, 거의 200량이나 연결되어 있던 기차에 참혹한 시신들이 나뒹굴고 있었다고. 그런데 사람들의 반응이 너무 기가 막힌다. 아무도 그의 말을 믿지 않는다. 심지어 학살이 일어난 사실조차 부정한다. 불과 하루 만에 모두가 집단 망각에 빠져버렸으니 그야말로 마술적 현실이다. 이 대목이야말로 가르시아 마르케스의 빛나는 설정이었다. 그렇게 끔찍한 일이 일어났는데, 진상 규명도 정의 실현도 이루어지지 않는 부조리한 현실을 비판하기 위한. 그래서 가르시아 마르케스를 마술적 사실주의의 대가라고 하는 것이다.

이 파업과 학살 일화는 1928년 12월 6일 새벽 시에나가에서 실제로 일어난 사건에서 모티브를 얻은 것이다. 다만 사망자 수에 대해서는 수십 명 설에서 수천 명 설까지 분분했다(Abello Vives, 2015: 225-226). 그러나 이제는 이론의 여지가 없다. 사람들은 『백년의 고독』을 읽고 삼천 명이 죽었다고 믿게 되었다. 가르시아 마르케스의 저력,

문학의 저력이라고나 할까.

3. 겹치는 영토, 뒤섞이는 역사

바나나 운송의 종착지 산타마르타를 잠시라도 보고 싶어 길을 재촉했다. 이제는 조용하고 깔끔한 휴양도시일 뿐이다. 산타마르타는 스페인인들이 창건한 콜롬비아 최초의 도시이다. 1525년 창건되었으니 잉카 정복 이전, 심지어 잉카라는 나라가 있는 줄도 모르던 시절에 창건된 도시이다. 우연히 들른 황금박물관에 그 오랜 역사가 축약되어 있었다. 2014년에 개관한 박물관이다. 식민지시대 건물을 복원한 것인데, 처음 이 터에 들어선 지사 관저는 스페인인들이 남아메리카에서 최초로 건축한 건물이었다고 한다. 1531년의 일이었다.

박물관에서 타이로나 족들의 유물과 역사, 시몬 볼리바르의 흔적, 19세기 서구 사업가들의 이 지역 진출 사례 등을 접할 수 있었다. 서구 사업가들의 진출 역사를 접한 것은 좀 뜻밖이었다. 철도와 기선 덕분에 세계가 좁다 하고 블루 오션을 찾아 나선 수많은 서구 부르주아들이 산타마르타에도 상당히 있었던 모양이다. 어느 날 느닷없이 유나이티드 프루트 사가 이 지역에 들어온 것이 아니라, 그 전사(前史)가 있었던 것이다. 『문화와 제국주의』에서 에드워드 사이가 근대를 "겹치는 영토, 뒤섞이는 역사"(사이드, 1995: 45)로 정의한 일이 떠올랐다.

라틴아메리카 독립의 3대 영웅 중 한 사람인 시몬 볼리바르의 비극도 영토가 겹치고 역사가 뒤섞이던 시대의 산물이었다. 그는 베네수엘라인이지만 스페인어권 아메리카를 미국처럼 하나로 묶어 독립시키려는 꿈을 지니고 있었다. 그래서 그 첫 작업으로 베네수엘라, 콜롬비아, 에콰도르를 하나로 묶어 '그란 콜롬비아'를 건국했다. 그러나 라틴아메리카 독립은 민의가 성숙되어 얻어낸 것이 아니었다. 1808년 나폴레옹이 스페인을 점령한 데 따른 부산물이었다. 이베리아반도 남단의 대서양 연안도시 카디스에 생긴 스페인 임시 정부는 라틴아메리카 지배에 신경 쓸 겨를이 없었다. 그것이 독립을 가능하게 했지만, 그것이 또한 볼리바르의 비극이었다. 독립의 대의에 공감하는 이도 적고, 심지어 독립이 무엇을 의미하고 어떠한 희생을 요구하는지 알지 못하는 이들도 무수히 많았으니 '하나의 아메리카'라는 그의 꿈이 실현 가능할 리 없었다. 1830년 볼리바르는 정적들에게 사실상 축출되었다. 자메이카를 거쳐 유럽으로 망명할 생각도 했지만 병마가 발목을 잡았다. 그리고 산타마르타에 머물던 중 베네수엘라 의회가 그란 콜롬비아에서 탈퇴하기로 결의했다는 소식을 들었다. 평생의 노력이 부질없는 짓이었다는 것을 깨달았고, 그 허망함이 이루 말할 수 없었던 모양이다. "내가 바다에 쟁기질을 하고, 바람에 씨앗을 뿌린 꼴이구나"[8]라는 탄식을 내뱉었다고 전해진

---

8) 또는 "내가 바다에 쟁기질을 했구나"라는 정도의 말만 남겼다고도 한다(채스틴, 2011: 286).

다. 영토가 겹치고 역사가 뒤섞이던 시대에 약소국 지사(志士)의 운명은 그런 것이다.

볼리바르는 얼마 뒤 산타마르타에서 사망하였다. 사망한 곳은 근처의 한 농장이라고 하는데, 당시 세관으로 사용되고 있었던 황금박물관에도 얼마간 머물렀다. 그리고 시신이 되어 다시 이 건물 2층으로 옮겨져 장례식 때까지 안치되었다. 박물관 밖에는 볼리바르의 동상이 있는 공원이 있었다. 공원 이름도 시몬 볼리바르 공원이다. 바다를 바라보는 그의 시선이 안쓰러웠다. 설사 '하나의 아메리카'라는 그의 꿈이 실현되었다 하더라도 그것이 지속 가능한 꿈이었을까? 산타마르타가 20세기 초 바나나 수출 항구로 전락한 사실이 웅변적으로 말해주듯, 볼리바르가 '하나의 아메리카'의 영토와 역사를 아무리 확고하게 정립했다 한들 미국이라는 새로운 제국의 등장은 이를 가차 없이 허물어뜨렸을 것이다.

가르시아 마르케스의 외조부는 어린 그에게 볼리바르만큼 위대한 인물이 없다고 여러 차례 말했다고 한다. 그 기억이 생생했는지, 가르시아 마르케스는 1989년 볼리바르를 주인공으로 한 『미로 속의 장군』(1989)이라는 소설을 썼다. 사망 직전의 볼리바르를 다루고 있고, 산타마르타가 무대이다. 이 소설은 볼리바르의 고뇌를 너무 인간적으로 다루는 바람에, 일각에서는 독립의 영웅을 폄훼했다고 볼멘소리를 했다. 판단은 독자의 몫이겠지만, 세계사의 격변 속에서 고뇌가 없었다면 인간이고 지도자였으랴.

4. 카르타헤나 속의 아프리카

마지막 행선지 카르타헤나는 남미 3대 미항으로 꼽히는 도시이다. 아름다운 경치와 식민지시대 문화유산이 적절히 어우러진 덕분이다. 유서 깊은 도시랍시고 출신지역이나 신분이나 피부색에 따른 차별이 좀 있어서, 카르타헤나는 젊은 시절의 가르시아 마르케스에게 호의적이지 않았다. 그래서 가르시아 마르케스도 이 도시보다 바랑키야를 더 사랑했다. 그러나 결국 이 유서 깊은 도시와 화해하고, 콜롬비아에 거주할 때마다 카르타헤나를 택했다. 그리고 식민지 풍 건물들이 즐비한 구 시가지에 저택도 지었다. 또 건축 기간 중에는 식민지시대 카르타헤나를 배경으로 『사랑과 다른 악마들』(1994)이라는 소설도 썼다(Martin, 2009: 564). 그리고 그의 유해도 사망한 지 2년 뒤인 2016년에 이 도시로 이장되었다. 그래서 카르타헤나는 가르시아 마르케스가 아우라를 더한 도시이다.

일부러 숙소를 가르시아 마르케스의 저택 인근에 잡았다. 그의 눈에 비치던 풍경, 그가 거닐던 일상의 거리를 다만 며칠이라도 느껴보고 싶어서였다. 그의 저택은 구시가지에 위치해 있다. 길만 건너면 식민지시대에 만들어진 해안포대가 있고, 그 너머에는 카리브 해가 펼쳐져 있다. 저택 바로 옆은 마콘도라는 이름의 호텔이었고, 호텔 벽은 웃고 있는 가르시아 마르케스가 그려져 있어서 눈길을 끌었다. 주변을 돌아보던 중 지금은 호텔로 개조된 산타 클라라 수녀원이 눈길을 사로잡았다. 바로 『사랑과 다른 악마들』의 주 무대

중 한 곳이다.

멀쩡한 주인공 소녀 시에르바 마리아가 악령 축출 의식에 시달리다 죽는 내용의 소설이다. 자초지종이 황당하기 짝이 없다. 개에 물리는 바람에 소녀는 광견병에 걸렸다는 의심을 받았다. 돌팔이 의사들의 무리한 치료에 심신이 지쳐 있는데, 어느 날 주술사가 푸닥거리까지 해대자 소녀는 더 이상 참지 못하고 발악을 한다. 그런데 이 격렬한 저항 때문에 소녀가 악마에 씌웠다는 소문이 돈다. 주교가 소녀를 산타 클라라 수녀원에 가두고 관찰하라는 명을 내린다. 소녀의 음식 취향, 놀이, 장신구 등이 '요상'해서 더 의심을 샀다. 사실은 흑인노예들의 풍습이었다. 후작의 딸이었지만 부모의 무관심으로 흑인노예들에게 양육되는 바람에 얻은 행동양식이었다. 하지만 귀족 소녀에게 아프리카 풍습이 몸에 배었다는 사실 자체가 악마에 씌웠다는 증거인 양 치부되었다. 다행히 주교의 최측근으로 관찰 책무를 맡은 젊은 사제는 소녀가 악마에 씌운 것이 아니라고 판단한다. 그러나 주교의 의심을 불식시키는 데는 실패한다. 죄책감과 연민에 시달리던 사제와 극한상황에 처해 있던 소녀는 사랑에 빠진다. 이 도시에서 독립이 선언된 1811년까지도 종교 재판소가 존재했던 이 보수적인 도시에서 사제가 규율을 어긴 이 사건은 악마의 꼬드김으로 규정되었다. 주교는 직접 혹독한 퇴마 의식을 집전하고, 심신이 쇠약해진 소녀는 가련한 최후를 맞는다.

이 소설을 번역할 때 필자는 주로 종교적 광기에만 주목했다. 그러나 카르타헤나 풍경은 필자의 시야가 좁았다는 사실을 일깨워주었다. 그 계기는 숙소 근처의 자그마한 광장들에 더러 있는 쿠바식 레스토랑이나 바였다. 쿠바 국기라든가 전통 의상, 시가, 사탕수수 칵테일 모히토 등과 어렵지 않게 조우할 수 있었다. 카르타헤나는 콜롬비아이면서 동시에 카리브 지역이라는 사실을 여실히 느낄 수 있었다.

'카리브'하면 자동적으로 떠오르는 곳이 아프리카이다. 스페인인들의 잔혹한 지배로 선주민 노동력이 씨가 마르고, 대규모 노동력을 필요로 하는 사탕수수 플랜테이션이 주 산업이 되면서 아프리카 노예들이 많이 수입되었기 때문이다. 카르타헤나는 사탕수수 플랜테이션에서 주도적인 지위를 점한 적은 없다. 그럼에도 불구하고 오늘날 흑인계 인구는 36퍼센트를 상회한다. 식민지시대에는 카르타헤나에서 다소 떨어진 곳에 도망노예들이 만든 산바실리오라는 마을이 생겨나기도 했다. 브라질의 도망노예 부락을 제외하면 가장 큰 규모였다고 한다. 이처럼 흑인계 인구가 많아진 것은 한때 남미 최대 규모에 이르렀던 노예시장이 있었던 탓이다. 시청 근처 로스 코체스 광장이 노예시장이 열리던 자리였다고 한다. 그 아픈 역사를 치유하기 위해서인지 인근에 흑인노예들의 수호자로 이름 높은 성 페드로 클라베르와 흑인노예 인물상이 세워져 있었다. 성인의 몸짓에는 자상함이 묻어 있고 뭔가 위로의 말을 건네는 듯했다.

카르타헤나에 대규모 노예시장이 존재할 수 있었던 것은 스페인과 아메리카를 잇는 중간 기착지였기 때문이다. 역사상 최대 은광이 있던 볼리비아 포토시에서 생산된 은은 태평양을 통해 파나마로 운반되었다. 그리고 육로로 파나마 포르토벨로 항으로 나르면, 스페인 선단이 본국으로 운반했다. 이 선단이 포르토벨로 항으로 갈 때 카르타헤나에 들려 각종 교역이 이루어졌다. 가르시아 마르케스의 과장인지는 몰라도, 『사랑과 다른 악마들』에는 카르타헤나에 선단이 들리면 선술집들에서 인도 대마초, 키프로스 테레빈, 멕시코의 환각제, 중국 아편까지 거래될 정도였다고 한다(가르시아 마르케스, 2008: 61-62).

카르타헤나가 중간 기착지로 낙점된 데에는 이 도시가 끼고 있는 커다란 만이 풍랑과 해적의 공격 대비에 천혜의 자연조건이라는 판단 하에서였다. 그럼에도 불구하고 영국 해적 프랜시스 드레이크는 1586년 카르타헤나를 쑥대밭으로 만들었다. 무려 20척의 해적선을 동원해 카르타헤나를 공격했다고 한다. 해적이라고는 하지만 사실상 영국 왕실의 배후 지원을 받는 별동대 같은 존재였으니 가능한 일이었다. 그 후로도 해적의 침입은 늘 경계대상이어서 결국에는 산펠리페 성채를 쌓게 되었다. 스페인인들이 아메리카 땅에 남긴 최대 규모 건축물이었고, 덕분에 오늘날 카르타헤나의 대표적인 관광 명소가 되었다. 성채에 오르니 시내와 바다가 한눈에 보였다. 날씨가 하도 무덥고 습해서 잠깐 오르는 것만으로도 지칠 지경이었으니, 성채 건축이 얼마나 힘들었을지 가히 짐작이 간다. 스페인인들이 건설했다지만, 물론 흑인노예들의 피와 땀과 한이 서린 성채이다. 1657년 건설에 착수하여 무려 43년이 걸린 이 대공사에서 얼마나 많은 노예가 죽어갔을지.

『사랑과 다른 악마들』의 소녀는 참지 못해서 죽었다. 아프리카 풍습에 대한 사람들의 의혹의 시선을 아랑곳하지 않고 거침없이 행동하다가 악마에 씌웠다는 의심을 증폭시켰으니 말이다. 하지만 산 펠리페 성채에서 묵묵히 일하던 노예들도 무수히 죽어나간 것은 마찬가지이다. 클라베르 성인에게 묻고 싶었다. 위로의 말만 건넬 것이 아니라, 참지 않아도 되고 죽지 않아도 되는 방법을 흑인노예들에게 가르쳐줄 수는 없었는지.[9]

---

9) 이 글은 2016년 <지구적 세계문학> 8호 373-395쪽에 게재되었다.

5부

마술적 사실주의

마술적 사실주의의 쟁점들

　'마술적 사실주의'가 우리나라에서 그다지 낯설지 않은 용어가
된 지는 꽤 오래다. 가르시아 마르케스가 1982년 노벨문학상을 수
상했을 때도, 1990년대 초 포스트모더니즘 논쟁이 있었을 때도, 심
지어 1998년 전 포르투갈의 주제 사라마구가 노벨문학상을 수상했
을 때도 신문이나 문학잡지에서 종종 이 용어를 접할 수 있었다. 오
히려 문제는 '마술적 사실주의'라는 용어가 맥락과 상관없이 남발되
는 사례들이 이따금 있다는 점이다. 몽상적 혹은 환상적 색채를 띠
는 라틴아메리카 문학 작품이나 영화를 소개할 때는 물론, 심지어
단지 라틴아메리카의 민속이나 고대 문명에 대한 자료를 소개할 때
도 이를 마술적 사실주의와 연관시키는 경우도 있었다. 게다가 '마
술적 사실주의'라는 용어 대신 '환상적 리얼리즘'(권택영, 1990: 339),
'매직 리얼리즘'(권택영, 1990: 362), '마술적 리얼리즘'(김용재, 1998: 155)

등을 사용하는 사례도 있었다.

마술적 사실주의의 기원과 범주를 둘러싼 혼돈은 라틴아메리카와 서구에도 존재했다. 마술적 사실주의 작가들로 꼽는 이들이 대부분 '마술적 사실주의'라는 용어를 사용하지 않았던 데다가, 특별히 마술적 사실주의 선언서라고 할 만한 것이 없기 때문이다.

사실 흔히 라틴아메리카 문학의 주요 특징으로 꼽는 마술적 사실주의는 라틴아메리카 문학이 국제적인 문학으로 발돋움하던 1960년대 이후 그에 대한 논의가 활발해졌다. 따라서 어찌 보면 실체와 상관없는 세계화 과정의 부산물에 불과할지도 모른다. 어쨌든 1950년대 후반 마술적 사실주의에 대한 논의가 처음 시작된 이래, 특히 소위 붐 소설이 세계적 주목을 받은 1960년대와 포스트모더니즘 논쟁이 한창이었던 1980년대에 또다시 이에 대한 논쟁이 다각도로 진행되어, 적어도 이에 접근하는 몇 가지 시각을 도출해 냈다.

본고는 작품 분석을 통한 마술적 사실주의의 구체적 형상화 양상이나, 마술적 사실주의에 대한 어떤 결론을 내리기보다 비평가들이 이에 접근해온 방식에 대해 고찰할 것이다. 특히, 마술적 사실주의의 범주 설정 작업에서 난제가 되었던 요소들과 여태까지의 논의에서 쟁점이 된 사안들을 살펴봄으로써 우리나라에서 마술적 사실주의를 수용함에 있어서 고려해야 할 점들을 시사하고자 한다.

1. 범주 설정의 문제점

'마술적 사실주의'라는 용어를 처음 사용한 이는 독일의 미술 평론가 프란츠 로로 1925년 후기 표현주의[1]를 논하면서였다. 그는 표현주의가 환상적, 초월적, 이국적 대상에 대해 관심을 가진 반면 후기 표현주의는 우리가 살고 있는 세계의 현세적 대상에 관심을 가진다고 말한다(Roh, 1927: 275-277). 이 말은 마치 후기 표현주의가 19세기 사실주의나 자연주의를 복원하고 있다는 것처럼 들린다. 그러나 로는 후기 표현주의가 리얼리즘을 저버리지 않으면서도 영적, 마술적인 강렬한 분위기를 연출한다는 점을 들어(Roh, 1927: 282-283) 마술적 사실주의라고 명명하면서 19세기 사실주의와는 분명한 선을 그었다. 그의 책은 1927년 스페인어로 완역되었으며 <서구지>(Revista de Occidente)에 일부 게재되었다. 이 잡지는 라틴아메리카에도 지대한 영향력을 끼치고 있던 터라 마술적 사실주의라는 용어는 쉽게 라틴아메리카로 건너갈 수 있었다.

간략히 살펴본 바와 같이 마술적 사실주의라는 용어의 기원과 전파는 무척 명백하다. 그럼에도 불구하고 마술적 사실주의에 대한 범주 설정이 어려운 것은 다음과 같은 몇 가지 문제점에 기인한다.

첫째, 마술적 사실주의는 애초에 라틴아메리카 문학이 아니라 서구의 특정 회화 양식을 가리키는 용어였다. 따라서 서구의 회화 용

---

1) 우리나라에서는 보통 후기 표현주의를 신즉물주의(新卽物主義)라고 번역해 왔다. 하지만, 본고에서는 표현주의와의 차별성을 부각시키려는 프란츠 로의 의도대로 '후기 표현주의'라는 용어를 쓰겠다.

어를 라틴아메리카 문학의 한 범주에 적용시키려면 그에 따른 이론적 뒷받침이 수반되었어야 마땅하다. 그러나 로의 이론은 라틴아메리카 작가들에게 그다지 매력적이지 못해서(González Echevarría, 1974: 25) 실제 작품 구상에 별 영향을 끼치지 않았다. 이는 가령, 로는 전위주의의 한 갈래인 표현주의를 극복 대상으로 삼지만, 일반적으로 마술적 사실주의로 분류되는 라틴아메리카 작품들은 오히려 유럽 전위주의와 긴밀한 연관을 맺고 있다는 점을 통해 잘 알 수 있다. 이에 따라 특히 초현실주의와 마술적 사실주의의 연관성에 대한 논의가 활발했고, 아스투리아스의 경우는 초현실주의뿐만 아니라 표현주의와의 연관성도 부각되었다.

둘째, 많은 비평가가 마술적 사실주의의 선구자로 꼽는 보르헤스나 카르펜티에르는 이 용어를 사용한 적이 없다. 더구나 마술적 사실주의의 대표 작가로 꼽히는 가르시아 마르케스조차 『백년의 고독』이 마술적 세계가 아니라 자신이 늘 접하던 일상적 현실을 담은 것이라고 주장한다(García Márquez, 1986: 36). 이런 점들은 마술적 사실주의라는 범주의 실체 자체를 의심할 수밖에 없게 만드는 것이다.

셋째, 설사 마술적 사실주의의 실체가 있다 하더라도 지속적인 문학 운동은 결코 아니었다. 오히려 마술적 사실주의의 여러 단계 간의 단절성이 눈에 띈다. 가령, 곤살레스 에체바리아는 마술적 사실주의를 세 단계로 나눈다. 로가 처음 용어를 사용했을 때, 1949년 카르펜티에르가 "경이로운 현실" 개념을 천명하는 글을 『지상의 왕국』(1949) 서문에 달았을 때,[2] 그리고 1955년 앙헬 플로레스가 처음으로 마술적 사실주의를 라틴아메리카의 독특한 문학 양식으로 정의한 뒤, 1960년대 '붐' 소설의 확산과 맞물려 고조된 비평적 논의의 단계이다. 그러나 곤살레스 에체바리아는 이 세 단계 간의 어떠한 연속성도 부정한다(González Echevarría, 1974: 19-23). 즉, 마술적 사실주의가 1920년대부터 자체 프로그램을 가지고 계속 유지, 발전된 연속성 있는 문학 운동이 아니고 간헐적인 현상이라는 것이다. 마술적 사실주의의 네 번째 단계라고 할 수 있을 존 바스의 가르시아 마르케스 예찬[3] 이후의 논의 역시 이전의 마술적 사실주의 논쟁보다는 당시의 포스트모더니즘 논쟁과 깊은 관련이 있다.[4] 따라서 실체조차 의심받는 상황에서 시대에 따라 상이한 마술적 사실주의론이 존재하는 셈이니 범주 설정의 혼동은 극에 달할 수밖에 없다.

넷째, 서구에서나 우리나라에서나 가르시아 마르케스의 『백년의 고독』이 마술적 사실주의의 대명사처럼 되어버렸다는 점을 꼽을 수

---

2) 이 서문은 카르펜티에르가 1943년 아이티를 여행하면서 처음으로 라틴아메리카의 현실이 경이롭다는 것을 느끼고 쓴 것이다. 원래 1948년 베네수엘라 신문에 발표했고, 국문 번역본(파킨슨 사모라·패리스 편, 2001: 27-45)은 더 많은 이야기를 담고 있다.
3) 존 바스는 『백년의 고독』을 20세기 후반에 출간된 그 어느 소설보다도 더 인상적이라고 평하며(바스, 1985: 118), 자신은 가르시아 마르케스와 이탈리아 작가 이탈로 칼비노가 빠져 있는 어떠한 문학적 범주에도 속하고 싶지 않다고 말한 바 있다(바스, 1985: 107).
4) 이합 핫산은 1982년 「포스트모더니즘의 개념 정립을 위하여」라는 글에서 보르헤스, 가르시아 마르케스, 코르타사르 등을 포스트모더니즘 작가로 구분한 바 있다(김욱동 편, 1990: 56). 이밖에도 토마스 핀천은 1988년 가르시아 마르케스의 『콜레라 시대의 사랑』(1985)을 포스트모던 픽션의 가장 중요한 작품으로 정의하고(Rincón, 1989: 74), 야우스는 보르헤스를 포스트모더니즘의 선구자라고 단언한다(Rincón, 1989: 76).

있다. 이는 『백년의 고독』이 거둔 상업적 성공에도 기인하겠지만 마술적 사실주의 작가로 자주 언급되는 보르헤스, 카르펜티에르, 아스투리아스, 룰포, 호세 마리아 아르게다스, 이사벨 아옌데 중 아스투리아스 외에는 마술적 사실주의와의 관련성을 부정하거나 그다지 중요하게 생각하지 않았기 때문이기도 하다. 그런데 가르시아 마르케스를 마치 마술적 사실주의의 대명사처럼 수용할 경우 다른 작가들의 마술적 작품 세계를—가령, 아르게다스가 구현한 안데스적 마술적 세계, 룰포의 민간 가톨릭 신앙에 기초한 마술적 세계, 마술적 사실주의와 페미니즘을 결합시킨 아옌데 등등—『백년의 고독』을 기준으로 재단하는 우를 범할 위험을 내포하고 있다.

다섯째, 1960년대에도 그렇지만 1980년대 이후 두드러진 현상으로 마술적 사실주의가 탈라틴아메리카화 되는 과정에서의 서구와 라틴아메리카의 시각의 차이를 꼽을 수 있다. 뒤에 자세히 논하겠지만, 이는 카르펜티에르가 초현실주의의 이론을 라틴아메리카화한 전략의 역현상이다. 라틴아메리카의 문학 경향이 세계적으로 인정받게 되었다는 점에서는 고무적이지만 그 과정에서 주변부 담론이 서구 담론화한 뒤 다시금 주변부에 마술적 사실주의에 대한 서구적 시각을 강요한다는 점에서 마술적 사실주의의 범주 설정에 혼란을 야기하였다.

2. 마술적 사실주의의 쟁점들

마술적 사실주의에 대한 최초의 비평적 작업은 1954년 플로레스가 「이스파노아메리카 소설에 나타난 마술적 사실주의」란 제목으로 행한 강연이다. 이듬해 <이스파니아> 지에 게재되었으며, 1958년 스페인어로도 번역되었다. 최초의 작업인지라 많은 오류와 공백을 지닌 이 글에 대한 반론인 「이스파노아메리카 문학에 나타난 마술적 사실주의」는 루이스 레알에 의해 1967년에야 발표되었다. 이 두 글을 필두로 한 다양한 논의는 다음과 같은 쟁점을 남겼다.

첫째, 마술적 사실주의의 기원을 어느 작가로 잡을지 견해가 엇갈렸다. 플로레스는 보르헤스가 『불한당들의 세계사』를 발표한 1935년을 마술적 사실주의의 기원으로 잡으며, 카프카의 영향을 강조하고, 보르헤스를 필두로 아돌포 비오이 카사레스, 에두아르도 마예아, 실비나 오캄포 등이 활약한 1940-50년대에 전성기를 맞았다고 말한다(Flores, 1990: 21). 반면 레알은 플로레스가 프란츠 로, 알레호 카르펜티에르, 아르투로 우슬라르 피에트리를 언급하지 않은데다가 마술적 사실주의 작가로 볼 수 없는 이들을 거론하는 심각한 오류를 범했다고 지적한다. 용어 자체가 로에게서 기원하였고, 처음으로 라틴아메리카 문학의 특징을 마술적 사실주의라는 용어로 정의한 이는 우슬라르 피에트리이며, 카르펜티에르가 비록 이 용어를 사용하지는 않았지만 그의 '경이로운 현실' 개념이 마술적 사실주의의 모태라는 것이다(Leal, 1967: 231-233). 레알의 반박이 단지 플로레스와 상이한 작가군을 선호한 데서 비롯된 개인적 취향의 차이는 결코 아니다. 플로레스가 카프카—보르헤스 라인을 선구자로 본 것은 마술적 사실주의에 대한 자신의 관점을 드러낸 것이다. 그는 마술적 사실주의를 '포토 리얼리즘'(realismo fotográfico), 즉 19세기의 사실주의나 자연주의 식의 리얼리즘관이 더 이상 통용될 수 없었던 1차 세계대전 무렵에 프루스트, 카프카, 키리코 등이 리얼리즘과 환상을 결합하여 새로운 예술 운동을 전개한 데서 비롯된 것으로 본 것이다(Flores, 1990: 19-20). 이는 사실상 환상문학과 마술적 사실주의를 동일한 범주로, 또 유럽의 전위주의가 마술적 사실주의에 결정적 영향을 끼친 것으로 보는 입장이다. 반면 레알이 카프카—보르헤스 라인을 배격하고 카르펜티에르를 부각시킨 것은 마술적 사실주의가 단지 현실과 환상을 섞은 것이 아니며, 나아가 초현실주의를 비롯한 유럽의 전위주의 운동, (도스토예프스키 식의) 심리 소설, 환상문학 등과도 관련이 없는 새로운 범주임을 주장하기 위함이었다(Leal, 1967: 233-235).[5]

두 번째 쟁점은 레알처럼 마술적 사실주의를 고유의 범주로 설정하고자 하는 시도에서 파생되었다. 곤살레스 에체바리아의 시도가 대표적이다. 그는 마술적 사실주의를 현상학적인 것과 존재론적인 것으로 나눈다(González Echevarría, 1974: 23). 레알과 마찬가지로 마술적

---

5) 레알은 환상문학에서는 초자연적인 요소가 개입되면서 이성 중심의 세계 질서를 혼란스럽게 하지만, 마술적 사실주의에서는 로가 말하는 것처럼 미스터리가 세계의 전면에 부상하기보다 그 뒤에 숨어서 약동한다고 말하면서 두 범주의 차이를 지적한다(Leal, 1967: 234-5).

사실주의와 전위주의의 관련성을 전면 부정하지는 않는다. 하지만 마술적 사실주의 논의에 있어서 중요한 것은 전위주의의 영향 문제가 아니라고 본다. 마술적 사실주의가 전위주의의 영향을 받았다 하더라도 이와는 상이한 태도로 현실에 접근한다는 것이 그의 입장이다. 곤살레스 에체바리아는 로가 다른 방식으로 현실을 인식할 가능성을 제시한 것은 당시의 현상학적 사유에 토대를 둔 것이라고 본다. 그래서 로의 태도를 '현상학적 마술적 사실주의'라고 명명하였다(González Echevarría, 1974: 26). 반면 라틴아메리카 작가들이 추구했던 마술적 사실주의는, 카르펜티에르의 '경이로운 현실' 개념에서 잘 드러나듯이, 라틴아메리카에는 경이로운 현실이 실제로 존재하기 때문에 문학이 경이로울 수밖에 없다는(Carpentier, 1991: 389) 존재론적 시각에서 현실에 접근한 것이다. 가령, 카르펜티에르는 베르날 디아스 델 카스티요의 멕시코 정복기가 유럽의 기사 로망스보다 더 경이로운 문학이 될 수 있는 이유는 라틴아메리카에 경이로운 현실이 선험적으로 존재하기 때문이라는 논지를 내세운다(Carpentier, 1991: 387-8).6) 또 식민지시대를 겪으면서 자신들의 사회적 욕구를 충족시

---

6) 현실이 경이로우니까 문학도 경이롭다는 이런 언술은, 일견 대상이 그대로 문학 작품에 투영된다는 기계론적 반영론 수준의 논의라고 볼 수도 있다. 그러나 그보다는 카르펜티에르가 독자적 사유 방식과 표현 양식을 추구하는 정체성 찾기를 선언한 것으로 이해하는 것이 타당하다. 20세기 전반기 라틴아메리카의 시대적 분위기가 그러했다. 1차 세계대전의 참혹함은 서구에 자성의 계기를 제공했다. 슈펭글러의 『서구의 몰락』이 대표적 예로, 유럽 문명은 몰락기에 접어들었고 다른 지역에서 새로운 문명이 융성할 것이라는 것이 주요 논지였다. 이에 영향을 받은 라틴아메리카 지식인들은 그들의 땅이 슈펭글러가 예언한 새로운 문명의 요람이 될 것이라 믿는 신세계주의를 천명했다. 라틴아메리카인이라는 자부심을 지니게

킬 수 있는 제도권 내의 메커니즘을 지니지 못한 식민지인들이(식민지 엘리트층을 포함하여) 과달루페 성모 숭배 같은 '주술적' 민간 신앙을 통해 불만을 분출했던 라틴아메리카의 전통이 마술적 사실주의의 기원이라고 보는 입장도(Rowe and Schelling, 1991: 23) 존재론적 마술적 사실주의를 지지하는 견해이다.

세 번째 쟁점은 마치 마술적 사실주의 논쟁 초기에 환상문학과의 경계를 어떻게 설정하느냐의 문제가 대두되었듯이, 마술적 사실주의와 경이로운 현실이 동일 범주인가 하는 것이었다. 곤살레스 에체바리아는 후자를 전자의 범주에 포함시켰고, 두 범주의 차이점에 대해 민감하게 반응하지도 않았다. 하지만 양자를 동일 범주로 생각하는 데에 심한 거부감을 보이는 경우도 있다. 가령 마르케스 로드리게스는 마술적 사실주의는 미학적 필요성에 따라 현실을 변형(deformación)시키는 문학 기법에 불과한 데에 반해, 경이로운 현실 개념은 라틴아메리카성이 깃든 범주라며 양자를 구분하였다(Márquez Rodríguez, 1986: 79-84).

된 그들이 제일 먼저 착수한 일이 '우리는 누구인가' 하는 정체성 탐구로, 소위 지역주의, 크리오요주의, 아프로쿠바주의, 선주민주의 등의 문학 운동을 배태하였다. 게다가 이런 움직임은 라틴아메리카 지식인들이 스페인내전과 2차 세계대전을 피해 유럽에서 대거 귀국하고, 철학자 오르테가 이 가셋을 추종하는 스페인 학자들이 망명해 오면서 일어난 예술 및 학문의 융성과 동시에 전개되었다. 페르난도 오르티스, 페드로 엔리케스 우레냐, 레오폴도 세아, 마리아노 피콘 살라스, 옥타비오 파스 등 당대의 석학들의 지적 작업 역시 정체성 탐구의 일환이었던 점을 감안하면, 정체성 탐구는 단지 문학적 현상에 국한된 것이 아니라 사회 전반적 현상이었고, 나아가 철학적 사유를 통해 담론화되고 있던 강력한 흐름이었음을 알 수 있다. 따라서 카르펜티에르의 '경이로운 현실' 개념을 기계적 반영론으로 단순 격하시키는 것은 곤란하다(Bell, 1985: 219-233; González Echevarría, 1974: 10-17).

네 번째 쟁점은 마술적 사실주의를 라틴아메리카의 정체성이 담긴 고유한 문학 범주로 설정할 때, 과연 그 정체성은 무엇이고 어떤 방식으로 작품 속에서 발현되는가 하는 것이다. 이는 마술적 사실주의를 단지 19세기 사실주의에 대한 보완으로 생각하는 시각을 (Parkinson Zamora y Faris, 1997: 145) 거부한다. 즉, '마술적'이라는 표현을 사실주의의 변형 혹은 아류를 뜻하는 수식어로 파악하는 것이 아니라, 의미심장한 가치체계를 함축하고 있는 용어로 본다. '마술'(magia)이라는 용어[7]는 19세기말부터 종족학 연구가 활발해지면서 자주 사용되기 시작했다. 프레이저의 『황금가지』에서 '마술'은 원시 부족의 종교적 믿음이나 제례를 지칭하기 위한 용어였다. 그러나 19세기말부터 고조된 반서구기술문명의 흐름은 원시주의와 그 발현 방식인 '마술'을 서구문명에 대한 대립항적 범주로 격상시켰다 (González Echevarría, 1974: 26). 주지하는 바와 같이 이 조류를 대표하는 레비-스트로스는 이를 '야생의 사고'라고 명명하였고, 이성적 사고보다 비합리적이거나 열등한 것이 아니라, 나름대로 논리적이며 이성적인 것으로 파악하였다(레비-스트로스, 1996: 381). 마술적 세계를 이성적 세계의 대안으로 보는 이런 시각에서 마술적 사실주의를 검토한다면 진정한 마술적 세계를 구현한 작가는 보르헤스나 가르시아 마르케스가 아니라 아르게다스일지도 모른다. 원시주의가 구현하는 마술적 세계의 세 가지 중요한 특징은 자연에 대한 외경심, 애니미

---

7) 막스 베버의 사회학을 통해 이 용어를 수용한 우리나라에서는 흔히 주술이라고 번역해 왔다.

즘, 그리고 이들이 표현되는 제례이다(Bell, 1985: 14). 그런데 안데스에 대한 무한한 사랑과 동경이 내면화된 인물들이 등장하고, 자연의 풍경과 소리 하나하나를 놓치지 않고 묘사하며, 선주민들의 신화나 음악 혹은 언어 등을 그들 특유의 마술적 세계를 구현해내는 일종의 제식으로 승화시키는 아르게다스의 작품 세계야말로 이 세 가지 요소를 완벽하게 충족시키고 있는 것이다.[8] 문제는 아르게다스의 예가 라틴아메리카에서는 지나치게 특수한 경우라는 점이다. 그가 성장한 곳이자 작품 배경으로 삼고 있는 페루 안데스 남부는 고지대라서 백인들이 정착하기 꺼리던 곳이라 선주민 전통이 많이 보존된 곳이다.[9] 그래서 이 지역만큼 지배적 패러다임에 대응하여 강력하고 지속적인 대안 담론을 생산한 곳은 라틴아메리카 전역을 통틀어 거의 없었다고 주장하는 이들도 있다(Rowe and Schelling, 1991: 60).

---

8) 앞서 『백년의 고독』의 믿기지 않는 이야기들이 현실에 기초한 것이라는 가르시아 마르케스의 주장을 소개한 바 있다. 그럼에도 독자들이 그의 작품에서 마술성을 감지할 수 있는 것은 서사 방식의 독특함 때문이다. 가르시아 마르케스는 자신의 서사 방식이 아무리 믿기 어려운 끔찍한 일도 천연덕스럽게 사실인 양 이야기를 늘어놓는 할머니의 이야기 방식에서 비롯되었다고 말한다(García Márquez, 1983: 30). 곧 이야기꾼의 '언어적 제례'에 의해 마술적 세계가 구현되는 작품이 『백년의 고독』임을 시사하는 것이다. 다만 가르시아 마르케스의 이야기 방식은 전 세계적으로 보편적인 민담의 그것과 별다른 차이점이 없다. 라틴아메리카 특유의 전통 문화를 계승, 재창조한 아르게다스의 토속적 세계와는 분명 차이가 있는 것이다.
9) 그렇다고 해서 아르게다스가 지역적 문학을 생산했다는 말은 아니다. 그의 관심사는 서구 문화와 선주민 문화의 발전적 혼합 현상이었다. 인류학자이기도 했던 그는 안데스 왕카요 지방의 만타로 계곡에 거주하는 선주민들의 삶을 관찰하면서 그들이 문화 전통을 보존하면서도 시대의 변화에 따라 새로운 문화를 창조하고 있다고 결론짓는다(Arguedas, 1987: 12).

그렇다면 마술과 라틴아메리카 정체성을 동일시하는 것은 마술적 사실주의를 지나치게 축소시킬 위험을 내포하고 있는 것이다.[10)

다섯 번째 쟁점은 서구에서 마술적 사실주의를 세계 문학의 보편적 흐름으로 인정하면서 생겨났다. 카르펜티에르가 초현실주의에서 '경이로운 현실'이라는 용어를 차용했으면서도 초현실주의를 "문학적 속임수"(artimaña literaria)라고 평가절하하는 태도나(Carpentier, 1991: 390-391), 곤살레스 에체바리아가 초현실주의를 비롯한 전위주의 운동과 마술적 사실주의와의 연관성을 인정하면서도 존재론적 마술적

---

10) 아르헨티나 문학은 라틴아메리카 문학이라기보다 유럽 문학이라는 극단적인 견해를 나타내는 이도 있다. 사실 아르헨티나 문학에서 아르게다스 식의 토속적 세계를 발견하는 것은 극히 힘들다. 마술적 사실주의 논쟁에서 보르헤스를 선구자로 보는 플로레스와 그를 배제하는 레알의 서로 다른 입장이 존재하는 것도 이 때문이다. 지면상 이 자리에서 과연 보르헤스가 마술적 사실주의와 얼마만큼 관련 있는지 논하기는 곤란하지만, 일반적으로 마술적 사실주의 작가로 언급되는 이들 중에서 보르헤스가 유럽의 환상문학과 가장 유사성을 지닌다는 점은 지적해야겠다. 그것은 보르헤스 개인의 문학적 취향 탓이기도 하지만 아르헨티나의 특수성에 기인한 것이기도 하다. 아르헨티나에는 19세기 말부터 20세기 초까지 본국인들보다 더 많은 유럽 이민자들이 정착해서 유럽 문화의 이식이 활발할 수밖에 없었다. 그리고 당시 아르헨티나는 신문 발간의 측면에서만 본다면 미국과 어깨를 겨눌 정도였다. 각 신문의 연재소설은 인기를 끌었고, 잡지와 포켓북도 불티나게 팔렸다. 아르헨티나의 전통 '고급 문학'보다 대중문학이 붐을 이루게 되었음은 물론이다. 대부분 못사는 나라에서 건너왔던 이민자들은 지적 수준 혹은 경제적 고민에 따른 여가 부족 등의 이유로 싸고 쉽게 읽을 수 있는 대중문학 이상의 것을 향유할 자질이나 여력은 없었다. 서구의 추리소설이나 환상문학 번역서들도 인기리에 팔렸다(Prieto, 1988: 27-82). 그리고 번역, 출판 과정에서 보르헤스와 비오이 카사레스의 공이 컸다. 대중문학 단계를 업그레이드하여 추리소설 기법 혹은 환상문학 기법을 적용하여 형이상학적 문제를 다루는 본격 문학을 시도한 보르헤스의 작업은 독일 낭만주의 계열의 환상문학이나 영국의 추리소설 등의 문학 풍토에 이미 익숙해 있던 독자층이 있었기에 가능한 일이었다.

사실주의의 범주를 설정하는 것은 서구 문학이 생산한 상상력을 라틴아메리카의 것으로 전유하려는 이른바 "상상의 영토화"(territorialization of the imaginary)[11] 작업이다. 그런데 1980년대에 접어들면서 서구 학자들은 두드러질 정도로 마술적 사실주의를 서구 담론 속에 재영토화시키는 작업을 해왔다. 그들에게 있어 마술적 사실주의는 라틴아메리카에 국한된 문학 현상이 아니라 현대 문학의 의미 있는 국제적 조류며, 그 기원은 『데카메론』, 『천일야화』, 『돈키호테』이다(Parkinson Zamora y Faris, 1997: 2-4). 또, 앞서 언급한 마술적 사실주의를 서구 사실주의의 보완적 담론으로 파악하는 태도나, 카르펜티에르는 서구 모더니즘적 기법에 사실성을 가미시켜 전위주의를 땅 위에 발을 딛게 하였고 마술적 사실주의는 문학 기법과 인간중심주의를 동시에 모색하면서 제임스 조이스 세대가 끊어버린 고리를 다시 연결시킨 문학 운동이라는 정의(모레티, 2001: 360)도 같은 맥락의 작업이다. 이미 1960년대 『백년의 고독』이 서구의 눈길을 끌었을 때부터 이 작품은 당시 서구 소설(실존주의 소설, 누보 로망 등등)의 두드러진 결핍이었던 이야기를 복원시켰다는 점이 미덕으로 여겨졌다(모레티, 2001: 361). 서구 비평가들은 이렇게 라틴아메리카의 특수한 역사적, 사회적, 정치적 맥락을 배제하고 마술적 사실주의의 보편성을 강조

---

11) 이는 중심부 문학을 적절히 수용, 발전시키는 문제가 중요한 화두였던 주변부 상황을 반영하고 있다. 세 가지 유형의 주변부 지식인 패러다임을 상정할 수 있을 것이다. 주변부와 중심부의 유사성을 강조하면서 중심부의 일원이라는 자부심을 강조하는 형, 주변부는 중심부와 다를 수도 있다면서 주변부의 권리를 강조하는 형, 주변부가 중심부보다 낫다는 주장을 펼치는 형 등이다(Parkinson Zamora y Faris, 1997: 133-137). 카르펜티에르는 세 번째 유형이다.

함으로써 상상의 재영토화 작업을 수행하는 것이다. 비록 린다 허천은 『백년의 고독』을 사료적 메타픽션이라고 정의하면서, 이 텍스트가 지극히 자기반영적이면서도 동시에 역사적 맥락에 관심을 기울이는 특징을 지니고 있다고 말하고 있지만(김욱동 편, 1990: 154), 그녀가 말하는 역사적 맥락은 반드시 라틴아메리카적 특수성이 담긴 역사를 지칭하지는 않는다. 결국 서구 학자들에 의한 상상의 재영토화 작업은 마술적 사실주의의 세계적 전파를 담보하였지만, 카르펜티에르를 필두로 라틴아메리카 문인들이 수행한 상상의 영토화 작업과 명백히 충돌하는 것이다.

3. 마콘도 논쟁

1996년 칠레의 소설가 알베르토 푸겟과 세르히오 고메스는 『맥콘도』(McOndo)라는 단편 선집을 발간하였다. '맥콘도'라는 제목은 가르시아 마르케스의 『백년의 고독』의 허구적 공간 마콘도(Macondo)와 관련 있다. 그러나 맥콘도는 마콘도처럼 바나나 농장이 있고, 집시들이 가져온 얼음이나 망원경을 보고 눈이 휘둥그레지는 사람들이 있고, 미녀가 침대 시트를 타고 하늘로 승천하는 마술적인 사건이 일어나는 전근대적인 공간이 아니다. 맥도날드가 있고, 호화판 호텔과 백화점이 즐비하고, 사람들은 침대 시트 대신 비행기를 타고 다니고, 지하철과 고속도로가 있고, 컴퓨터가 있는 지극히 현대적이고 도시적인 공간이다. 또한 맥콘도에는 마콘도와 달리 이념을 위해 32차례나 봉기하는 대령도 없고, 수천 명의 플랜테이션 노동자가 조직적인 파업에 나서는 일도 일어나지 않고, 미국인들을 비롯한 외지인을 경계하는 사람들도 없다. 푸겟과 고메스가 선정한 맥콘도의 주민들은 소비를 즐기고 욕망하며, 민중가수 대신 대중문화 스타들을 우러러보고, 인터넷을 통해 국경과 국적의 장벽을 스스럼없이 허무는 청년들이다. 이 두 작가는, 역사상 라틴아메리카 소설 최고의 베스트셀러[12]이자 라틴아메리카 소설이 세계적인 주목을 받는 데 지대한 공헌을 한 『백년의 고독』에 대한 '불경'을 저지름으로써, 마술적 사실주의가 오랫동안 차지하고 있던 라틴아메리카 문학 대표성을 부정하고 있는 것이다.

맥콘도라는 제목의 기원은 1994년으로 거슬러 올라간다. 푸겟은 30세가 되던 그 해에 미국 아이오와 대학의 국제작가워크숍에 참가할 기회를 가졌다. 그가 아이오와 대학 캠퍼스에서 발견한 것은 라티노 열풍이었다. 스페인어문학과는 물론 여타 어문학과들도 라틴아메리카 문학에 지대한 관심을 보이고, 극장에서는 라우라 에스키벨의 소설 『달콤 쌉싸름한 초콜릿』(1989)을 원전으로 한 동명의 영화

---

12) 『백년의 고독』은 2014년까지 전 세계적으로 5천만 부 이상 팔렸다. 작가 탄생 80주년, 『백년의 고독』 출간 40주년, 노벨문학상 수상 25주년을 축하하기 위한 2007년 특별판과 관련된 일화도 이 소설의 베스트셀러로서의 위상을 짐작하게 해준다. 스페인왕립학술원이 제작한 것인데, 이는 오직 『돈키호테』만 누린 영예이다. 특별판 초판은 무려 50만 부가 제작되었고, 발매 시작 네 시간 만에 1만 4천권 이상이 팔렸다고 한다. 1초 당 한 권씩 팔려나간 셈이다(가르시아 마르케스, 2014: 353-354).

를 상영하고, 서점마다 스페인식 이름의 작가들 책이 넘쳐나고 있었다. 심지어 푸겟을 포함해 세 명의 젊은 라틴아메리카 작가가 워크숍에 참가하고 있다는 사실을 알게 된 모 문학잡지 편집장은 그들의 작품을 바탕으로 특별호를 꾸미자며 원고 청탁을 했다. 그것은 세 사람 모두에게 황홀한 경험이었다. 이제 막 각자의 나라에서 문단에 진출했을 뿐인데 미국이라는 거대 출판시장에 발을 내딛을 수 있는 기회가 저절로 굴러들어 왔다는 것을 믿을 수가 없었다. 또, 라틴아메리카에 태어났다는 것이, 스페인어로 작품을 쓰는 라틴아메리카 작가라는 것이 그렇게 대단한 명함이라는 것도 상상조차 하지 못한 일이었다. 그러나 환상은 금방 깨졌다. 세 사람의 작가 중 두 사람의 원고가 게재 부적합 판정을 받고 반려된 것이다. 마술적 사실주의와 전혀 관련 없는 작품이라는 것이 이유였다. 세 젊은 작가들은 귀를 의심했다. 애초에 마술적 사실주의 경향의 작품을 써달라는 청탁이 특별히 있었던 것이 아니었다. 그렇다면 그 편집장은 라틴아메리카 소설가들이 다 마술적 사실주의적 작품을 쓰고 있다고 생각하거나 혹은 당연히 써야 한다고 믿는 것이 분명하니 귀를 의심할 수밖에 없었다. 그러나 그들이 잘못 들은 것은 아니었다. 그제야 푸겟은 마술적 사실주의가 새로운 문학을 추구하는 라틴아메리카 작가들에게 족쇄로 작용하고 있으며, 미국인들의 마술적 사실주의에 대한 열광이 라틴아메리카 문학의 올바른 수용을 저해하고 있다는 것을 깨달았다. 『맥콘도』 발간이나 '맥콘도'라는 제목은 라틴아메리카 문학이 마술적 사실주의가 다가 아니라는 것을 입증하

려는 시도였다.13)

사실, 마술적 사실주의는 미국은 물론 서구, 그리고 심지어 우리 나라에까지 커다란 반향을 불러일으키며 오늘날까지 라틴아메리카 문학을 대표하는 문학 경향으로 꼽히고 있다. 1970년대 라틴아메리카 문학 비평가들은 마술적 사실주의가 서구 사실주의를 뛰어넘는 문학적 성취라고 입을 모았다. 마술적 사건과 환상적 요소를 가미하여 현실을 해석함으로써 서구 문학과 분명한 '차이'를 성취했다는 점이 호평을 받았다. 포스트모더니즘이 성행하던 시절에도 마술적 사실주의에 대한 경도는 여전했다. 앞서 언급했듯이 존 바스, 토마스 핀천, 이합 핫산 등등의 포스트모더니즘 작가 및 비평가들은 마술적 사실주의를 포스트모더니즘의 선구자로 간주하였다. 마술적 사실주의의 탈중심주의, 기존질서에 대한 반발, 민간 신앙과 전승 지식의 차용, 카니발화, 스토리텔링 등을 높이 평가했기 때문이다. 포스트모더니즘이 후기자본주의의 문화논리일 뿐이라고 비판적인 태도를 견지했던 프레드릭 제임슨은 다른 각도에서 마술적 사실주의를 예찬했다. 마술적 사실주의가 제3세계의 민족적 알레고리이며 포스트모더니즘의 대안(Jameson, 1986: 302)이 될 수 있다고 보았다. 마술적 사실주의는 이렇게 포스트모더니즘 예찬자와 비판자로부터 동시에 호평을 받으면서 미국 문학비평에 확고하게 뿌리를 내릴 수 있었다. 그리고 여타 라틴아메리카 작가의 성공을 좌지우지할 정도

---

13) 푸겟이 아이오와 대학에서 겪은 일, 마술적 사실주의에 대한 문제의식, 맥콘도 기획 등은 세르히오 고메스와 편찬한 선집 『맥콘도』서문인 『맥콘도국(國) 소개』에 잘 요약되어 있다(Fuguet y Gómez, 1996: 9-18).

가 되었다. 이사벨 아옌데의 경우가 그렇다. 물론, 아옌데는 라틴아메리카 페미니즘 소설의 개척자로서 또 스토리텔링의 대가로도 명성을 얻었지만, 마술적 사실주의의 후광이 없었다면 과연 미국에서 가장 대중적인 라틴아메리카 작가가 될 수 있었을지는 의문이다. 그녀의 첫 장편 소설이자 대표작인 『영혼의 집』(1982)은 처음에는 비평가들로부터 『백년의 고독』의 아류에 불과하다는 혹평을 받았다. 그러나 그 유사성이 독자들에게 오히려 친근감을 주어 출판 시장에 별다른 어려움 없이 진입할 수 있었고, 페미니즘을 가미시킴으로써 마술적 사실주의의 지평을 넓혔다는 찬사가 최초의 혹평을 대신하게 되었다. 푸껫이 라티노 열풍을 언급하면서 예로 든 『달콤 쌉싸름한 초콜릿』도 아옌데의 작품과 유사한 점이 있으니 마술적 사실주의의 후광 덕을 보았다고 볼 수 있다. 따라서 마술적 사실주의라는 기준으로 라틴아메리카 문학 전체를 재단하는 우를 범하는 평자들 때문에 다른 문학을 하는 작가들의 문학적 성취가 인정받지 못한다는 푸껫의 푸념은 분명 근거가 있는 것이다.

푸껫은 마술적 사실주의 때문에 당한 부당한 대우를 논하는 데 그치지만, 포스트식민주의 비평가들 중 일부는 마술적 사실주의가 제국주의와 공모했다는 혐의까지 품고 있다. 스테픈 슬레몬이나 장 피에르 듀릭스 등은 마술적 사실주의가 포스트콜로니얼리즘 글쓰기의 특징인 서구 지배언술의 폐기, 전유, 되받아쓰기 등을 선취하고 있다고 주장하지만, 스피박은 이에 대해 회의적이다. 무엇보다도 라틴아메리카가 역사적으로 볼 때 진정한 탈식민화(descolonization)를 수행한 적이 없다고 보고 있고, 그녀가 보기에 마술적 사실주의는 고작해야 탈식민화되지 못한 라틴아메리카의 사회적, 정치적 배열(configuration)을 알레고리화할 뿐이다. 비단 스피박이 아니더라도 마술적 사실주의에 대한 유사한 의혹은 일찍부터 존재했다. 가령, 마술적 사실주의가 『황금가지』 이래 서구의 민속에 대한 관심을 수입, 가공하여 재수출한 문화상품일 뿐이라는 주장이 있었다. 이런 관점에서 마술적 사실주의를 본다면, 마술적 사실주의는 서구 독자나 제도권 문학비평가들의 구미에 맞춘 것이니 슬레몬이나 듀릭스의 주장은 설 자리가 없어진다. 또한, 마술적 사실주의가 제1세계 문학비평의 연구대상이 되었을 때 이미 라틴아메리카 맥락과 유리되었으므로 이제는 라틴아메리카 문학을 대변할 수 없다는 의견도 대두되었다. 나아가, 마술적 사실주의가 단순한 연구대상이 아니라, 미국 비평계가 라틴아메리카 문학을 재단하는 중요한 기준으로 이미 자리 잡은 현재, 마술적 사실주의는 제1세계의 중심으로부터 라틴아메리카 문학을 지배하는 담론이 되었다고까지 주장한다.

마술적 사실주의는 또 다른 비판에 직면하고 있다. 호세 호아킨 브루네르가 그 주역이다. 브루네르는 라틴아메리카 문화는 마콘도주의를 극복해야 한다고 주장한다. 마콘도 주민의 자연, 민속, 지역 정체성이나 민족적 정체성, 비합리주의에 대한 집착, 즉 마술적 세계관에 대한 집착이 근대성 성숙에 걸림돌이 되고 있다고 보기 때문이다. 브루네르에게 있어서 『백년의 고독』의 마콘도 주민들의 폐쇄성은 라틴아메리카인들의 지나친 방어주의나 국수주의가 작동한 것으로 전지구화 시대에 걸맞은 행동양식이 아니다. 또한 브루네르는, 마콘도 같은 전근대적 공간이 현재의 라틴아메리카 현실을 전혀 반영하고 있지 못한다고 본다(Brunner, 1992: 56). 그가 보기에 라틴아메리카는 서구 근대성의 여정을 이미 1950년대부터 밟기 시작했다. 1950년대 이래의 점진적인 교육 확충이 동질적인 취향, 감수성, 가치관을 지닌 대중을 형성했고, 이 대중이 도시적 생활양식, 매스미디어, 커뮤니케이션 방식, 이미지 소비 패턴 등을 공유하게 되면서 서구와 유사한 현대적인 문화가 정착했다는 것이다(Brunner, 1992: 59-62).

마술적 사실주의에 대한 이상의 비판에는 분명 수용할 만한 점이 있다. 첫째, 마술적 사실주의 담론이 권력화되었다는 점은 분명하다는 것이다. 그 권력화 양상이 일부 포스트식민주의 비평가들의 주장처럼 제국주의와의 전면적 공모에까지 이르지는 않았을지도 모르지만, 푸겟의 경우처럼 새로운 문학 경향이 제도권에 진입하는 데 장벽으로 작용할 소지는 충분하다. 둘째, 마술적 사실주의가 라틴아메리카 문학을 대표한다고 보는 일부 제도권 문학비평가들의 시각은 라틴아메리카 문학의 다양성을 부정하는 것이므로 마땅히 경계할 필요가 있다. 셋째, 마술적 사실주의가 더 이상 라틴아메리카 현실을 반영하고 있지 못하고, 따라서 현대 라틴아메리카인들의 감수성과 유리되어 있다는 주장도 귀기울일만한 가치가 있다. 사실 마술적 사실주의는 전근대와 근대가 교차하는 역사적 시점에 태어난 문학 경향이기 때문이다. 따라서 현재의 사회적 맥락이나 감수성을 대변할 수 있는 새로운 문학을 추구해야 한다는 주장은 분명 일리 있는 것이다.

그러나 이런 점들이 마술적 사실주의의 즉각적인 폐기를 야기하지는 못할 것이라는 점도 분명하다. 마술적 사실주의 경향의 작품은 적어도 상당 기간 계속 생산, 유통, 소비될 것이다. 이러한 양상은 문학비평에서도 마찬가지일 것이다. 제3세계 문학이론에서 출발하여 포스트모더니즘과 포스트식민주의 비평에 이르기까지 거의 모든 비평이 마술적 사실주의를 언급했듯이, 포스트식민주의 이후의 비평 또한 마술적 사실주의에 무관심할 것 같지는 않다. 마술적 사실주의가 라틴아메리카 문학 내부에서 정전의 위치를 점하고 있으며, 서구 작가들의 글쓰기에도 모델이 되고 있는 이상 상당 기간 동안 작품도 생산될 것이고, 우호적인 비평도 수반될 것은 자명한 이치이다. 더구나, 이사벨 아옌데가 페미니즘을 접목시켜 마술적 사실주의를 변모시켰듯이, 마술적 사실주의 자체가 변신을 시도할 가능성이 얼마든지 열려 있으니 마술적 사실주의가 이미 역사적 사명을 다한 문학 경향이라고 보는 것은 지나친 속단이다. 따라서, 마술적 사실주의가 더 이상 라틴아메리카 현실이나 감수성에 부합되지 않는다는 주장을 전면적으로 수용하기는 곤란하다.

마콘도 논쟁이 마술적 사실주의의 즉각적인 폐기를 야기하지 못하리라고 보는 근본적인 이유는 브루네르나 푸겟의 비판 역시 순수성이 의심되기 때문이다. 두 사람이야말로 그들이 처한 시대적 맥락의 선봉에 서서 제국주의와 공모하고 있으며, 마술적 사실주의에 대한 비판은 그 과정에서 나온 부산물이라는 것이 그들에 대한 혐의 내용이다. 1990년대의 칠레는 신자유주의의 전성기를 구가하고 있었다. 신자유주의의 모범 국가로 꼽힐 정도로 강력하고 일관된 신자유주의 정책을 추진한 결과 개인주의와 소비문화가 정착되고, 1990년 오랜 군부독재가 종식되고 민선정부가 들어섬으로써 쿠데타에 대한 죄의식이 사라지고 그에 따라 역사의식이 무뎌졌으며, 1993년의 경이적인 경제성장으로 서구를 따라잡을 계기가 마련되었다고 들떠 있던 칠레 사회는 서구적 근대성에 대한 기대 혹은 근대성 성숙에 대한 희망에 사로잡혀 있었다. 근대성에 대한 기대와 열망이 최고조에 이르렀던 그 시점에 전근대적인 의식구조, 민속과 신화, 마술적(비합리적) 사건, 일국가적 정체성, 외세에 대한 배격 등을 상징하는 마콘도라는 공간을 탄생시킨 마술적 사실주의는 도저히 받아들이기 힘든 것이었다.

그러나 역사는 푸켓과 브루네르 두 사람 시각의 문제점을 경험적으로 가르쳐주고 있다. 라틴아메리카에서 근대성 성숙에 대한 기대가 고조되던 시점에서는 늘 이처럼 라틴아메리카적 정체성에 대한 비판적 견해들이 팽배했었다. 19세기말 라틴아메리카가 리카도의 비교우위론을 바탕으로 한 세계분업체제에 편입되었을 때는 실증주의가 제국주의와 공모하여 라틴아메리카에 대한 자아비판을 선도했고, 2차 세계대전 이후 미국이 전 세계적인 경기부양에 나섰을 때는 근대화론이 비슷한 역할을 수행했다. 푸켓과 브루네르는 신자유주의 시대에 똑같은 역할을 수행하고 있는 것이다. 두 사람이 일으킨 마콘도 논쟁이 마술적 사실주의의 본질적인 문제를 다룬다기보다 신자유주의와의 관계망 속에서 마술적 사실주의를 평가하는 것이라면, 그들의 비판점을 전면적으로 수용하기는 곤란할 것이다.[14]

---

14) 이 글은 2000년 <서어서문연구> 17호 689-699쪽에 게재된 「마술적 사실주의의 쟁점들」과 2004년 <실천문학> 73호 358-365쪽에 게재된 「마술적 사실주의와 마콘도 논쟁」을 재구성하였다.

마술적 사실주의의 근대성과 포스트식민 서사

1. 포스트-이론들과 마술적 사실주의

마술적 사실주의는 국내에서뿐만 아니라 라틴아메리카와 서구에서도 비평적 범주 설정에 있어 혼란을 야기한 용어이다. 마술적 사실주의를 라틴아메리카의 특수한 문학사조로 보는 입장과 보편적 문학현상으로 규정하는 입장, 순수한 미학적 표명으로 보는 입장과 역사적, 문화적 맥락과 불가분의 관계가 있다고 보는 입장, 포스트모더니즘의 대표적 양식으로 보는 입장과 포스트모더니즘의 역사성 결여를 극복할 수 있을 포스트식민 서사로 보는 입장 등등 그야말로 모순의 극치를 이루는 평가들이 공존한다.

사실 마술적 사실주의는 이런 모순된 비평적 스펙트럼에 노출될 수밖에 없었다. 애초에 서구 과학기술문명에 대한 반작용으로 인류학, 심리학, 전위주의 운동 등이 비이성적인 것에 경도되던 분위기 속에서 마술적 사실주의에 대한 분명한 정의 없이 용어가 먼저 난무하기 시작했기 때문이다. 게다가 라틴아메리카 문학이 세계 문학의 반열에 오른 1960년대의 소위 붐 소설 현상은 웬만한 라틴아메리카 소설을 마술적 사실주의로 규정하는 오류를 야기했다. 마술적 사실주의라는 모순어법(oxymoron)적 표현만큼 세계문학의 반열에 새로이 오른 라틴아메리카 문학의 참신성을 돋보이게 하는 용어도 없었던 탓이다.

이런 상황 속에서 마술적 사실주의를 규명하려는 본고의 시도는 부질없는 짓일지도 모른다. 그러나 마술적 사실주의가 1920년대 이래 현재에 이르기까지 그 생명력을 이어올 뿐만 아니라, 1920년대에서 1970년대까지 이르는 미술 양식으로, 융의 집단무의식 개념의 예로, 초현실주의의 수정주의적 시각으로, 라틴아메리카의 문화적 주체성 확립의 단초로, 포스트모더니즘과 포스트식민 서사의 선구적 양식으로 그 영역을 넓혀가며 언급되고 있다는 점은 마술적 사실주의에 대한 진지한 고찰이 필요하다는 점을 일깨워준다.

본고에서는 마술적 사실주의에 접근하는 나름대로의 관점을 제시하고자 한다. 그러나 구체적인 텍스트 분석은 다음 기회로 미루고 마술적 사실주의의 역사적, 사회적, 문화적 배경을 간략하게나마 살펴보면서 마술적 사실주의의 실체를 규명하고, 그러면서 마술적 사실주의에 대한 기존 연구들의 문제점들을 짚어보려 한다.

마술적 사실주의는 라틴아메리카 근대성의 주요 표명 양식임을 우선 강조하고 싶다. 전근대와 근대가 겹치는 독특한 라틴아메리카 현실, 즉 비합리성과 합리성이 공존하는 라틴아메리카의 역사적, 사회적 현실을 반영하는 양식이 마술적 사실주의이다. 또 마술적 사실주의는 라틴아메리카가 근대로 접어들면서 국민국가 건설이라는 과제가 절실히 요구되던 시대적 상황에서 '전근대적'인 대중을 통합시키기 위한 문화적 기제로서 뿌리를 내렸으며, 나아가 신식민지적 질서 속에서 포스트식민성을 모색하면서 생명력을 얻었다. 따라서 마술적 사실주의는 포스트식민 서사로서 태동한 것이므로 결코 거대 담론을 포기한 포스트모더니즘의 선구적 양식으로 보는 견해는 적절치 못하다고 본다. 그리고 마술적 사실주의가 라틴아메리카에서 꽃피기 이전에 이미 서구 문학에 존재했다는 보편주의적 해석이나, 포스트식민주의의 선구자 에드워드 사이드의 『오리엔탈리즘』에서 이론적 정립이 이루어졌다거나, 또 아니면 포스트식민주의가 주로 2차 세계대전 이후 독립한 영어권 국가에서 태동되었다는 시각 역시 포스트식민주의를 가장한 신식민주의적 발상일 수도 있음을 지적하고자 한다.

2. 마술적 사실주의의 역사적 맥락

아무래도 앞의 글에서 언급한 내용을 몇 가지 언급하면서 이 장을 시작해야 할 것 같다. 카르펜티에르가 『지상의 왕국』 서문에서 라틴아메리카의 역사, 자연, 인물 등에 대해 언급하면서 라틴아메리카의 현실이 경이로우니까 문학도 경이로울 수밖에 없다고 말할 때 (Carpentier, 1991: 391), 이는 언뜻 현실이 문학에 그대로 반영된다는 기계론적 반영론을 연상시킨다. 그러나 곤살레스 에체바리아가 지적하듯, 카르펜티에르가 말하는 '경이로운 현실'은 라틴아메리카가 서구와 본질적으로 다르다는 존재론적 인식에서 비롯된 마술적 사실주의로, 마술적 사실주의라는 용어를 처음 쓴 프란츠 로의 마술적 사실주의와는 다르다(González Echevarría, 1993: 141). 사실 프란츠 로는 사물을 새로운 시각으로 볼 것을 권유했고, 새로운 시각을 통해 사물의 마술성을 발견할 수 있을 것이라고 주장하였으니(Roh, 1927: 39-52) 이를테면 현상학적 마술주의라 할 수 있다. 가르시아 마르케스도 카르펜티에르와 유사한 현실관을 지닌 탓에 마찬가지 오해를 받았다. 가르시아 마르케스는 『백년의 고독』이 흔히들 말하는 것처럼 환상적인 작품도 마술적인 작품도 아닌 지극히 사실적인 작품임을 역설한다. 라틴아메리카의 일상 자체가 『백년의 고독』의 작품세계처럼 예언, 주술적 치료, 미신 등등 도저히 합리적으로는 이해할 수 없는 일로 가득하다는 것이다(García Márquez, 1983: 61).

사실 라틴아메리카의 마술적 사실주의는 단순히 상상력의 소산이

나 미학적 변조가 아니다. 그것은 라틴아메리카 특유의 역사적 조건
이 낳은 독특한 문학 양식이다.[15] 아스투리아스는 마술적 사실주의
가 종교나 컬트 신앙에 경도된 선주민들의 의식구조와 관계있다고
말하는데(Lorenz, 1970: 49-50), 이런 상관관계는 역사적 유산이며 그 기
원은 식민시대로 거슬러 올라간다. 식민시대에 선주민들은 물론 대
부분의 메스티소나 심지어 크리오요까지도 신분상승이 전면적으로
혹은 일정 부분 봉쇄된 삶을 살아야 했다. 개인의 노력을 통해, 혹
은 합리적인 평가를 받아 신분상승이 불가능한 현실에서 종교나 컬
트 신앙을 통해 위안을 구하는 것은 식민지시대 삶의 양식의 특징
적인 현상이었다. 그리고 라틴아메리카의 이러한 역사적·사회적
특징이 20세기 마술적 사실주의의 기원이 되었다는 것이 윌리엄 로
와 비비안 셸링의 견해였다(Rowe y Schelling, 1991: 23).

　종속이론가들 혹은 20세기 초반의 인류학이나 사회학은 라틴아메
리카에 만연된 이런 마술적 의식구조를 두고 식민잔재라든가 주술
이라고 치부한 바 있다. 그러나 마술적 의식구조는 식민잔재나 주술

---

15) 이 점에 있어 보르헤스는 예외이다. 마술적 사실주의에 대한 고찰에서 빠뜨릴 수
　없는 에세이인 「서사예술과 마술」(1932)에서 보르헤스는 서사의 사실성 여부를
　따지지 않고 그대로 맹목적으로 받아들일 때 새로운 현실(텍스트 현실)이 탄생하
　고, 이런 서사가 마술적이라는 견해를 피력한다(Borges, 1981: 230-232). 보르헤스
　가 '마술'이라는 용어를 사용한 것은 프레이저의 『황금가지』의 영향이다(Chiampi,
　1983: 57). 그러나 누구의 영향을 받았든 간에, 보르헤스는 현실이 마술적인지 아
　닌지는 관심이 없다. 문학에 있어 현실과 텍스트 현실을 결부시킬 필요가 없다는
　말을 하고 싶었을 뿐이다. 보르헤스를 마술적 사실주의로 분류해야 하는지에 대
　한 논란이 끊이지 않았던 것은 바로 그가 카르펜티에르나 가르시아 마르케스와는
　달리 라틴아메리카의 현실이나 역사와 무관하게 마술이라는 개념을 사용했기 때
　문이다.

이기 이전에 식민지시대부터 뿌리를 내린 역사적 조건이었으며, 20세기에 접어들어서도 마술적 의식구조를 탄생시킨 사회적 현실은 본질적으로 변하지 않았다. 물질적 조건이나 시민사회의 참여라는 측면에서 라틴아메리카 각국은 여전히 대중을 충분히 충족시키지 못하고, 소외된 이들의 불만을 조절할 메커니즘도 여전히 제대로 작동하지 못해 1960-70년대의 각종 혁명으로 분출될 정도였다.

마술적 혹은 주술적 사고가 근대에 접어들어서도 일상의 삶에 잔존하는 현상은 라틴아메리카 근대의 특징이기도 하다. 라틴아메리카의 근대는 여러 가지 근대 기획이 시간적 차이를 두고 작동하였다. 과연 라틴아메리카 근대의 시작을 어느 시점으로 잡을 것인가는 분명 논란거리이다. '신대륙'이 '발견'되고 아메리카가 유럽 경제와 긴밀한 관계를 맺기 시작한 16세기를 기점으로 잡을 수도 있고, 계몽주의와 자유주의에 기초한 국민국가 건립의 이념, 즉 정치적 근대성에 대한 의식이 생긴 독립 시기를 기점으로 잡을 수도 있다. 또 원자재 공급의 역할을 담당하면서 세계분업체제의 한 축을 담당한 19세기말이나 사회경제적 기준에 따라 산업화와 도시화가 어느 정도 성숙된 20세기 중반기의 수입대체산업화 시기 역시 근대의 기점으로 잡을 수 있다. 또한 미국-스페인 전쟁(1898)에서 쿠바혁명에 이르기까지의 신식민주의적 질서를 극복하려는 해방기획을 기점으로 상정하는 것 역시 가능하다. 근대의 기점을 이렇게 상이하게 상정할 수 있는 라틴아메리카의 현실을 두고 가르시아 칸클리니는 다시대적 이질성(heterogeneidad multitemporal)이라고 정의한다(García Canclini,

1990: 72). 즉 전통적인 요소나 '식민잔재'가 새로운 시대에 걸맞은 무엇인가로 대체되지 못하고 새로운 것과 뒤섞여 혼재하는 양상이 라틴아메리카 근대의 전통이자 역사적 조건이 되었다는 의미에서이다. 결국 '비이성적'인 마술적 사고가 서구 이성 패러다임의 적자인 사실주의와 결합한 마술적 사실주의는 단순한 문학기법이나 사조가 아니라 다시대적 이질성이라는 라틴아메리카의 근대성에 바탕을 둔 문화 양식이자 문학 양식이다.

3. 문화적 주체성 추구와 마술적 사실주의

라틴아메리카의 현실이 마술적 사실주의라는 문학 양식으로 귀결되기까지에는 또 다른 과정이 필요했다. 현실이 마술적이기 때문에 혹은 마술적 의식구조가 존재하기 때문에 문학이 자동적으로 마술적이 된 것은 결코 아니다. 이는 문학에서의 마술적 사실주의 양식이 20세기 중반에야 나타났다는 점이 입증해준다. 과달루페 성모 숭배나 잉카 군주가 메시아가 되어 재림할 것이라는 마술적 신앙을 비롯해, 신화와 전설, 민담, 제의, 민속, 음악 등 여러 분야가 마술과 현실의 가교가 되어왔지만, 20세기 초반까지의 제도권 문학이 마술적 세계관을 담고 있다든가 아니면 그저 마술적 모티브라도 사용한 예는 흔치 않았다. 마술적 사실주의 문학은 제국주의의 사슬로부터의 해방과 국민통합을 통한 진정한 국민국가 건설이 라틴아메리카

20세기 근대기획의 주 과제가 되고, 그 전략의 일환으로 문화적 주체성의 필요성이 담론화된 후에야 꽃필 수 있었다.

라틴아메리카 20세기의 문을 연 두 사건은 1898년 미국의 쿠바 침략과 1910년의 멕시코혁명이다. 첫째, 라틴아메리카의 20세기가 1898년 미국의 쿠바 침략으로 시작되었다는 주장은 이 사건이 격동의 라틴아메리카 20세기 역사를 특징짓는 반제국주의 담론 형성의 시발점이기 때문이다. 다른 라틴아메리카 국가들과는 달리 뒤늦게 스페인에서 독립한 쿠바는 곧바로 미국의 세력권에 편입되었고, 이를 전후하여 호세 마르티의 「우리 아메리카」(1891)나 호세 엔리케 로도의 『아리엘』(1900)이 반제국주의 담론 형성의 초석을 다졌다.

둘째, 멕시코혁명은 실증주의를 지배이념으로 내세운 과두 계층을 뒤흔든 사건이다. 비록 피지배층의 욕구가 이렇듯 대혁명으로 급격하게 분출된 예는 멕시코밖에 없으나, 라틴아메리카의 과두 계층은 1차 대전의 여파로 인한 1차 산품 가격의 하락, 이에 따른 경제난과 대중의 정치적 도전으로 위기를 맞고 있었고(Carmagnani, 1984: 176-178), 이런 혼란 속에서 국민통합 문제가 국가적 과제로 대두되었다. 19세기 초 스페인에서 독립한 후에 내전, 카우디요의 전횡, 과두 지배체제의 고착 등의 외중에서 실종되어버린 국민통합이라는 근대 기획이 본격적으로 논의되기 시작한 것이다.

외부지향적 해방기획과 내부지향적 국민통합기획이라고 정의할 수 있을 위의 두 움직임은 사회변혁을 위해 문화적 주체성 고양을 주요 과제로 삼았다. 해방기획은 미국 제국주의를 극복할 방안으로 마르티처럼 라틴아메리카의 혼혈적 특징(mestizaje)에 자긍심을 부여하거나 로도처럼 미국식 물질문명 대신 정신적 가치의 고양을 부르짖었고, 국민통합기획은 정치적, 경제적 조건이 성숙하지 못한 상황에서 사회적 불만을 타파하고 국민을 통합시키기는 방안으로 전통문화의 복원을 부르짖었다. 결국 외부적으로는 반외세를 천명하고 내부적으로는 국민을 결속시키는 방안을 모색하는 과정에서 문화적 민족주의 담론을 개발해 낸 셈이다.16)

물론 해방기획이 맹목적 반보편주의로 흐를 때도 있었기에 과연 진정한 포스트식민성을 획득했느냐는 의문이다. 또, 국민통합기획의 경우 포퓰리즘에 불과하거나 지식인들의 지적 권력 추구 게임일 뿐이라는 반론도 있었다. 그러나 서구가 주술로 격하시키거나 호기심의 대상쯤으로만 여기던 마술적 세계관이이나 제례가 이성과 동등

---

16) 마르티는 「우리 아메리카」에서 미국의 제국주의적 공세에 대항하기 위해 "사상의 진지"를 구축할 것을 주장한다(마르티, 2013b: 298). 이를 위해 라틴아메리카인의 토착성을 존중하는 교육과 문화를 구축해야 한다(마르티, 2013b: 310-303). 로도는 라틴아메리카인의 미래가 미국의 천박한 실용주의 노선 도입보다는 그리스에서 발현되어 스페인, 라틴아메리카로 면면히 이어진 인문주의적 라틴문화 전통의 회복에 달려있다고 보았다(Rodó, 1957: 208-213). 두 사람 모두 해방기획의 과제로 문화적 주체성의 확립을 언급하고 있다. 국민통합기획에 따른 문화적 주체성 확립은 크게 두 가지로 구분할 수 있다. 국가 주도의 국민통합기획과 지식인 주도의 국민통합기획이다. 국가 주도의 대표적 경우는 멕시코 혁명정부의 문화 정책과 페루의 레기아 2기 정권(1919-1930)의 선주민 정책을 들 수 있다. 지식인 주도의 대표적 예는 선주민주의의 대변자 호세 카를로스 마리아테기와 문화횡단(transculturación) 개념으로 아프로쿠바주의를 뒷받침한 페르난도 오르티스를 들 수 있다. 이들은 각각 잉카 문화와 아프리카 문화의 계승자인 페루와 쿠바의 대중이 자신의 문화적 정체성을 회복하고 자긍심을 가질 수 있도록 노력했다.

한 위치를 획득하기 위해서, 그리하여 마술적 세계와 '사실적' 세계의 공존이 전혀 이상한 일이 아님을 문학적으로 형상화시킨 마술적 사실주의가 탄생하기 위해서는 문화적 주체성 고양이 필수불가결한 과정이었다.

라틴아메리카의 문화적 주체성을 탐구하는 과정이 마술적 사실주의로 귀결되었음에도 불구하고 마술적 사실주의는 여전히 실체 자체가 의심받아왔다.[17] 1973년 미시간에서 열린 마술적 사실주의 심포지움에서 로드리게스 모네갈은 마술적 사실주의 논쟁을 "귀머거리들의 대화"(재인용, Mena, 1975: 395)라고 폄하하였다. 실체도 없는 마술적 사실주의를 두고 부질없는 논쟁을 벌인다는 의미에서였다. 그럼에도 불구하고 마술적 사실주의가 적어도 문화적으로는 실체가 있는 범주라고 보는 또 다른 이유가 있다. 마술적 사실주의는 라틴아메리카의 해방기획이나 국민통합기획이 낳은 문화적 담론인 동시에 서구의 문화적 맥락과 유기적인 관계가 있기 때문이다. 에밀 볼렉은 마술적 사실주의는 라틴아메리카의 문화상품으로, 서구문화를 수입, 가공하여 재수출한 것이라는 극단적인 견해까지 피력하는데 (Volek, 1990: 11), 사실 마술적 사실주의의 탄생에는 1차 세계대전을

---

17) 마술적 사실주의의 범주 설정에 혼란을 야기한 요인들은 1) 마술적 사실주의가 원래 회화 양식을 일컫는 용어였고, 2) 마술적 사실주의 작가로 흔히 분류되는 보르헤스나 카르펜티에르, 심지어 가르시아 마르케스까지도 마술적 사실주의로 분류되기를 거부하며, 3) 마술적 사실주의가 여러 단계에 걸쳐 전개되면서도 각 단계 간에 특별히 유기적인 관계를 찾기 힘들고, 4)『백년의 고독』의 상업적 성공으로 마술적 사실주의와 이 작품을 동일시하는 오류가 심각했고, 5) 라틴아메리카 문학이 서구에 수용되면서 마술적 사실주의를 둘러싼 서구와 라틴아메리카의 현격한 시각 차이가 생겨났기 때문이다(우석균, 2000: 690-692).

전후해 서구에서 고조된 서구 문명에 대한 회의와 위기감이라는 문화적 맥락이 커다란 영향을 끼쳤다. 특히 카르펜티에르에게 슈펭글러의 영향은 결정적이라고 에체바리아 곤살레스는 말한다. 서구문명이 주기를 다하여 몰락하고, 다른 지역에서 새로운 문명이 융성할 것이라는 슈펭글러의 예언은 이미 멕시코혁명 직후의 국민통합기획에서도 커다란 영향을 끼쳤지만, 그로부터 20년 후인 2차 세계대전 발발 전후의 라틴아메리카에 지속적인 영향력을 행사했다. 스페인 내전으로 슈펭글러의 예찬자이자 그를 스페인어권에 소개한 오르테가 이 가셋의 제자들이 라틴아메리카로 건너온 탓이다. 게다가 2차 세계대전은 유럽에 거주하다 전쟁을 피해 귀국한 라틴아메리카 지식인들에게 라틴아메리카 현실을 재발견할 기회를 주었는데, 이때 슈펭글러의 예언은 라틴아메리카의 미래에 대한 낙관적 전망을 품는 데 커다란 도움이 되었다. 슈펭글러가 새로운 문명론뿐만 아니라 원시적 사고방식의 특징인 비성찰성(irreflexividad)을 이성보다 우위에 둔 점이(González Echevarría, 1993: 151-153) 카르펜티에르가 라틴아메리카 현실을 보는 새로운 눈을 뜨게 해주었다. 1차 세계대전 전후의 정신분석학, 전위주의, 인류학 등 여러 분야에서 무의식, 비합리성, 주술 등에 호기심을 나타내거나, 나아가 이들을 이성 중심의 서구 문명의 대안 내지 탈출구로 여기기까지 하던 문화적 맥락에 슈펭글러가 위치해 있었음은 물론이다. 그리고 카르펜티에르는 라틴아메리카처럼 '원시적' 사고가 만연한 땅도 서구식 이성주의의 도입 없이도 문명의 발전을 이룩할 수 있다는 낙관적 전망을 슈펭글러를 통해 얻은 것이다. 이렇게, 라틴아메리카 나름대로의 문화적 주체성 회복운동의 성과인 정체성에 대한 자부심이 서구/라틴아메리카의 차이를 이성/마술의 차이로 공식화하기까지에는 문화적 맥락이 크게 작용했다.

4. 마술적 사실주의, 포스트모더니즘, 포스트식민주의

앞에서 살펴본 것처럼 마술적 사실주의는 라틴아메리카의 역사적, 사회적, 문화적 토대 위에서 꽃을 피웠다. 그러나 최근의 마술적 사실주의 연구는 마술적 사실주의를 마치 보편적인 예술양식인 것처럼 다루고 있다. 물론 그럴만한 근거는 있다.

첫째, 마술적 사실주의라는 용어는 원래 서구에서 탄생하였다. 비록 낭만주의의 문학관에 반하는 부정적인 범주로 사용했지만, 노발리스가 이 용어를 처음 썼다(Volek, 1990: 4). 마술적 사실주의라는 용어의 전파에 결정적인 역할을 한 사람은 프란츠 로이다. 그는 독일의 후기 표현주의(신즉물주의) 회화 양식을 마술적 사실주의라고 정의하고, 나아가 이탈리아, 프랑스, 스페인 회화에도 마술적 사실주의 양식이 일부 존재함을 역설했다.[18] 게다가 비슷한 시기 이탈리아

---

18) 프란츠 로의 책 부록에는 90점 정도의 그림이 실려 있다. 후기 표현주의와의 대비를 위해 다른 경향의 작품도 소개하고 있지만 주로 후기 표현주의 작품들이다. 그로스, 딕스, 슈림프, 카놀트 등의 독일 화가들 외에도 프랑스의 앙리 루소, 이탈리아의 카라, 키리코, 스페인의 미로, 피카소 등의 그림들이다.

작가 본템펠리도 미술과 문학에서 미래주의를 극복하고 마술적 사실주의를 구현해야한다고 주장하였고(Menton, 1983: 16), 미국에서도 1차 세계대전 이후 자생적으로 1943년 <미국의 사실주의 작가 및 마술적 사실주의 작가전>(American Realists and Magic Realists)이 열린 바 있다(Menton, 1983: 9). 그리고 한동안 역사 뒤편으로 사라졌다가 하이퍼 리얼리즘, 슈퍼 리얼리즘, 새로운 리얼리즘, 포토 리얼리즘 등등의 명칭으로 1960년대에 즈음하여 다시 소생했는데, 마침 라틴아메리카 문학이 서구에 활발히 소개되던 무렵이라 새로운 회화 양식을 통칭하여 마술적 사실주의라고 부른 적도 있었다(Menton, 1983: 93-105).

둘째, 마술적 사실주의와 서구 문학기법과의 유사성 때문이다. 마술적 사실주의에 속하는 작가들은 라틴아메리카 문학기법의 현대화를 성취한 이들이다. 라틴아메리카 문학에 만연하던 자연주의나 사회주의적 사실주의를 극복하고자 영미 모더니즘이나 프랑스 전위주의 기법을 수입하였다. 따라서 서구가 마술적 사실주의를 적극 수용하게 되면서, 마술적 사실주의가 보편적 문학 현상이라는 느낌을 받은 것은 당연한 일이었다. 특히 흔히 마술적 사실주의 작가로 분류되는 카르펜티에르, 아스투리아스, 우슬라르 피에트리 등은 청년 시절에 파리에서 초현실주의와 직접 접한 적이 있었기 때문에[19] 마술적 사실주의가 초현실주의의 영향이 아닌가 하는 의구심의 대상이

---

19) 이들이 1920년대 말에서 1930년대 초에 파리에서 교분을 쌓고, 초현실주의를 접하고, 초현실주의 미학의 전유 혹은 극복을 고민했다는 사실을 마술적 사실주의 탄생의 주요 요인으로 보는 견해도 있다(Siskind, 2015: 65-66).

될 수밖에 없었다. 그밖에도 마술적 사실주의 탄생 초기에는 환상문학과의 연관성이 거론된 적이 있으며, 또 특정 유파와의 상관성을 탐색하는 것 이외에도 마술적 사실주의가 『데카메론』, 『천일야화』, 『돈키호테』 등 서구 고전에 이미 존재하던 양식이라는 주장도 있고 (Parkinson Zamora y Faris, 1997: 2-4), 미국의 로망스가 이미 마술적 사실주의적 요소를 가지고 있었다고 주장하면서(Ude, 1981: 30) 문학에 있어서의 마술성을 보편적 현상으로 보는 견해들도 있었다. 또한 1980년대 이후에는 마술적 사실주의가 포스트모더니즘의 요소를 지니고 있음을 지적하는 이들이 늘어났다.

셋째, 포스트식민주의적 마술적 사실주의를 전 세계적 장르로 파악하려는 시도를 했다. 예를 들어 포스트식민주의 관점에서 1960년대에 가장 의미심장한 주변부 문학양식은 라틴아메리카의 마술적 사실주의와 소잉카, 벤 오크리 등의 피식민 경험이 있는 영어권 마술적 사실주의이다(Durix, 1998: 102). 또한 포스트식민주의 문학이론에서 대항 담론(counter-discourse)으로서의 탈식민문학을 주창한 슬레몬이나 티핀 역시 영어권 지역에서도 마술적 사실주의가 유효한 대항 담론이 될 수 있음을 천명하면서(Slemon, 1988: 9-10; 티핀, 1992: 39) 마술적 사실주의의 지평을 캐나다, 호주, 뉴질랜드, 인도, 파키스탄, 남아프리카 공화국 등으로 넓혔다. 살만 루시디가 마술적 사실주의로 분류되거나, 1960년대 후반 캐나다의 문학이 '전통' 문학과 결별하면서 마술적 사실주적 특징을 지니고 있다는 식의 평가는 이제 그리 낯선 것은 아니다. 또한 1956년 소르본느 대학에서 열린 제1회

흑인작가회의에서 아이티 소설가 자크 스테판 알렉시는 「아이티인의 경이로운 사실주의에 관하여」라는 강연을 통해 프랑스어권 구식민지도 마술적 사실주의와 유사한 문학적 관심이 있다는 점을 주장했다(Siskand, 2015: 81).

그렇지만 이런 사례를 들어 라틴아메리카 마술적 사실주의의 역사적, 문화적 맥락을 고려하지 않고 보편적 문학현상으로 규정하는 것은 그다지 설득력이 없다. 몇몇 사례는 이미 그 허구성이 충분히 입증되었다. 예컨대 후기 표현주의, 초현실주의, 환상문학, 하이퍼 리얼리즘 등의 경우 마술적 사실주의와 아예 역사적으로 다른 맥락에서 탄생하였거나, 마술적 사실주의라는 용어 자체만 공유할 뿐 전혀 다른 범주를 지칭한다.[20] 마술적 사실주의를 포스트모더니즘이나 포스트식민주의의 한 경향으로 보는 시각 역시 문제의 소지가

20) 1차 세계대전의 혼란을 겪은 독일이 안정을 희구하면서, 표현주의의 실험정신 대신 소박한 일상에서 어떤 영적인 것, 즉 마술성을 느껴보자는 것이 후기 표현 주의였다(Menton, 1983: 26-27). 카르펜티에르의 경이로운 현실과 마술적 사실주의가 동일 범주인지 아닌지는 뜨거운 논쟁의 대상이었지만, 만일 그를 마술적 사실주의 작가로 본다면, 카르펜티에르는 초현실주의와 마술적 사실주의의 차이에 대해 분명히 선을 긋고 있다. 초현실주의가 경이로움을 추구하는 것은 "문학적 속임수"(Carpentier, 1991: 390-391)에 불과하다는 것이다. 카르펜티에르의 경이로운 현실 개념과 초현실주의 경이로운 현실 개념과의 차이 혹은 마술적 사실주의와의 차이에 대해서는 이미 여러 글에서 다루어졌다(Márquez Rodríguez, 1982: 29-51; Karp, 1982: 99-116D; Rodríguez Monegal, 1971: 619-630). 하이퍼 리얼리즘이나 이와 유사한 포토 리얼리즘을 마술적 사실주의와 동일시하는 것도 문제이다. 움베르토 에코가 말하는 하이퍼 리얼리즘은 근본적으로 언어나 역사가 허구적이라는 전제 하에 표면적 혹은 표층적인 현실의 사실성을 추구하는 데에 만족하는 것이기 때문에 역사적, 문화적 맥락의 소산인 라틴아메리카 마술적 사실주의와는 다르다.

많다. 포스트모더니즘은 전 세계적으로 강력한 영향력을 행사하고 있을 때도, 신자유주의적 세계화의 첨병일 뿐이라는 의혹을 산 바 있다. 이에 따라 신자유주의가 신식민주의적 상황을 고착시킬 지도 모른다는 비판적 인식을 지닌 이들은 포스트모더니즘을 극복할 방 안으로 포스트식민주의를 내세웠다(Tiffin, 1988: 170-172). 따라서 포스 트모더니즘과 포스트식민주의가 공히 마술적 사실주의를 포용하려 는 것은 확연한 모순처럼 보일 수밖에 없다.21) 물론 포스트모더니 즘과 포스트식민주의가 마술적 사실주의를 제대로 수용했는지는 또 다른 논란거리이지만 말이다.

포스트모더니즘이 마술적 사실주의를 수용하는 방식은 다양하다. 한 예로 웬디 패리스는 마술적 사실주의의 메타픽션, 언어의 마술 성, 천연덕스러운 서사 기법(스토리텔링), 반복적 서사 기법, 등장인물 들의 자유로운 변신, 기존 질서에 대한 반발, 고대로부터 내려온 민 간신앙과 지식의 차용, 집단적 무의식에 의거한 마술성, 카니발화 등이 포스트모던적이라고 규정한다(파킨슨 사모라·패리스, 2001: 164-180). 그런데 이런 방식의 수용은 포스트모더니즘이 라틴아메리카의 마술적 사실주의에서 역사적, 문화적 맥락을 삭제한다는 방증이 된 다.

---

21) 물론 스피박은 "탈식민주의 자체가 주체와 타자, 중심과 주변, '우리'와 '그들'식 의 이항대립적 논리에 얽매여 있기 때문에 해체의 대상인 식민주의의 인식과 재 현의 틀을 오히려 재생산해내고 있다는 점"(이경원, 1998: 760)을 경계하기도 한 다. 그러나 뒤에서 논하겠지만, 적어도 포스트식민주의는 포스트모더니즘처럼 마술적 사실주의의 역사성을 부정하지 않는다.

가령, 심킨스는 메타픽션으로서의 마술적 사실주의를 논한다. 논의의 출발점은 서구의 사실주의적 서사가 이루지 못한 '완벽한 재현', 즉 언어와 현실의 간극을 극복하리라는 이상을 마술적 서사로 보완하여 달성하려는 것이 마술적 사실주의라는 정의에서이다. 보르헤스의 「끝없이 두 갈래로 갈라지는 길이 있는 정원」과 가르시아 마르케스의 『백년의 고독』을 분석하면서, 소설은 결국 현실이 아니라 텍스트일 뿐이라는 제약 때문에 마술적 사실주의의 시도는 실패할 수밖에 없다고 주장한다. 그리고 남는 것은 재현 과정에 있어서의 의미 손실을 극복하려는 고통스런 자의식을 끊임없이 반영하는 메타비평적 담론일 뿐이라고 말한다(파킨슨 사모라·패리스, 2001: 123-143). 주지하다시피, 1960년대 이래 포스트모더니즘 소설의 대표적 경향의 하나인 메타픽션은 현실에 대한 인식론적 한계와 사회변혁에 대한 낙관적 전망 상실의 소산이다. 따라서 마술적 사실주의를 메타픽션으로 수용하는 태도는 라틴아메리카의 문화적 주체성을 적극적으로 개진한 마술적 사실주의의 성과를 도외시한 것이다.

마술적 사실주의를 스토리텔링의 대명사인 듯 하는 수용 태도도 문제점을 안고 있다. 미국이 마술적 사실주의를 주목하게 된 데에는 존 바스의 공헌이 크다. 대표적인 포스트모더니즘 작가인 바스는 가르시아 마르케스와 이탈로 칼비노가 빠져 있는 어떠한 문학클럽에도 회원으로 가입하고 싶지 않다는 극찬을 보낸 바 있다(바스, 1985: 107). 그러면서 가르시아 마르케스를 높이 평가하는 이유로 스토리텔러의 대가인 포스트모더니즘 작가라는 점을 들고 있다(바스, 1985:

118). 물론 가르시아 마르케스의 스토리텔링 능력을 높이 평가하는 바스의 태도는 비판할 일은 못될지도 모른다. 애초에 서구가 『백년의 고독』에 즉각적으로 열광적인 찬사를 보낸 이유가 모더니즘, 실존주의 소설, 누보로망, 메타픽션, 반소설 등으로 이어져 내려오는 '이야기 없는' 소설 계보에 대해 염증을 느끼는 독자가 많아졌기 때문이다. 그리고 1970년대 중반 포스트모더니즘이 새로운 변신을 꾀할 때, 『백년의 고독』식의 스토리텔링이 대안으로 떠올랐다. 이를테면 린다 허천은 문학, 역사, 서사의 영역을 통합하는 사료적 메타픽션(historiographic metafiction)이 새로운 조류라고 정의했으며, 『백년의 고독』이 그 예가 될 수 있음을 지적했다. 그리고 이에 따라 이 소설이 메타픽션이면서도 정치성과 역사성을 띠고 있음을 환기시켰다(김욱동 편, 1996: 154-155). 그러나 린다 허천의 재평가에도 불구하고, 스토리텔링으로서 그리고 나아가 사료적 메타픽션으로서 마술적 사실주의를 수용한다고 해서 라틴아메리카 마술적 사실주의처럼 거대담론으로서의 역사의 중요성을 재발견한 것은 아니었다. 앞서 에코의 하이퍼 리얼리즘의 표피성이 마술적 사실주의와 다르다는 지적을 했지만, 1980년대 미국에서 자서전 소설이나 전기문학, 미니멀리즘이 유행했던 현상은 스토리텔링이 개개인의 역사나 제한된 공간의 소소한 일을 이야기하는 데 주로 쓰였음을 보여준다(권택영, 1995: 310). 이런 식의 마술적 사실주의 수용은 결국 기법의 차용에 그친 것과 진배없다.

물론 마술적 사실주의가 역사적, 사회적 맥락과 긴밀한 연관을 지닌 거대담론의 성격을 띠고 있다는 통찰력을 발휘한 비평가들도 있다. 가령 제임슨은 전(前) 자본주의적 양상과 새로이 태동하는 자본주의적 양상이 공존하는 라틴아메리카의 특수한 상황에서 마술적 사실주의가 탄생했다고 주장하였다(Jameson, 1986: 311). 또 마술적 사실주의가 후기 자본주의의 문화 논리인 포스트모더니즘의 이미지 소비성향과는 다른 서사 논리라고 말하면서, 마술적 사실주의가 포스트모더니즘의 대안이 될 가능성을 거론하였다(Jameson, 1986: 302). 모레티는 『백년의 고독』은 마콘도가 근대 세계체제에 편입되는 과정을 그린 불균등 복합 발전에 관한 소설이라고 규정한다(모레티, 2001: 372). 고립된 작은 마을이던 마콘도가 외부와 접촉하기 시작하면서 이념 투쟁과 제국주의를 겪고, 기술문명이 물밀 듯이 밀려오면서 전통적 삶에 혼란을 야기한 이야기를 다룬 소설임을 주목한 것이다.

마술적 사실주의에 거대담론의 옷을 입히려는 제임슨과 모레티의 시도는 좀 더 체계적이고 실증적인 후속 연구로 발전하지 못했다. 또 각각 서구 관점의 자본주의론과 세계체제론에 입각해 있다는 점에서 비판의 여지도 많다. 그러나 적어도 라틴아메리카 마술적 사실주의가 전근대적 전통의 잔재인 주술적 사고방식이 아니라 근대의 발명품이라는 점을 분명하게 통찰하고 있다. 즉, 전통이 완전히 소멸되지 않고 새로운 시대의 사고방식과 뒤섞이는 것이 전통이 되어 버렸으며, 늘 서구와의 관계 설정에 고심해야하는 지극히 라틴아메리카적인 근대의 발명품임을 인식하고 있는 것이다. 그러나 과연 두 사람이 라틴아메리카적 근대의 처절한 목표의 하나인 문화적 주체성에 대한 열망을 얼마만큼이나 치열하게 인식하였는지, 또 이를 올바로 인식했다하더라도 서구와 라틴아메리카의 차이에 대해 얼마만큼이나 서구를 설득시켰는지는 의문이다. 제임슨만큼이나 포스트모더니즘을 비판, 극복하려 했으며, 모레티만큼이나 포스트모더니즘의 텍스트주의를 경계하며 문학의 사회적 기능(인종, 제국, 젠더 등에 대한 관심)을 일정 부분 복원하려는 포스트식민주의가 등장했음에도 마술적 사실주의는 여전히 메트로폴리스의 담론을 통해 재조명되는 운명에 사로잡혀 있다는 점도 경계해야 할 것이다.

에드워드 사이드의 『오리엔탈리즘』이 출간된 1978년에 포스트식민주의의 새로운 지평이 열렸음은 의문의 여지가 없다. 가령, 사이드는 이 책의 서문에서 계몽주의 시대 이후의 유럽이 정치적, 사회적, 군사적, 이념적, 과학적 또는 상상력을 통한 동양 지배가 가능했던 것은 오리엔탈리즘 담론의 정립 덕분이라고 말한다(사이드, 1996: 16). 『오리엔탈리즘』이 출간된 이후 슬레몬이나 티핀은 오리엔탈리즘 담론을 극복하기 위한 대항 담론에 대해 성찰하면서 포스트식민주의의 주요 글쓰기 전략에 대하여 논하였다. 서구 지배 담론의 폐기, 전유, 되받아 쓰기 등은 포스트식민주의의 전략적 글쓰기 사례이다(김성곤, 1992: 24-26). 그런데 포스트식민주의가 이론화된 이후 마술적 사실주의에 접근하는 방식은 이러한 맥락에서였다. 슬레몬의 「포스트식민 담론으로서의 마술적 사실주의」(1988)나 장 피에르 듀릭스의 『미메시스, 장르, 포스트식민 담론: 마술적 사실주의 해체하기』(1998)에서 시도한 바로 그대로이다. 이런 방식의 접근이 지닌 문제점은 마술적 사실주의가 사이드의 『오리엔탈리즘』이나 포스트식민주의 이론이 정립되기 이전부터 신식민주의적 질서에 강력히 도전했다는 역사적 사실을 간과하고 있다는 점이다. J. S. 알렉시가 이미 1950년대에 주장한 경이로운 사실주의 역시 같은 '오류'를 범했고,[22] 그 결과 이제는 마술적 사실주의와 경이로운 사실주의를 포스트식민주의의 틀에서 재단하기에 이르렀다.

물론 마술적 사실주의에는 포스트식민주의의 주요 논리인 대항담론적 특징이 당연히 존재한다. 마술적 사실주의와 경이로운 사실주의가 포스트식민성을 공유한다는 평가도 주변부 문학이 국지적 문학이 아니라 보편적 문학임을 인정하는 것이니 부정적으로만 볼 일도 아니다. 또, 특정 문학 현상이 발생한 이후에 이론 정립이 이루어지는 것도 얼마든지 있어 왔던 일이다. 하지만 포스트식민주의의 역사인식이나 이론 정립 과정을 들여다보면 포스트식민주의가

---

22) 경이로운 사실주의는 유사한 역사적 경험과 문화적 맥락으로 해서 스페인어권의 마술적 사실주의와 전혀 다르다고는 할 수 없다. 다만 경이로운 사실주의는 전 세계에 퍼져 나간 모든 흑인들의 동질성을 가정하고, 흑인들이 식민시대 이전의 아프리카 문화를 복원해야 한다고 주장한 네그리튀드 운동의 한계를 뛰어넘기 위한 것이었다는 점에서(Durix, 1998: 72-73) 마술적 사실주의와 전적으로 동일하다고는 할 수 없다. 경이로운 사실주의는 윌슨 해리스나 J. 마이클 대쉬 등의 전폭적인 지지를 받으면서 네그리튀드 운동이 신식민주의적 억압기제일 뿐임을 고발하는 포스트식민주의로 발전한다. 네그리튀드 운동처럼 식민적 과거와의 단절을 주장하는 것은 식민지시대를 살던 선조들의 정체성이나 문화를 스스로 송두리째 부정하는 것이고, 따라서 피식민지인의 존재를 부정하는 식민적 사고를 주입시켜 식민지인에 대한 정신적, 문화적 지배를 용이하게 하고자 한 서구의 식민주의를 암암리에 수용하는 셈이라는 인식 하에서였다(Dash, 1974: 65-66).

과연 마술적 사실주의의 포스트식민성을 정확히 인식할 수 있을까 하는 의문이 생긴다. 마술적 사실주의와 포스트식민주의의 관계를 역사적 맥락에서 고찰하려하기 보다는 글쓰기의 문제로 축소하는 것도 문제이지만, 포스트식민주의는 보통 신식민주의의 시작을 수많은 영국 식민지들이 독립한 2차 세계대전 후로 본다는 점에서 더 큰 문제이다. 포스트식민주의 이론 정립에 기여한 이론가들도 팔레스타인, 캐나다, 호주, 뉴질랜드, 남아프리카 공화국 등에서 태어났거나 활약하고 있는 상황에서 포스트식민주의가 19세기 제국주의 시대에 지배문화로 등장한 영문학의 저항과 회의에서 시작되었고, 기본적으로 불어권이나 스페인어권보다는 영국의 지배 하에서 피식민 경험을 한 국가들이 자신들의 상황과 문제점을 논의하고 해석하기 위한 운동이라고 포스트식민주의를 소개하는(김성곤, 1992: 18-20) 것은 어쩌면 당연한 일이다. 그렇지만 이런 시각 때문에 마술적 사실주의의 라틴아메리카 맥락에서의 포스트식민성은 포스트식민주의 논의에서 부차적인 문제로 전락할 소지가 있다. 바로 이 점이 포스트식민주의가 마술적 사실주의를 수용하는 방식에 경계심을 불러일으키는 요인이다.[23]

---

23) 이 글은 「마술적 사실주의의 근대성: 문화적 주체성 모색을 통한 탈식민서사의 확립」이라는 제목으로 2001년 <라틴아메리카연구> 14(2)호 59-81쪽에 게재되었다.

6부

라틴아메리카 문학은 말한다

라틴아메리카 하위주체 연구

　라틴아메리카 하위주체 연구는 라나지트 구하를 필두로 한 남아시아 하위주체 연구의 직접적인 영향을 받아 태동하였다. 미국 대학의 라틴아메리카 연구자들이 중심이 되어 1992년 연구그룹을 결성했으며, 2000년까지 공동의 연구 활동을 수행했다. 처음에는 그다지 주목을 받지 못했지만, 점차 라틴아메리카 연구에서 독창적이고도 중요한 연구 분야로 자리 잡게 되었다. 남아시아 연구의 직접적인 영향을 받았다고는 하나 라틴아메리카의 변화된 정세에 대한 고뇌와 참신한 문제 제기가 담겨 있음을 인정받은 것이다. 또한 미국 학계를 매개로 한 것이기는 하지만 남아시아와 라틴아메리카 간의 남-남 대화라는 점도 주목을 받았다.

　본고는 먼저 1장에서는 라틴아메리카 하위주체 연구그룹의 태동과 연구 성과물들에 대해, 2장에서는 남아시아 하위주체 연구에 눈을 돌리게 된 시대적 배경에 대해 살펴볼 것이다. 3장에서는 연구그룹의 이론적 가로지르기와 그룹 내부의 상이한 시각들을 다룰 것이며, 4장에서는 라틴아메리카 하위주체 연구그룹을 둘러싼 최대 쟁점에 대해 살펴보고 이에 대한 연구그룹의 입장을 살펴볼 것이다. 마지막으로는 라틴아메리카 하위주체 연구의 의의를 짚어보는 것으로 결론을 대신하고자 한다.

1. 라틴아메리카 하위주체 연구그룹의 태동과 활동

라틴아메리카 하위주체 연구그룹은 미국에서 활동하던 라틴아메리카 연구자들인 존 베벌리, 일레아나 로드리게스, 로버트 카, 호세 라바사, 하비에르 산히네스 등 5인의 주도로 결성되었다. 이들은 급변하는 세계정세 속에서 변화의 방향성에 대해 의구심을 품고 있던 터에, 니카라과 산디니스타 정권의 대선 패배에 충격을 받고 변화된 현실을 설명해 줄 새로운 지적 패러다임을 찾고 있었다. 그때 이들에게 결정적인 지적 영감을 주었던 책이 구하와 스피박이 공동 편찬한 『하위주체 연구 선집』(1988)이다. 라틴아메리카 그룹이 그람시의 하위주체 개념을 전유한 구하에 대해 금방 관심을 두게 된 데에는 스피박의 간접적인 역할이 있었다. 스피박은 이미 「하위주체는 말할 수 있는가?」로 1980년대 미국 학계에 논쟁을 불러일으킨 적이 있을 뿐만 아니라, 존 베벌리 및 일레아나 로드리게스와 더불어 프레드릭 제임슨이 주도한 마르크스주의 문학그룹의 멤버였다.

라틴아메리카 그룹은 1992년 조지 메이슨 대학에서 첫 모임을 가진 후 영어로 작성된 「창립선언문」을 발표했으며, 이 글은 이듬해 비평지 <경계 2>(Boundary 2)에 게재되었다(Latin American Subaltern Studies Group, 1993: 110-121).[1] 일레아나 로드리게스는 조지 메이슨 대학의 모임과 더불어 오하이오 대학(1994), 라이스 대학(1995), 푸에르토리코 대학(1996), 윌리엄-메리 대학(1997), 듀크 대학(1998)의 모임까지 모두 여섯 차례 회합을 가졌다고 회고한다. 그 사이 연구그룹의 저변이 확대되어 10여 명의 핵심 멤버와 10여 명의 또 다른 교류 학자들이 연구를 진행했다. 이는 단지 하위주체 연구자들의 수적인 증가만을 의미하는 것이 아니었다. 이미 조지 메이슨 대학에서의 첫 모임 때부터 인류학자, 역사학자, 라티노 연구 연구자 등이 참여하면서 인문과학과 사회과학의 경계를 넘나드는 것은 물론 개별 분과학문들 사이의 경계도 허물어뜨리려는 시도를 했다. 또한 연구자들의 저변이 확대되면서 포스트모더니즘, 후기마르크스주의, 해체론, 포스트식민주의, 문화연구 등등 다양한 분석틀이 유입되었다. 모임 때마다 각자 원고를 가지고 참석했지만, 원고를 읽기보다 대화에 많은 시간을 할애한 것이 분과학문간 가로지르기와 다양한 분석틀의 유입에 크게 도움이 되었다. 이를 바탕으로 라틴아메리카 그룹은 국가 및

---

1) 이 「창립선언문」은 Beverley, Oviedo and Aronna(1995: 135-146); Latin American Subaltern Studies Group(1996: 1-11), Castro-Gómez y Eduardo Mendieta(1998: 85-100)에도 포함되어 있다. 마지막 텍스트에는 산티아고 카스트로-고메스의 스페인어 번역본이 실려 있다.

계급과 하위주체의 관계, 엘리트와 하위주체, 하위주체성, 여성 하위주체, 종족, 재현과 대표성, 헤게모니와 지배, 차이와 인정, 통치능력(governability)과 시민(citizenship), 식민주의와 하위주체, 문화와 문화정치, 다문화주의, 신사회운동 등등에 대한 풍성한 논의를 할 수 있었다.

조지 메이슨 대학과 오하이오 대학에서의 모임 이후 학술지 <디스포시티오>(Dispositio) 46호에 '아메리카의 하위주체 연구'라는 제목으로 특집을 냈으며,2) 푸에르토리코 대학과 윌리엄-메리 대학의 회합 이후에는 2001년 『라틴아메리카 하위주체 연구 독본』을 출간하고, 듀크 대학 모임을 토대로 2000년 <네판틀라>(Nepantla)3) 창간호에 하위주체 연구 특집을 냈다.4) 이 과정에서 남아시아 하위주체 연구그룹과의 대화를 시도한 것은 어쩌면 당연한 일이었다. 그래서 라이스 대학 모임 때는 라틴아메리카 그룹의 정신적 스승이었던 구하를 초청했다. 듀크 대학 모임은 라틴아메리카 연구그룹으로서는 영광의 순간이었다. 라틴아메리카 그룹 외에도 에르네스토 라클라우, 엔리케 뒤셀, 아니발 키하노, 디페시 차크라바르티 등이 참석했고, 대학 당국자는 하위주체 연구를 듀크 대학 인문학의 모델로 삼겠다는 의사를 피력하기까지 했다. 라틴아메리카 연구그룹의 전성

---

2) 46호는 1994년에 발간되어야 했으나 실제로는 1996년에 발간되었음.
3) 멕시코 선주민어인 나와어로 '중간' 혹은 '중간에 있는'을 의미함. 좀 더 자세한 의미는 글로리아 안살두아에 대한 다음 글에 나온다.
4) 라틴아메리카 하위주체 연구그룹의 기원이나 인적 구성, 연구 활동, 활동중단 경위 등에 대해서는 Rodríguez(2001a, 5-6), Rodríguez(2001b: 1-2, 29-30), 이성훈(2003: 493-494). 존 베벌리와 주고받은 메일들이 많은 도움이 되었다.

기는 2000년까지 지속되었다. 그해 11월 스피박의 주도로 컬럼비아 대학에서 국제 학술대회 <고삐 풀린 하위주체 연구>가 열렸고, 스피박과 구하는 물론 아프리카 및 근동의 하위주체 연구자들이 참석한 이 대회에서 라틴아메리카 하위주체 연구그룹의 위상은 결코 무시할 수 없는 것이었다.

그러나 라틴아메리카 그룹의 위상이 높아지면서 하위주체 연구의 문제 설정이나 방법론에 동의하지 못하는 측의 비판 수위도 높아졌으며 또한 그룹 내부 연구자들끼리의 차이도 부각되기 시작했다. 그리고 외부적 비판과 내부적 차이로 인해 연구그룹의 결속을 유지하는 일이 점점 힘든 일이 되었다. 연구그룹의 모임이 기껏해야 8-10개월 주기로 열렸고, 주로 해당 대학의 지원을 받지 못한 비공식적인 성격의 모임이었으며, 상이한 분과학문 연구자들이 다양한 관심사를 천명하였기 때문에 연구그룹의 동질성은 애초에 기대하기 힘들었을지도 모른다.5) 아무튼 결정적인 해산 동기는 듀크 대학 모임과 <고삐 풀린 하위주체 연구>를 거치면서 하위주체 연구가 '확대'되었다는 사실이었다고 한다. 라틴아메리카 그룹의 역량으로는 감당할 수 없을 만큼 커다란 의제들이 대두되었다는 느낌을 받았던 것이다. 또한 존 베벌리처럼 '하위주체'라는 개념 역시 일정 부분

---

5) 존 베벌리는 메일 인터뷰에서 이와는 다른 이야기를 했다. 모임이 가끔씩 열린 것이 오히려 결속력을 높이는 계기가 되었다는 것이다. 공식적인 지원을 받지 못해 각자 여행 경비를 부담하면서도 적극적으로 모임에 참석하고, 모임이 열리면 숙식을 으레 그룹 동료의 집에서 해결하고, 모임 때마다 2,3일씩 난상 토론을 거치는 과정에서 참여 연구자들은 강력한 소속감을 느끼게 되었다고 한다.

한계가 있지 않나 하는 의구심을 느끼기 시작한 이도 있었다. 라틴 아메리카 하위주체 연구그룹은 결국 컬럼비아 대학의 국제학술대회 이후 활동을 중단하기로 결정하였다.

2. 패배의 경험과 새로운 분석틀의 모색

라틴아메리카 하위주체 연구그룹이 구하를 필두로 한 남아시아 그룹에 눈을 돌리게 된 이유는 무엇일까? 라틴아메리카 연구그룹의 최초의 5인이 산디니스타 정권의 대선 패배에 충격을 받고 현실에 대한 새로운 분석틀을 모색했으며, 그들이 프레드릭 제임슨과 가까운 좌파였다는 점에서 그 해답을 찾을 수 있다. 라틴아메리카의 1960년대는 가히 혁명의 시대였다. 1959년 쿠바혁명의 성공 이후 혁명을 통해 새로운 사회를 건설할 수 있다는 낙관적 전망이 라틴 아메리카 전역에 널리 퍼지게 된 탓이다. 칠레의 살바도르 아옌데 정권을 탄생시킨 원동력이 바로 새로운 사회가 임박했다는 믿음이 야기한 적극적인 현실참여였다. 그러나 1970년대가 진행되면서 그 믿음의 기반은 조금씩 무너지기 시작했다. 심각한 좌우 이념 갈등으로 사회 혼란이 끝없이 되풀이되고, 공산화를 저지해야 한다는 미명으로 집권한 군부의 혹독한 탄압에 신음하고, 군부 쿠데타에 의한 아옌데 정권의 붕괴를 목도하면서였다. 1980년대 라틴아메리카는 또 다른 시련에 직면했다. 1982년 외채위기 이후 '잃어버린 10년'이라고 일컬어질 정도로 극심한 경제위기가 라틴아메리카 전역을 휩쓸었던 것이다. 혁명을 논하는 것 자체가 사치가 된 현실, 게다가 좌파도 경제위기의 책임에서 크게 자유로울 수 없는 상황에서 라틴아메리카 좌파의 존재 기반은 완전히 무너졌다. 1990년 니카라과 대선에서 산디니스타 정권이 보수파에게 패한 사건은 좌파의 존재 기반이 무너졌다는 것을 입증한 사건이었다. 1970년대 퇴색하는 징후가 보이던 좌파의 낙관적인 전망을 되살려준 일이 1979년 산디니스타 정권의 탄생이었기에 충격이 클 수밖에 없었고, 또한 1989년의 베를린 장벽 붕괴에 연이은 것이어서 더욱 파장이 컸다.

라틴아메리카 하위주체 연구그룹의 대다수 멤버는 좌파 출신으로 이 패배의 경험을 딛고 막다른 골목에서 탈출할 방도를 모색하게 되었다. 그들은 참담한 좌절을 경험했음에도 불구하고 마르크스주의의 끈을 결코 놓지 않았다. 이 그룹 창립 멤버들이 현실사회주의의 붕괴 징후가 나타나기 훨씬 오래 전부터 프레드릭 제임슨에게 경도되어 있었다는 사실은 어째서 좌파의 존립기반이 무너졌음에도 불구하고 마르크스주의를 포기하지 못했는지를 시사해준다.6) 제임슨은 쿠바에서 어느 중고등학교를 방문했을 때의 신선한 충격에 대해 토로한 적이 있다. 지식인의 역할에 대한 수업이 따로 개설되어

---

6) 존 베벌리와 일레아나 로드리게스는 제임슨의 제자이자 그가 1970년대 중반 마르크스주의 문학그룹을 만들 때부터 창립 멤버였다. 존 베벌리는 모임의 간사를 역임하기까지 했다. 일레아나 로드리게스는 몇 년 후 미네소타 대학에 '이념과 문학 연구소'(Institute for the Study of Ideologies and Literature)가 설립되었을 때, 제임슨처럼 정치, 문학, 문화를 연계하여 현실을 분석하려는 시도를 했다(Rodríguez, 2001b: 1-2).

있으며, 문화적 소양을 갖춘 현실참여적인 지식인상을 심어주기 위해 애쓰는 모습이 몹시 부러웠다는 것이다(Jameson, 2000: 325). 그런데 제임슨이 역설하는 지식인상이야말로 바로 라틴아메리카 하위주체 연구그룹을 결성한 이들의 자화상이었다. 일레아나 로드리게스, 로버트 카, 마이클 클라크는 자메이카의 마이클 맨리 정권이나 니카라과 산디니스타 정권에 대해 비상한 관심을 기울여 왔고, 존 베벌리는 미국의 반전운동이나 신좌파에 참여하고 중앙아메리카의 연대그룹과도 긴밀한 관계를 유지했으며, 호세 라바사는 게릴라 출신, 파트리시아 시드는 멕시코 학생운동권 출신이고, 마리아 밀라그로스 로페스는 푸에르토리코 사회당과 여성운동에 참여한 경력의 소유자였다(Rodríguez, 2001b: 5). 마르크스주의를 부정하는 것은 그들이 살아온 삶과 현실참여적인 지식인이 되고자 한 신념을 송두리째 부정하는 일이었기에 쉽지 않은 일이었던 것이다.

문제는 패배의 원인에 대한 해답을 제시해 주거나 변화된 현실을 설명할 만한 분석틀이 없었다는 점이다. 패배의 경험이 너무나 치명적이었기에 과거의 분석틀들은 더 이상 신뢰할 수 없었다. 또 최악의 경제위기가 라틴아메리카 전역에 급격한 사회변화를 초래했기 때문에 새로운 분석틀이 절실히 필요했다. 「창립선언문」 서두에 요약되어 있는 것처럼 경제위기는 좌파 기획에 대한 불신만 초래한 것이 아니었다. 경제위기에 대한 책임은 군부정권이나 권위주의적 정권에도 전가되어 정권 퇴진과 급격한 민주화 과정이 뒤따랐다. 경제위기를 틈타 헤게모니를 장악한 신자유주의는 초국가적인 경제적 배치를 강요하였다(Beverley, Oviedo and Aronna, 1995: 135).

라틴아메리카 하위주체 연구그룹이 좌파의 시각을 고수하면서 변화된 현실을 분석하기 위해서는 무엇보다도 먼저 과거에 대한 성찰이 필요했을 것이다. 어째서 패배할 수밖에 없었는가를 깨닫지 못한 채 마냥 마르크스주의를 고집할 수는 없었기 때문이다. 1967년 체 게바라의 죽음은 패배의 원인이 무엇이었는지 일깨워주는 상징적 사건으로 받아들여졌다. 체 게바라는 자기가 대변한다고 믿었던 볼리비아의 선주민 농민이 정작 혁명에 무관심하다고 한탄하는 일기를 남긴 바 있다(Beverley, Oviedo and Aronna, 1995: 139). 이는 계급 개념으로 접근하기 힘든 광범위한 하층민의 존재를 의미했고, 계급투쟁론으로는 그들의 지지를 이끌어낼 수 없다는 뜻이었다. 라틴아메리카 하위주체 연구그룹은 좌파에 대한 반성을 넘어 국민국가 형성이라는 근대기획 자체에도 의문을 표하기 시작했다. 국민국가가 하층민의 이해보다는 토착지배 엘리트 및 식민지배자들의 이해를 대변했다는 역사적 경험 때문이었다. 가령, 니카라과의 소모사 족벌체제는 내부식민의 전형적인 예였고, 1990년 대선에서의 보수파 승리는 네오콘의 지원을 등에 업은 콘트라반군이 산디니스타 정권의 통치능력에 끊임없이 균열을 가져온 결과였다. '민족'이라는 개념 자체도 의심스러운 것이었다. 1992년 노벨평화상을 수상한 과테말라의 리고베르타 멘추의 경우 증언서사 『나의 이름은 멘추』(1982)에서 언어와 문화가 상이한 22개의 선주민 부족이 과테말라에 존재한다는 점을 부각시키고, 선주민 공동체의 비밀을 라디노7)들에게 알려주지 않을 것이며, 알려주어도 이해하지 못할 것이라는 진술을 되풀이하고 있다(Burgoth, 2003: 41). 민족이라는 범주가 라틴아메리카의 다양한 공동체들을 포괄하기에는 너무도 추상적이고 허구적인 개념이라는 것을 역설하고 있는 것이다. 계급이나 민족 혹은 국가를 대신해 현실을 해석할 수 있는 개념이 절실히 필요했던 라틴아메리카 하위주체 연구그룹에게 구하와의 만남은 필연적이었다. 국가, 계급, 인종, 민족, 젠더 등등 그 어느 범주로도 환원되지 않으면서도 지배-종속 관계를 설명하고자 그람시의 하위주체 개념을 전유한 구하에게 영감을 얻었기 때문이다.

라틴아메리카 하위주체 연구그룹은 구하의 방법론을 적극적으로 받아들이면서 근대화, 독재, 정당, 혁명, 메트로폴리스/주변부, 발전, 민족주의, 민족해방이라는 과거의 의제 대신 합의, 다원주의, 민주주의, 하위주체성, 권력 이동, 새로운 세계 질서, 거대 지역을 의제로 삼았다(Beverley, Oviedo and Aronna, 1995: 142). 국가, 계급, 민족에 대한 문제제기나 하위주체를 천착하는 것을 넘어 세계적인 맥락에서 하위주체 문제를 성찰하고자 하는 점이 뚜렷이 눈에 띈다. 실제로 연구그룹은 자신들의 궁극적인 목표가 민주적인 세계 질서 확립에 이바지하는 것이라고 말한다(Beverley, Oviedo and Aronna, 1995: 142). 이렇게 세계적인 맥락을 염두에 두게 된 것은 전 지구화라는 부정하기 힘든 현실 때문이었다. 그러나 연구그룹이 세계적인 맥락으로 관

---

7) 라디노(ladino). 원래는 메스티소를 뜻하는 말이었으나 메스티소는 물론 백인이나 선주민식 삶의 양식을 포기한 선주민들을 폭넓게 지칭하는 말이 되었음.

심을 확장시킨 것을 라틴아메리카 사회변화와 연관시킨다면 크게
두 가지 현상과 관련된다. 첫째, 제반 사회적 갈등에 대해 국가가
중재 능력을 상실하면서 하위주체를 대변할 초국가적 네트워크가
필요해졌다. 경제위기 이후 국가의 힘은 실제로 크게 약화되었다.
라틴아메리카 각국이 저마다 신자유주의 모델을 채택하면서 공적
영역이 축소된 결과이다. 경제위기의 유일한 긍정적 산물인 군부의
퇴진과 급작스런 민주화 과정도 국가의 중재 능력을 상실하게 만들
었다. 군부통치 시절 억눌려져 있던 각종 사회적 욕구가 민주화 과
정에서 한꺼번에 분출될 때, 국가가 그 욕구를 해소하고 중재하는
것은 현실적으로 어려운 일이었다. 또한 민주화가 경제위기 속에서
진행되면서 국가로서는 사회적 불만을 해소할 만한 자원 동원이 불
가능하다시피 한 측면도 있었다. 주적이 국가가 아니라 초국가적 자
본이라는 인식 혹은 국가에 대해 별로 기대할 것이 없다는 인식은
신사회운동 같은 초국가적 네트워크의 결성을 촉진할 수밖에 없었
다. 둘째, 국경이 유동적이 되었다. 군부독재, 경제위기, 전지구화는
라틴아메리카에서 제1세계로의 대규모 이주를 야기했다. 제1세계
내부에 제3세계 하위주체가 대규모로 존재한다는 사실이 하위주체
연구자들로 하여금 세계적인 맥락을 고려할 수밖에 없게 만들었다.

3. 이질적 이론들의 접목과 연구그룹의 내부 분화

앞서 언급한 것처럼 라틴아메리카 하위주체 연구는 구하를 수용하면서 수많은 이론과 접목시켰고 특히 포스트- 이론들이 커다란 영향을 끼치게 된다. 그런데 포스트- 이론들 중 적어도 포스트모더니즘은 라틴아메리카 하위주체 연구자들이 연구그룹을 결성하기 이전부터 이미 개별적으로 많은 관심을 가지고 있었다. 라틴아메리카의 포스트모더니즘 논쟁을 다룬 책이 라틴아메리카 연구그룹의 「창립선언문」을 포함시킨 것이 결코 우연이 아니었던 것이다. 포스트모더니즘의 영향이 유별났던 이유는, 1980년대 경제위기 속에서 라틴아메리카 사회를 해석하는 기존 분석틀들이 폐기되다시피 했을 때 마침 서구에서 포스트모더니즘이 유행하고 있었기 때문이다. 포스트모더니즘은 기존 좌파와 우파 모두에게 탈출구를 제시했다. 좌파는 포스트모더니즘에서 마르크스주의의 계급투쟁의 경직성을 완화시켜줄 차이의 정치학을 발견했고, 우파는 거대담론의 종말을 논하는 포스트모더니즘에서 오랜 이념 갈등을 종식시킬 일말의 희망을 보았다. 1980년대 이전의 분석틀을 폐기하고 새로운 대안을 모색하는 과정에서 수많은 외부 이론이 도입되었지만, 포스트모더니즘은 당시 라틴아메리카에서 최초로 광범위하게 통용된 것이라는 점에서 일개 방법론 이상의 의미가 있었다. 즉, 새로운 에피스테메의 출현으로 받아들여진 것이다. 그래서 다른 포스트- 이론들이 방법론으로 차용되는 경향이 있는데 반해, 포스트모더니즘은 구하와 더불어 라틴아메리카 하위주체 연구의 토대이자 중요한 출발점이 되었다. 그러나 하위주체 연구그룹이 포스트모더니즘을 받아들이는 방식에도 결국 패배를 극복하고자 하는 갈망이 개입되어 있다. 이로 인해 라틴아메리카 포스트모더니즘은 이중성을 띠게 되었다. 새로운 에피스테메이면서 동시에 패배를 극복할 도구로 사용되게 된 것이다. 에피스테메이자 도구라는 모순적인 포스트모더니즘이 라틴아메리카 하위주체 연구에 국한되어 나타나는 현상만은 아니었다. 닐 라르센이 「포스트모더니즘과 제국주의」라는 글에서 말하는 이른바 "좌파 포스트모더니즘"(Beverley, Oviedo and Aronna, 1995: 118)이 라틴아메리카 포스트모더니즘에서 하나의 흐름을 형성하고 있었다. 베벌리와 오비에도는 서구 포스트모더니즘이 근대성의 극복을 목표로 한 반면, 라틴아메리카 좌파 포스트모더니즘은 불균등 근대성에 관심을 기울이고 있다고 보았다(Beverley, Oviedo and Aronna, 1995: 4). 그래서 서구 포스트모더니즘을 인문학자들이 선도한 것과는 달리, 라틴아메리카 좌파 포스트모더니즘에는 사회과학자들이 눈에 많이 띤다. 이는 과거 종속이론에 심취했던 사회과학자들이 새로운 분석틀을 더욱 더 절실히 필요로 했기 때문이다(Beverley, Oviedo and Aronna, 1995: 5-6).

라틴아메리카 하위주체 연구그룹의 결성 무렵 구하와 포스트모더니즘만큼이나 대전제가 되었던 것은 문화라는 화두였다. 이는 몇몇 창립 멤버가 프레드릭 제임슨과 긴밀한 유대 관계에 있었다는 점을 고려하면 당연한 일일 것이다. 그래서 「창립선언문」의 서두부터 연구그룹의 목표가 라틴아메리카의 정치적, 문화적 영역을 재정의하는 것임을 분명히 하고 있다(Beverley, Oviedo and Aronna, 1995: 135). 문화에 대한 관심은 또한 당시 미국 학계의 동향과도 깊은 관계가 있다. 영국의 문화연구가 1980년대 미국으로 건너갔고, 하나의 분과학문의 위상을 획득할 정도로 확실히 뿌리를 내렸다. 그리고 몇 년 뒤 미국 내 라틴아메리카 연구에서도 라틴아메리카 문화연구가 중요한 연구 분야가 되었다. 라틴아메리카 하위주체 연구그룹은 자신들의 작업이 결국에는 광범위한 의제를 다루는 라틴아메리카 문화연구의 한 범주라고 보고 있다(Beverley, Oviedo and Aronna, 1995: 114).

문화연구로서의 라틴아메리카 하위주체 연구는 크게 보아 혼종문화론과 미국식 다문화주의를 경계했다. 혼종문화론은 네스토르 가르시아 칸클리니가 제기한 문화론이다. 문화의 뒤섞임 현상에 대해서는 이전부터 여러 논자들이 다양한 용어를 사용하며 상당히 심도 깊은 논쟁을 전개해 왔다. 그리고 가르시아 칸클리니의 혼종문화론이 1990년대 라틴아메리카 문화론들 중에서 헤게모니를 장악하게 되었다(Sarto, 2004: 181). 혼종문화는 전근대와 근대 및 전 지구화 시대가 혼재하고, 선주민 문화, 백인 문화, 아프리카 문화 등이 뒤섞여 있고, 현대적인 대중매체와 전통문화가 혼재하는 라틴아메리카 현실에 주목한 문화론이다. 그러나 하위주체 연구그룹은 혼종문화론이 근본적으로 엘리트주의를 벗어나지 못하고 있다고 본다. 가령, 일레아나 로드리게스는 이질적인 문화를 '혼종문화'라는 하나의 범주로 동질화시키려는 시도가, 무엇이든 체계화하려는 지식인 엘리트의 속성에서 비롯되었다고 말한다(Castro-Gómez y Mendieta, 1998: 104-

105). 혼종문화론은 또한 여러 문화가 뒤섞인 현상을 서술할 뿐 문화적 헤게모니 문제나 문화적 차이가 지배-종속 구조와 맞물려 있는 현실에 대해서는 언급하지 않는다. 따라서 다양한 종족, 언어, 문화가 존재하는 라틴아메리카 현실에서, 또 대부분의 경우 선주민이 곧 하위주체인 현실에서 혼종문화론을 받아들이기는 쉽지 않았다. 라틴아메리카 하위주체 연구그룹이 미국식 다문화주의를 수용하지 못하는 것도 유사한 이유에서였다(Rodríguez, 2001b: 5-6). 미국식 다문화주의 논의가 문화간 차이에 대한 현상적 논의에 그치거나 차이의 인정을 원론적인 수준에서 주장할 뿐이라서, 궁극적으로는 선주민 하위주체 문제의 탈정치화로 이어질 것이라고 본다.

라틴아메리카 하위주체 연구그룹이 진화하면서 그룹 내부의 분화가 이루어지게 되었다. 그 분화는 관심 주제에 따라서 이루어지기도 하고 연구 방법론 혹은 라틴아메리카 역사를 바라보는 시각의 차이에 따라 이루어지기도 했다. 가령 여성 하위주체나 선주민 하위주체에 대한 관심이 그룹 내부의 분화를 가져오기도 했지만, 해체론이냐 마르크스주의냐 하는 방법론상의 문제가 대두되기도 하고, 마르크스주의적 역사 인식과 포스트식민주의 역사 인식 중 무엇에 더 비중을 두느냐에 따라 분화가 이루어지기도 했다. 또 방법론의 차이나 역사 혹은 현실 인식의 차이는 때로는 해결하기 힘든 난제가 되어 연구그룹의 동질성 유지에 걸림돌이 되기도 했다.

마르크스주의와 해체론의 대립에 대해서는 플로렌시아 E. 마욘의 「하위주체 연구의 약속과 딜레마: 라틴아메리카 역사에 입각한 시각」에 명쾌하게 나타나 있다. 마욘은 하위주체 연구가 구하를 필두로 그람시, 데리다, 푸코를 받아들였다고 요약하고 있다(Rodríquez, 2001a: 121). 마욘은 라틴아메리카 하위주체 연구가 구하를 취하는 것은 물론 남아시아 하위주체 연구그룹처럼 그람시와 푸코에 기초하면서 부가적으로 담론, 텍스트, 언어 분석 기법을 가미해야 한다고 주장한다. 데리다를 제외할 것을 제안하는 마욘의 입장은 그녀 자신도 밝히고 있듯이 해체론자인 스피박에 대한 유보적인 입장을 천명한 것이기도 하다(Rodríquez, 2001a: 152-153). 해체론에 비판적인 입장을 취하는 것은 물론 텍스트 분석의 미로에 빠지는 것을 경계한 것이다. 해체론에 대한 의혹은 이미 남아시아 하위주체 연구그룹에서도 제기되었다. 1986년 콜카타에서 열린 학술대회에서 데이비드 하디만은 남아시아 하위주체 연구가 해체론을 옹호하는 입장과 정치성을 옹호하는 입장 때문에 갈림길에 서 있고, 양자의 입장 차이는 극복하기 힘들지도 모른다고 말한 바 있다(Rodríquez, 2001a: 127-128). 하위주체의 역사를 새롭게 서술하기 위해 기존 역사서술의 해체가 선행되어야 한다는 해체론자의 입장이 비정치적이라는 비판은 수긍하기 힘들 것이기 때문이다.

포스트식민적 하위주체 연구자와 마르크스주의 하위주체 연구자의 대립 역시 풀기 힘든 난제였다. 전자의 대표적인 인물인 월터 미뇰로는 라틴아메리카 하위주체의 제반 문제가 식민 역사에서 비롯되었다고 주장한다. 따라서 식민성을 탈피하는 방법이 하위주체 연구의 중심이 되어야 된다고 주장했다.[8] 반면 마르크스주의 하위주

체 연구자의 대표적인 인물이라 할 수 있을 존 베벌리는 식민 역사
보다 근대사가 문제이며, 자본주의가 하위주체의 제반 문제를 야기
했다고 주장한다(Rodríguez, 2001a: 18). 포스트식민주의 하위주체 연구
와 마르크스주의 하위주체 연구의 대립은 마치 민족이 먼저냐 계급
이 먼저냐를 따지던 과거의 갈등을 연상시킬 정도로 입장 차가 선
명하다.

4. 라틴아메리카니즘인가 하위주체의 국제적 연대인가

라틴아메리카 하위주체 연구에 대한 최대의 비판은 연구 그룹을
결성한 학자들이 미국에 정착한 라틴아메리카인과 일부 미국인이며,
따라서 미국 대학에서 활동하기 때문에 라틴아메리카 현실과 유리
되어 있을 뿐만 아니라 라틴아메리카에 대한 미국의 헤게모니를 강
화시켜주는 역할을 한다는 것이었다. 우고 아추가르는 포스트식민
주의와 하위주체 연구 모두 결국 미국 학계가 주도하는 비평 담론
이라는 것을 주목하고, 이 담론들이 만일 제3세계에서 발화된 것이

---

8) 미뇰로는 당시 포스트식민적 하위주체 연구자로 분류되기도 했지만, 궁극적으로
는 '포스트식민주의'라는 용어를 라틴아메리카에 적용하기를 거부하고, '탈식민주
의'(decolonialism)로 선회했다. 이와 함께, 쿠바의 비평가 페르난도 레타마르 페르
난데스(Fernadno Retamar Fernández)가 1970년대에 천명한 '포스트옥시덴탈리
즘'(postoccidentalismo)이라는 용어도 사용하였다. 피식민 상태를 벗어나는 방법이
지역마다 차이가 나는 것이 당연하다는 논지에서이다. 이에 대해서는 미뇰로의
글 「포스트옥시덴탈리즘: 라틴아메리카의 주장」(Castro-Gómez y Mendieta, 1998:
31-58)을 참조하라.

아니라면 그건 결국 "새로운 범아메리카주의 의제"(Achugar, 1997: 386)에 불과하다고 말한다. 마벨 모라냐도 「하위주체 붐」이라는 글을 통해, 비슷한 견해를 표명한다. 모라냐에 따르면 하위주체 연구는 제1세계의 전 지구적 문화적 헤게모니를 위해 등장한 일종의 지적 상품이며, 제1세계와 제3세계의 정치사회적 지배-종속 관계가 지식의 영역까지 확산되는 징후이며, 라틴아메리카를 제1세계 시각에 입각해 지적 대상으로만 타자화시킨 것이다(Castro-Gómez y Mendieta, 1998: 240). 안토니오 코르네호 폴라르는 하위주체 연구의 관심사를 일정 부분 공유하기는 하지만 미국 내의 라틴아메리카 연구 결과물이 영어로 쓰여진다는 사실을 우려한다(Cornejo Polar, 1997). 이들의 비판을 종합해보면 라틴아메리카의 이해보다 미국의 이해를 대변할 가능성이라든가, 라틴아메리카에 대한 오리엔탈리즘식 담론인 라틴아메리카니즘의 생산과 확산에 알게 모르게 관여할 가능성, 하위주체를 상품화시킬 가능성, 하위주체가 단순히 연구 대상으로 전락할 가능성, 미국의 지적 헤게모니에 라틴아메리카의 지적 사유가 종속되거나 말살될 가능성 등 다양한 측면에서 라틴아메리카 하위주체 연구를 경계하고 있는 셈이다.

미국의 헤게모니에 대한 우려는 어느 정도 근거 있는 것이다. 미국 내 라틴아메리카 연구는 처음부터 의혹의 대상이었다. 미국에서 라틴아메리카 연구가 하나의 연구 분야로 확실히 정착하게된 것은 1960년대의 일이었고, 2차 세계대전 이후 미국이 잠재적인 적을 연구하기 위해 지역학 연구를 활성화시키는 과정에서였다. 미국 내 라틴아메리카 연구가 처음부터 '라틴아메리카로부터'(desde)가 아니라 '라틴아메리카에 대해'(sobre)의 성격을 가지고 있었던 것이다. 지역 연구가 냉전 종식과 함께 전반적으로 퇴조하는 가운데에도 미국 내 라틴아메리카 연구는 오히려 활성화되었다. 이는 군부독재와 경제 위기로 라틴아메리카인들이 미국에 대거 이주, 정착한 현실이 반영된 것이다. 라티노가 백인 다음으로 많아지면서 미국 대학들이 과거에 비해 라틴아메리카 연구를 강화시켰으며, 라틴아메리카 출신 연구자들의 수가 비약적으로 늘면서 라틴아메리카 연구는 양적인 팽창은 물론 질적인 성장도 이룰 수 있었다. 하위주체 연구는 미국 내 라틴아메리카 연구의 역량을 보여주는 것이었다. 라틴아메리카에는 존재하지 않았던 연구 영역을 새로 개척했고, 제1세계의 '최신' 이론과 접목시켜 보편성을 획득했으며, 라틴아메리카 지배 엘리트의 대표성을 문제 삼는 '권위 있는' 목소리가 되었다. 그러나 라티노 공동체의 팽창 속도나 라틴아메리카 연구의 활성화에 비해 라티노의 미국 주류 사회 편입이 여전히 쉽지 않은 상황에서 라틴아메리카 연구는 미국의 다문화주의 틀에 의거한 일종의 '백신'에 불과하다는 시각을 불식시키기 힘들었다. 또한 세계경제가 미국, 유럽공동체, 동아시아로 블록화되어가고 있을 때, 라틴아메리카를 미국 중심의 경제 블록에 편입시키려는 시도가 진행되고 있기 때문에, 라틴아메리카 연구가 과거의 지역학 연구처럼 라틴아메리카를 지배하려는 기초 작업이라는 의혹이 제기될 수밖에 없었다. 더구나 라틴아메리카 대학들의 경우 신자유주의 모델에 수반된 시장논리의 희생양이 되어, 인문과학은 물론 사회과학도 비판적 사유를 생산, 유통시킬 수 있는 역량이 예전에 비해 현저히 축소되었다. 라틴아메리카 내부의 연구 역량을 훨씬 상회하는 미국 내 라틴아메리카 연구의 연구 역량은 라틴아메리카로부터의 시각과 라틴아메리카에 대한 시각 사이에 이미 심각한 불균형을 초래했고, 장기적으로 볼 때 라틴아메리카적인 맥락에 대한 진지한 고민 없는 연구를 수행함으로써 라틴아메리카를 타자화시킬 가능성이 있다.

사실 미국 내에서 라틴아메리카 연구를 수행하는 것의 문제점에 대한 이러한 일련의 문제는 라틴아메리카 하위주체 연구그룹이 창립 초기부터 심각하게 의식하던 것이었다. 가령 로버트 카의 경우 자신이 미국의 제도권 교육을 받고 미국 학계에 소속된 학자이며, 소외된 국가들의 착취나 시장의 전지구화에 기여할 문화적 재현을 은연중에 수행할 수도 있다는 가능성을 배제하지 않는다(Beverley y Achugar, 2002: 86). 누가, 누구를 어떻게 재현하는가를 문제시한 스피박의 성찰과 같은 맥락에서였다. 이런 문제의식은 라틴아메리카 하위주체 연구그룹의 지속적인 강박관념이 되었다. 그래서 존 베벌리는 라틴아메리카 하위주체 연구의 승리를 확인한 자리가 되었던 듀크 대학 모임에서조차 엘리트 교육기관으로서의 듀크 대학의 위치에 대해 의문을 던지고 있으며,(Beverley, 2000: 33) 듀크 대학으로부터의 하위주체 연구는 반(反) 하위주체 연구로 변질될 가능성이 있기 때문에 하위주체 연구가 캠퍼스에서 벗어날 필요가 있다고 주장하였다(Beverley, 2000: 42). 하위주체 연구가 엘리트화될 가능성과 라틴아

메리카적인 맥락이 실종될 가능성을 동시에 염두에 두고 한 지적이
다.

　그렇지만 라틴아메리카 하위주체 연구그룹은 그들의 작업이 일종
의 라틴아메리카니즘이라는 의혹을 전적으로 용인하기는 힘들었을
것이다. 앞서 언급한 대로 무엇보다도 연구그룹 멤버들 중 상당수가
현실 사회주의나 반체제 활동에 참여한 경험이 있거나 하위주체로
분류될 수 있는 이들의 단체들과 연대한 경험이 있기 때문이다. 따
라서 그들의 하위주체 연구가 라틴아메리카에 대한 제국주의적 담
론, 즉 라틴아메리카니즘이라는 비판에 대해 나름대로 반론을 제기
하였다. 존 베벌리는 첫째, 그룹이 특권적 위치에 있지 않았다는 사
실을 강조한다. 연구그룹을 결성한 초기에 전혀 주목을 받지 못해서
연구 지원을 받지 못했고, 연구 결과물 출판에도 어려움을 겪어야만
했다고 말한다. 또한 남아시아 하위주체 연구의 성과가 미국에서 널
리 주목을 받기 시작한 뒤에도 라틴아메리카 하위주체 연구는 상당
기간 계속 주목을 끌지 못했다고 한다. 조지 유디스가 말하는 것처
럼, 라틴아메리카 하위주체 연구그룹은 '하위주체 연구의 하위그룹'
이라는 주변부적 위치에서 태동했다는 것이 존 베벌리의 변이었다.
두 번째로 존 베벌리는 하위주체 연구가 현실 변화에 따른 새로운
대응 전략의 일환이라고 주장한다. 하위주체 연구의 비판자들이 전
지구화라는 정세 변화를 보지 못한 채 미국-라틴아메리카의 이분
법적 구도에 사로잡혀 있고, 여전히 국민국가나 정당에 의거하여 반
제국주의나 전위적 당의 필요성을 부르짖는 좌파 보수주의에 빠져

있다는 것이 골자였다. 존 베벌리는 미국을 비롯한 제1세계의 헤게모니 장악 기도의 저지에 유효한 것은 하위주체의 국제 연대라고 말한다(Beverley, 2003: 55-57). 하위주체의 광범위한 국제적인 연대가 민주적인 환경을 조성하는 길이고, 지배 엘리트 주도의 투쟁보다 민주적인 환경 조성을 통한 투쟁이 훨씬 효과적이라고 주장하는 것이다.

5. 라틴아메리카 하위주체 연구의 의의

라틴아메리카 하위주체 연구에 대한 가장 커다란 의혹은 앞에서 살펴본 것처럼 라틴아메리카니즘의 문제였다. 하지만 하위주체 연구그룹은 이밖에도 적어도 두 가지 근본적인 문제로 고심해야만 했다. 하나는 라틴아메리카니즘 논란과 비슷한 맥락의 고민이었다. 엘리트 지식인이 과연 하위주체를 이해할 수 있는지, 만일 하위주체를 이해한다고 해도 과연 엘리트의 특권적 위치에서 탈피해 하위주체를 재현할 수 있는지 하는 문제였다. 또 다른 고민은 하위주체를 정의하는 문제였다. 하위주체에 대한 정의 없이 하위주체 연구를 수행할 수는 없는 노릇이기 때문이었다. 이 두 가지 근본적인 고뇌는 「창립선언문」에서부터 고스란히 드러났다. 하위주체 연구자가 하위주체의 전사자(transcriber), 번역자, 해석자, 편집자로 전락하지 말아야 한다고 다짐하거나(Beverley, Oviedo and Aronna, 1995: 144-145), 하위주체를 "돌연변이 주체, 이주 주체"(a mutating, migrating subject)로 규정지으며(Beverley, Oviedo and Aronna, 1995: 146) 하위주체의 다양한 측면을 고려할 것을 천명한 점 등이 두 가지 난제에 대해 충분히 의식하고 있었다는 반증이다.

제1세계 연구자와 제3세계 하위주체의 괴리, 엘리트와 하위주체의 괴리, 하위주체의 '불가지성' 등이 하위주체 재현 가능성에 대해 의문을 제기하며 하위주체 연구의 존립기반을 뒤흔들고 있는 가운데 과연 라틴아메리카 하위주체 연구에서 어떤 의의를 찾을 수 있을 것인가? 결론부터 이야기하자면 재현의 민주화 필요성을 강력하게 일깨워주었다는 점이다.

하층민의 재현 문제는 하위주체 연구의 태동 이전부터 라틴아메리카의 비판적 사유가 고심하던 주제였다. 그래서 공식 역사가 무시하고 간과해온 작은 목소리를 복원하려는 구하의 시도는 라틴아메리카에서도 증언서사의 형태로 이미 예전부터 존재했다. 증언서사란 혁명과 군부독재 사이의 팽팽한 긴장이 감돌던 1960년대부터 현실에 대한 직접적인 고발의 필요성 때문에 성행한 장르이다. 증언, 증언문학 혹은 증언의 스페인어 원어인 테스티모니오(testimonio)라고도 불린다. 증언의 필요성을 느낀 사람이 직접 쓴 경우도 있고 편집자의 편집 과정을 거친 경우도 있다. 후자는 정보 제공자가 선주민이나 흑인인 경우에 많았다. 증언서사는 하층민의 목소리를 보다 생생하게 전달한다는 점에서 하위주체 연구의 중요한 텍스트가 되었다. 증언서사 전통의 연장선상에 있으며 리고베르타 멘추를 화자로

한 엘리사베스 부르고스의 『나의 이름은 멘추』는 하위주체 연구의 정전처럼 여겨질 정도이다.

증언서사 『어느 도망친 노예의 일생』(1966)의 저자/편집자인 미겔 바르넷의 시각과 라틴아메리카 하위주체 연구 연구자들의 시각은 유사한 부분도 있고 현격한 차이를 보이는 부분도 있다. 『어느 도망친 노예의 일생』은 과거 노예였던 흑인의 목소리를 미겔 바르넷이 녹취, 정리, 편집한 텍스트이다. 소설가이면서 증언서사를 시도한 이유를 살펴보면 그가 구하의 하위주체 연구를 일정부분 선취하고 있음을 알 수 있다. 미겔 바르넷은 기존 소설의 한계가 소설가의 위치에서 비롯되고 있음을 지적한다. 하나의 계층이자 심지어 계급이라고도 할 수 있을 엘리트 크리오요들이 주로 소설의 생산자인 현실에서 선주민이나 흑인이 처한 현실을 재현하는 데는 크나큰 한계가 있다는 것이었다(Barnet, 1986: 285). 그래서 그는 에스테반 몬테호라는 105세의 노인을 정보 제공자로 삼아 하층민의 목소리를 직접 전달하고자 했다. 그를 정보 제공자로 삼은 이유는 노예에서 도망노예로, 도망노예에서 일용노동자로 신분이 변하고, 식민지배를 처절하게 경험했을 뿐만 아니라 독립전쟁도 참여하는 등 쿠바의 중요한 사회변동을 두루 경험했기 때문에 그의 인생을 통해 쿠바 현실을 총체적으로 조망할 수 있으리라는 기대 때문이었다(Barnet, 1986: 80). 개인의 운명과 국가의 운명을 동일시하는 이런 태도는 국가를 비판한 하위주체 연구의 관점과는 분명 다르다. 게다가 미겔 바르넷은 『도망친 노예의 일생』을 증언소설이라고 규정한다. 그럼으로써 소설가로서의 지위를 포기하지 않는 것이다. 국가나 소설가에게 특권적인 지위를 부여하고 있는 바르넷의 태도는, 비록 그가 기존의 하층민 재현의 문제점을 지적하고 극복하려 노력했지만, 여전히 지배 엘리트의 관점을 완전히 버리지 못하고 있다는 것을 보여준다.

라틴아메리카의 비판적 사유와 재현의 관계를 살펴보면 미겔 바르넷의 한계가 무엇을 의미하는지 알 수 있다. 라틴아메리카 하위주체 연구그룹보다 한 세대 이전의 비평가들 역시 재현의 문제에 관심이 많았다. 가령, 앙헬 라마는 독립 이후 라틴아메리카 문학의 재현성(representatividad) 문제를 고민했고(Rama, 1987: 13), 안토니오 코르네호 폴라르는 정복 시대부터 선주민 세계의 재현에 문제점이 있었다고 지적한다(Cornejo Polar, 1994). 특별히 두 사람을 거론하는 이유는 양자 모두, 하층민을 대표하거나 혹은 하층민을 성공적으로 재현한 인물로 페루의 소설가이자 인류학자인 호세 마리아 아르게다스를 꼽기 때문이다. 백인이지만 선주민어를 먼저 배우고 선주민에게 양육되었다는 점, 안데스 출신이며 전통 문화의 수호자이인 동시에 소설과 인류학 연구를 통해 제도권에서 안데스 선주민의 목소리를 대변했다는 점을 높이 샀던 것이다. 결국 라마나 코르네호 폴라르는 하층민을 대변하고 재현할 수 있는 지식인에게서 라틴아메리카의 미래를 보았던 셈이다.

그러나 하위주체 연구는 소설이 아니라 증언서사를 정전으로 삼았을 때부터 지식인 엘리트가 아닌 하위주체에게서 라틴아메리카의 미래를 기대하고 있음을 암시했다. 소설가의 위로부터의 재현이 아니라 하위주체의 아래로부터의 이야기가 차이를 없애는 첫 걸음이라는 것이 하위주체 연구자들의 현실인식이었다. 그래서 그들은 멘추가『나의 이름은 멘추』를 통해 여성, 종족, 농민, 문화적 타자, 일국가 내부의 피식민자, 국제적 분업하의 피착취자라는 하위주체의 중층적인 문제를 스스로 발화한 것에 대해 열광했다. 물론『나의 이름은 멘추』도 지식인 엘리트가 편집자로 개입하였다는 문제점이 있다. 또한 미학에 대한 고려 없이 증언서사와 소설을 단순 비교하는 것도 다시 생각해볼만한 문제이다. 하지만 하위주체 연구는 하위주체가 좀 더 많은 이야기를 하고, 엘리트가 하위주체의 이야기를 좀 더 많이 들을 때, 즉 재현의 민주화가 실현될 때 더 낳은 사회를 건설할 수 있다고 주장하고 싶었던 것이다. 적어도 라틴아메리카 하위주체 연구자들이 겪었던 패배의 경험은 그렇게 가르쳐 주었었다. 이 점에 있어서 존 베벌리의 말은 명쾌하기만 하다. 그는 지식인 엘리트가 하위주체를 이해하고 재현하는 것이 가능한가라는 문제 제기에 대해 하위주체 연구는 하위주체를 엘리트화시키는 것이 아니라 엘리트를 하위주체화시키는 것이 목표라고 말한다.9)

---

9) 이 글은 「라틴아메리카 하위주체 연구의 기원, 쟁점, 의의」라는 제목으로 2005년 <실천문학> 78호 320-343쪽에 게재되었다. 앞에서도 밝혔듯이 베벌리와 주고받은 메일이 원고 작성에 도움이 되었다. 또 베벌리의 2009년 서울대학교 라틴아메리카연구소 석학강좌 강연과, 이를 전후한 대화도 원고 수정에 도움이 되었다.

글로리아 안살두아, 앵글로아메리카 이후

1. 유령이 떠돌고 있다

치카나[10] 작가 글로리아 안살두아의 대표적 저서인 『경계지대/국경』(1987)[11]을 읽으면서 제일 먼저 연상된 것은 마르크스 『공산당선언』(1848)의 서두를 장식하고 있는 '유령이 떠돌고 있다'라는 구절이었다. 안살두아가 영적인 세계, 영적인 존재들을 대거 소환하고 있기 때문이다. 조상의 얼이 담긴 아스틀란[12]을 언급하고, 코아틀리쿠

---

10) 치카나(chicana). 멕시코계 미국인을 지칭하는 치카노(chicano)의 여성형.
11) 이 책은 크게 에세이와 시로 구성되어 있다. 처음에는 시집으로 기획했으나, 최종적으로는 앞부분에 자신의 세계관, 문학관 등을 담은 일곱 편의 에세이를 배치했다. 이 에세이들이 흔히 안살두아를 이해하기 위한 가장 기본적인 텍스트로 평가받고 있다.
12) 아스틀란은 아스테카인들의 원 고향이라고 전해지는 곳이다. 하지만 사실 그 위치에 대해서는 멕시코시 혹은 미국 남서부 등 의견이 갈린다.

에와 과달루페, 그리고 요로나[3] 등 신화와 전설 속 인물들을 대거 소환하고, 뱀여인을 자처할 때는 아메리카 선주민들의 전통적인 나왈 신앙[4]을 떠올리게 한다. 심지어 치카노 문화나 종교와 직접 상관이 없는 부두, 산테리아, 오리샤[5]도 소환한다. 그리고 자신의 글쓰기도 영적인 세계와 연관시켜, 이를 마녀 뮤즈(musa bruja)에게 영감을 얻어 무아지경(trance)의 상태에서 자아가 세상의 영(world's soul)과 교감하는 과정으로 설명한다. 이때의 자아는 이성적 자아라기보다는 안살두아가 여러 차례 언급하듯이 융의 이론에 따른 그림자 야수(shadow beast)이다.

『공산당선언』의 정확한 문장은 "유령이 유럽에 떠돌고 있다. 공산주의라고 하는 유령이. 유럽의 늙은 대국들은 모두 이 유령을 퇴치하기 위해서 신성 동맹을 맺었다. 교황과 차르, 메테르니히와 기조, 프랑스 급진파와 독일 경찰"(마르크스, 2014: 327)이다. 기존 질서에 대한 저항 세력이나 정적들을 무조건 공산주의자로 몰아붙이는 풍토, 나아가 공산주의에 대한 악령몰이 풍토에 대한 마르크스의 야유였다.

---

13) 코아틀리쿠에는 아스테카 신들의 계보에서 주요 신인 전쟁의 신 우이칠로포츠틀리의 어머니, 과달루페 성모는 1531년 선주민 앞에 현현했으며 멕시코의 국모 같은 존재로 격상된 갈색 피부의 성모, '흐느끼는 여인' 혹은 '우는 여인'이라는 뜻의 요로나는 자식을 잃고(혹은 죽이고) 밤마다 흐느끼는 전설 속의 여인.
14) 나왈은 정령 등의 초자연적인 존재를 가리키는 말이다. 메소아메리카(대체로 과거 마야와 아스테카 문명이 번영을 누린 지역을 지칭함)에서는 인간에게는 저마다 분신 같은 정령이 있다고 믿었으며, 이때 이 분신은 흔히 동물이나 식물의 모습을 하고 있다. 뱀이나 재규어가 메소아메리카의 대표적인 나왈이다.
15) 부두와 산테리아는 아프리카 기원의 주술적 종교, 오리샤는 아프리카 기원의 신.

그런데 바로 미국의 라티노들이 당시의 공산주의자들처럼 악령 취급을 받기 일쑤이다. 가령, 라틴아메리카 이민자들은 순전히 복지 혜택을 노리고 미국에 오고, 교육과 보건 등의 공공 서비스 자원을 고갈시키고, 미국인의 일자리를 빼앗는 존재로 매도되기 일쑤이다 (곤살레스, 409-413). 또 미국이 소위 WASP(White Anglo-Saxon Protestant) 사회 혹은 앵글로(색슨) 아메리카로 남기를 강력히 원하는 새뮤얼 헌팅턴 같은 이에게 라티노, 특히 라티노의 과반수를 훨씬 상회하는 멕시코계 주민은 18세기에 형성된 영국 백인 프로테스탄트 사회라는 미국의 문화 정체성을 위협하고 있는 존재이다(Huntington, 2004).

안살두아는 자신의 영적 기획이 악령몰이의 대상이 될 수 있다는 것을 분명히 인식하고 있었던 것 같다. 가령, 자신을 비롯해 치카노들은 멕시코 멕시코인과 미국의 멕시코인을 구분하기 때문에, '멕시코인'이라고 말할 때 국가 정체성이 아닌 인종 정체성의 표현이라고 밝히는 장면에서는(Anzaldúa, 1999: 84)[16] 멕시코가 미국에게 빼앗긴 실지를 회복하려는 '불순한' 의도가 없다는 것을 분명히 하고 있다. 원시적 사고, 주술적 사고, 야생의 사고 등을 거론하는 백인 인류학자들의 태도를 선주민의 합리성을 인정하지 않는 시각이라고 비판하거나(59), 『경계지대/국경』 말미에 포함된 대담에서 자신이 소환하는 영(靈)들이 문화적 형상(cultural figures)이라고 밝히는 것은(241) 자신의 영적 세계가 소외된 자들의 저주의 굿판 정도로 폄하되는 것을 방지하려는 시도가 엿보인다. 그렇다면 악령몰이의 대상이 될

---

16) 이후 텍스트 인용은 페이지만 표시한다.

수도 있을 위험을 감수하면서까지 안살두아가 자신의 영적 기획을
고수하는 이유가 무엇일까?

2. 악령, 세계문학, 근대/식민 세계체제

라티노에 대한 악령몰이는 『파우스트』의 마지막 부분을 연상시킨
다. 무엇이 진짜 악령인지 성찰하게 해주기 때문이다. 그 부분에서
파우스트는 메피스토펠레스의 도움을 얻어 바다를 육지로 바꾸는
대역사에 착수한다. 항구, 운하, 댐, 기업식 농경 등을 골자로 하는
일종의 개발 프로젝트에 착수한 것이다. 그러나 한 노부부 때문에
계획에 차질을 빚는다. 이들은 철거를 거부한다. 전통적인 삶을 고
수하고 싶었던 것이다. 파우스트는 메피스토펠레스에게 노부부건
해결을 맡긴다. 그런데 메피스토펠레스는 파우스트가 전혀 상상하
지 못한 방식으로 문제를 처리한다. 노부부를 죽여 버린 것이다. 이
뜻하지 않은 비극에 파우스트는 분노하고 회개한다. 그 덕분에 파우
스트는 구원을 받는다. 그렇지만 여운은 남는다. 과연 악령은 누구
인가? 물론 표면적으로는 메피스토펠레스이다. 하지만 진짜 악령은
파우스트가 아닐까? 만일 그가 개발의 환상에 사로잡히지 않았다면
노부부 살해의 비극은 발생하지 않았을 것이기 때문이다. 하지만 여
운은 계속 남는다. 근대가 시작된 이래 파우스트처럼 개발의 환상에
사로잡힌 이들이 어디 한, 둘이었는가?

이에 대해 마샬 버만은『현대성의 경험: 견고한 모든 것은 대기 속에 녹아 버린다』의 제1장 「발전의 비극: 괴테의『파우스트』」에서 (버만, 2004: 58-132) 흥미로운 해석을 내린다. 괴테가 젊은 시절 착수한『파우스트』 집필을 중단했다가, 만년에 이르러 1825년에서 1831년에 걸쳐 완성했다는 점을 특별히 언급한다. 그리고 독일의 전근대적 분위기에 대한 염증과 1760년대 영국의 공업화에 대한 막연한 선망이『파우스트』의 마지막 부분에 영향을 끼쳤다고 말한다. 이런 맥락에서 버만은 파우스트를 개발자로 정의하고, 옛것을 파괴하고 새로운 것을 창조하는 현대적인 영웅의 원형(原型)으로 본다. 그렇지만 파우스트에게서 자본주의적 발전의 비극을 보는 루카치의 견해에 동의하는 것은 아니다. 버만이 보기에 파우스트는 자아실현이라는 낭만적 가치와 자본주의의 역동성을 활용한 사회적 공익을 양립시키려는 노력을 한 괴테의 화신이다. 버만은 특히 괴테가 생시몽식의 유토피아적 사회주의자였다고 역설한다. 괴테가 프랑스 신문 <르 글로브>의 열성 독자로서 생시몽주의의 뿌리인 이 신문이 널리 인간을 이롭게 할 대규모 개발 프로젝트의 필요성을 주장한 데에 대해 공감했다는 것이다. 버만의 비판은 파우스트처럼 자아실현과 공익 실현의 균형 감각을 지니지 못한 후대의 개발자들을 향하고 있고, 이들이 사이비 파우스트일 뿐이라고 규정한다. 그리고 현대 자본주의 사회는 물론, 구소련이나 뒤늦게 근대화에 나선 제3세계에도 사이비 파우스트들이 들끓었다고 비판한다. 요약하자면, 괴테와 파우스트에게는 면죄부를 주고, 사이비 파우스트들을 양산한 근대에 대해서는 비판적이다. 이런 해석은 『공산당선언』의 마르크스와 유사한 점이 있다. 근대 부르주아 사회를 엄청난 생산력을 지녔지만 "자기가 불러 낸 지하의 마력을 다룰 수 없게 된 마법사"(마르크스, 2014: 332)로 정의하기 때문이다. 두 사람의 시각에 따르자면 『파우스트』의 노부부 살해의 비극을 야기한 진짜 악령은 메피스토펠레스도 파우스트도 아닌 근대인 셈이다.

하지만 악령의 정체가 근대라는 이러한 해석은 매력적이지만 결코 충분하지는 않다. 버만에 따르면 괴테를 열광시킨 대규모 개발 프로젝트는 유럽과 인도, 중국을 하나로 연결할 수 있는 수에즈운하 계획이나 대서양과 태평양을 잇는 파나마운하 계획 등이었다고 한다. 이를테면 세계가 하나가 되어가는 징후에 열광한 셈이다. 문제는 비서구의 시각에서 볼 때 수에즈운하와 파나마운하는 제국주의적 팽창의 상징이라는 점이다. 즉, 괴테는 세계가 하나가 된다는 것의 어두운 면을 보지 못한 것이다. 버만과 마르크스의 인식도 한계가 있는 것은 마찬가지이다. 마르크스가 근대를 "자기가 불러 낸 지하의 마력을 다룰 수 없게 된 마법사"에 비유한 것은 자본주의가 필연적으로 공황으로 치달을 수밖에 없고, '역사의 종말'은 공산주의라는 신념을 피력하기 위해서였다. 하지만 우리가 알고 있듯이 자본주의 시대는 끝나기는커녕 구미 제국주의의 팽창과 더불어 더 기승을 부렸다. 버만의 해석도 문제적이기는 마찬가지이다. 제3세계의 문제를 구미 근대를 추종하고 답습한 사이비 파우스트들에게 돌릴 때, 제국주의적 착취에 대해서는 침묵하고 있기 때문이다.

또 다른 종류의 유령은 끝없는 개발주의적 속성을 들어 근대를 악령으로 규정하는 것이 어째서 불충분한 점이 분명하게 시사하고 있다. 뮤지컬로 우리에게 더 익숙한 『오페라의 유령』 속의 유령이다. 추리작가 가스통 르루가 1910년 발표한 이 소설은 1879년 파리에 완공된 오페라극장을 무대로 하고 있다. 국립무용아카데미 건물이기도 한 이 극장은 화려함과 규모 면에서 벨 에포크 시대의 파리, 세계의 문화적 수도라는 파리 사람들의 자부심을 상징하는 곳이었다. 주인공 에릭은 무대장치와 소품 관리를 위해 16미터까지 파내려 간 지하공간에서 가면을 쓰고 숨어 살면서, 무려 2,531개의 문이 존재하는 복잡한 극장 내부를 신출귀몰하게 넘나드는 재주를 부린다. 덕분에 오페라극장에 유령이 출몰한다는 소문이 돈다. 그가 숨어 살게 된 것은 끔찍한 용모를 지니고 태어났기 때문이다. 그 용모 때문에 심지어 어린 시절 부모에게 버림받다시피 했다. 결국 그는 시장마다 돌아다니면서 자신의 끔찍한 용모를 보여주며 받은 돈으로 먹고 살 수밖에 없었고, 그 과정에서 집시들의 예술과 마술을 배웠다. 그리고 이 기예 덕분에 페르시아, 오스만투르크 등의 왕실 초빙인사가 되고, 문고리 권력을 행사하기에 이르고, 유럽의 기예에 능통하다는 미덕 덕분에 전문가도 아니면서 궁이나 궁 내부의 비밀시설 건축 책임자가 되기도 한다. 그러나 두 곳에서 모두 왕실의 비밀을 너무 많이 안다는 이유로 생명에 위협을 느끼게 되자 파리로 돌아왔고, 건축 경력 덕에 오페라극장의 건축에 참여하여 자신만의 거처를 몰래 마련하고 살게 되었다(르루, 2013: 265-266). 가르시아 마르케스의 『백년의 고독』의 연금술사 멜키아데스처럼 에릭은 서구의 기예를 안다는 이유만으로도 주변부에서는 얼마든지 권력을 행사할 수 있었으며, 나아가 '무지한' 제3세계였기에 얻게 된 '불로소득'(건축 지식)을 무기 삼아 중심부인 파리에서도 시대의 건축 프로젝트에 참여할 수 있었던 것이다. 피케티는 벨 에포크 시대를 소득 불평등이 가장 심화되었던 시기로 꼽고 있다(피케티, 2014: 316). 그리고 그 시대가 문자 그대로 '아름다운 시대'로 유지될 수 있었던 것은 에릭처럼 소위 주변부 수탈을 통해 이익을 챙기는 유령, 그래서 중심부의 모순을 주변부로 전가시키는 유령이 존재했기 때문이었다는 점을 『오페라의 유령』은 암시하고 있는 것이다. 그래서 악령의 정체를 근대로 국한시키는 인식이 불충분하다. 즉, 근대의 개발주의적 속성뿐만 아니라 식민주의적 속성까지 이야기해야 악령의 진면목을 파악할 수 있는 것이다.

필자는 이런 고찰이 세계문학에 대한 성찰을 위해서 필요불가결하다고 주장하고 싶다. 괴테가 세계문학이라는 용어와 개념의 창시자이기 때문이다. 그가 수에즈운하, 파나마운하 등을 통해 세계가 하나가 되고 있다는 징후를 포착하지 못했다면 지방문학을 넘어선 세계문학의 필요성도 인식하지 못했을 것이다. 공업화가 더 가속화된 시대, 자본주의가 더 진전된 시대를 살았던 마르크스의 경우, 세계가 하나가 된다는 것과 문학의 상응 관계에 대해 더 분명한 명확한 인식을 하고 있었다. 그래서 "세계시장의 개척을 통하여 모든 나라들의 생산과 소비를 범세계적인 것으로 만들었"기 때문에 "민족적인 일면성이나 특수성은 더욱 더 유지하기 어려운 것이 되고 수많은 민족적·지방적 문학으로부터 하나의 세계문학이 형성된다"(마르크스, 2014: 331)고 말한다. 그러나 괴테와 마르크스의 예상과는 달리 그 후 세계문학의 시대가 오기는커녕 그 비전조차 쇠퇴하였다. 구미 열강의 제국주의적 야욕으로 식민지 쟁탈전이 본격화되면서 오히려 국가주의와 국민문학이 강화되었을 뿐이다. 각각 1869년과 1914년에 가서야 완공될 수에즈운하와 파나마운하에 대한 막연한 계획을 접한 것만으로도 단일한 세계체제를 상상한 괴테의 혜안은 확실히 놀라운 것이었다. 또 그의 세계문학 비전이 오늘날의 용어를 빌자면 상호문화성에 입각한 것이었다는 점에서도 긍정적인 평가를 내릴 수 있다. 그러나 식민적 상처를 보지 못했기에 세계문학의 시대가 임박했다는 낙관적 전망을 내린 오류를 지적하지 않을 수 없다. 나아가 괴테도 그렇다면, 소위 중심부에서 세계문학을 생산하는 것이 가능할까 하는 의구심마저 들게 한다.

이런 의구심은 라틴아메리카 근대성/식민성 연구그룹의 관점에 의거한 것이다.[17] 괴테가 세계가 하나가 된다는 징후를 포착했다는

---

17) 아르투로 에스코바르가 요약한 이 연구그룹의 몇 가지 전제는 다음과 같다. "1) 식민성은 근대성을 구성하기 때문에 식민성 없이는 근대성도 없다. 2) 근대/식민 세계(그리고 식민적 권력 매트릭스)는 16세기에 시작되었으며, 아메리카의 발견/발명은 근대성을 구성하는 식민적 요소이고, 근대성의 표면은 유럽의 르네상스이다. 3) 계몽주의와 산업혁명은 식민적 권력 매트릭스가 변화되는 역사적 순간에 파생된 것이다. 4) 근대성은 유럽이 세계의 헤게모니를 향해 출발하는 역사적 과정에 붙여진 이름이다. 근대성의 어두운 이면이 식민성이다. 5) 오늘날 우리가 알고 있는 자본주의는 근대성의 개념과 근대성의 어두운 이면인 식민성의 개념을 이해하기 위한 핵심이다. 6) 자본주의와 근대성/식민성은 미국이 과거 스페인

점은 이를테면 월러스틴이 말하는 근대 세계체제에 대한 인식을 획득했다는 뜻이다. 그러나 라틴아메리카 근대성/식민성 연구그룹은 월러스틴의 인식이 불충분하다고 비판하고, '근대/식민 세계체제'라는 인식 틀을 주장한다. 세계체제의 속성을 단순히 '근대적'이라고 규정하는 것은 이 체제의 식민주의적 속성을 은폐하는 것이라고 보기 때문이다. 우리는 직접적인 식민지배의 시대는 사실상 종식된 시대를 살고 있다. 그러나 그 시대가 남긴 유산이 모두 극복되었다고 볼 수는 없다. 따라서 근대성과 식민성이 동전의 양면이라는 인식 하에 세계체제의 모순을 살펴보는 것이 세계문학의 올바른 방향성을 정립하기 위한 필수불가결한 과제가 아닐까 싶다. 적어도 글로리아 안살두아의 『경계지대/국경』은 이런 관점이 필요하다는 것을 주장하고 있다.

3. 리오그란데 계곡의 유령, 티후아나의 유령

글로리아 안살두아의 오랜 벗이자 문학 비평이나 페미니즘의 영역에서 여러 차례 공동작업을 한 아나루이즈 키팅은 『글로리아 안살두아 독본』(2009)을 엮으면서 서문에서 안살두아가 시, 이론 소고, 단편, 자서전적 서사(autohistoria), 대담, 아동문학, 다양한 장르를 넘나

과 영국이 누렸던 제국의 주도권을 장악한 제2차 세계대전 이후에 두번째 역사적 전환을 경험했다."(재인용, 미뇰로, 2010: 23-24)

드는 선집 작업 등을 했으며(Keating, 2009: 3), 『경계지대/국경』이 미국 연구, 경계 연구, 치카노/나 연구, 글쓰기 연구, 문화연구, 민족학, 페미니즘, 문학연구, 비판적 교육학, 여성학, 퀴어 이론 등의 다양한 영역에서 기존 시각을 확장하거나 이에 도전하였다고 말한다(Keating, 2009: 9).

안살두아에 대한 관심은 일정 부분 국내에도 존재한다. 대부분 여성학과 관련해서이다. 가령, 비평가들에게 많이 언급되는 7장 「메스티사 의식/새로운 의식을 향하여」는 계급, 인종, 젠더, 국경 등 다양한 억압을 경험한 메스티소 여성이 깨어 있는 의식을 획득할 때 비로소 각종 경계들이 허물어질 것이라고 주장한다. 이 7장에서 사용되고 있는 '네판틀라주의'(nepantilism)는 의식의 다면적 속성, 즉 경계를 넘나드는 속성을 직시하고 존중할 것을 주장하기 위한 개념이다. 나와어18)로 '중간'(middle) 혹은 '중간에 있는'을 의미하는 단어가 '네판틀라'에서 파생된 용어이다. 훗날 안살두아는 '네판틀라 여성'에 대한 정교한 이론화를 시도하는데, 이 여성은 '사이에 낀 여성'(in-betweeners)으로 설명된다(Keating, 2006: 9).

필자의 관심은 여성학에서의 안살두아의 위치가 아니라 경계이다. 특히 미국과 멕시코의 국경을 제3세계가 제1세계를 만나 피를 철철 흘리는 "절개된 상처"로 보는(25) 인식이다. '사이에 낀' 위치를 경계를 넘나들기 위한 긍정적인 요소로 보려는 경향이 있는 호미 바바와는 달리, 안살두아는 제1세계와 제3세계의 불균등한 권력이 야기

---

18) 멕시코 선주민어들 중 가장 많은 사람이 사용하는 언어.

한 비극, 이를테면 근대/식민 세계체제에서 발생한 식민적 상처를 잊지 않으려는 태도를 고수한다. 그래서 안살두아에게 국경은 "증오, 분노, 착취가 특징적 경관"(19)을 이루고 있는 곳이다.

식민적 상처에 대한 안살두아의 특별한 인식은 일차적으로는 그녀의 삶에서 비롯되었다고 보아야 할 것이다. 안살두아는 리오그란데 계곡 태생이다. 텍사스의 남쪽 지방으로 멕시코 북동부와 국경을 접하고 있는 곳이고, 멕시코계 주민이 대거 거주하는 곳이다. 이들은 이민자들이 아니다. 미국과 멕시코의 국경분쟁 이후 1848년에 맺어진 과달루페이달고 조약에 따라 하루아침에 미국인으로 국적이 바뀐 멕시코인들이다. 이들은 별다른 존재감 없는 유령 같은 존재였다. 고등학교에 다닐 때 비로소 처음 백인을 보았다거나(43), 6세대에 걸쳐 미국인으로 살아오는 동안 친척들 중 리오그란데 계곡을 처음으로 벗어난 사람이 자신이라는(38) 안살두아의 말은 이 지역의 치카노들이 그토록 고립된 삶을 영위했는지 의구심을 자아낼 정도이다. 그러나 그것은 현실이었다. 가령, 엘리사베스 테일러, 록 허드슨, 제임스 딘 같은 전설적인 배우들이 출현한 영화 <자이언트>(1956)를 보면 짐작이 간다. 이 영화는 텍사스 사회를 다루고 있다. 이에 따라 언뜻언뜻 치카노 소작농들이 등장한다. 나아가 영화 후반부에는 텍사스의 전형적인 백인 대지주 주인공이 치카노 여성을 마지못해 며느리로 들이는 에피소드를 통해 텍사스가 순수한 백인들만의 사회는 아니라는 점을 보여주기도 한다. 그러나 치카노 소작농도 백인 지주의 며느리도 의미 있는 대사가 많지 않다. 그들은 자신들의 목소리를 내는 것이 허용되지 않는 존재, 설사 목소리를 내도 주도적인 목소리를 내기는 힘든 존재들인 것이다. 영화가 아닌 실제 현실에서도 이에 상응하는 사례를 찾아볼 수 있다. 1960년대 반항적 청년 문화의 문화적 아이콘이었던 포크 송 가수 존 바에즈의 경우이다. 바에즈의 아버지는 멕시코계였고, 그녀는 1967년 사망한 체 게바라를 추모하는 노래를 미국에서 대중화시킨다든지, 1973년 칠레의 피노체트 쿠데타 이후 시위나 음악을 통해 이를 강력히 규탄하는 활동을 벌이는 등 라틴아메리카에 깊은 관심을 보였다. 그러나 적어도 1960년대의 바에즈에게 라티노 문제에 대한 문제의식은 없었다. 마틴 루터 킹 목사의 열혈 지지자였을 뿐, 흑인 민권운동과 함께 부상한 히스패닉 민족주의와 관련해서는 별다른 흔적을 남기지 않았다. 그녀와 동시대를 살았던 안살두아가 '단결된 인종'이라는 뜻의 히스패닉계 정당 라사 우니다(Raza Unida) 당원으로 활동하고, 고등학교 교사 재직 중 교장 몰래 치카노 문학을 학생들에게 가르치고, 박사과정 학생일 때는 교수들과 갈등을 일으키면서까지 라티노 연구를 고집하는 행보를 걸었던 것을 감안하면, 바에즈의 무관심은 선뜻 이해하기 힘든 것이다. 그리고 바에즈 같은 인물에게도 라티노들이 존재감이 희미한 집단이었다면, 일반적인 미국인들에게는 더욱 더 그러했을 것이다.

『경계지대/국경』은 유령으로 산다는 것이 얼마나 고통스러운 일인지 토로한다. 1장 「터전, 아스틀란/또 다른 멕시코」(23-45)에서는 토지를 빼앗긴 선조들의 이야기, 영어를 강요하는 학교 교육, 국경

순찰대를 보고 괜히 놀라 달아나다가 불법 이주자로 오인되어 출국 조치 당한 뒤 수백, 수천 킬로미터를 걸어서 돌아와야 했던 친척 이 야기 등이 펼쳐진다. 5장 「어떻게 야생의 혀를 길들이는가」(75-86)에 서는 모친마저 영어를 배울 것을 권하던 일, 표준 영어나 표준 스페 인어 혹은 멕시코어를 제대로 구사하지 못한다는 힐난의 눈초리에 움츠러들 수밖에 없었던 자신의 과거 등등 경계지대의 언어적 테러 리즘이 준 상처를 회고한다.

이런 고통들은 라티노들이 유령 같은 존재에서 무시하지 못할 존 재가 되면서 상당 부분 치유된다. 후안 곤살레스는 1950년부터 60 년 동안의 라티노 정치 운동을 통합의 시기(1950-1964), 급진적 민족 주의의 시기(1965-1974), 투표권 시기(1975-1984), 무지개 시기(1985-1994), 제3의 힘의 시기(1995-2010)의 다섯 시기로 구분한다. 통합의 시기는 멕시코계, 푸에르토리코계 등 독자적인 공동체를 형성했던 다양한 집단의 라티노들의 연대가 시작된 시기이다. 급진적 민족주의 시기 에서 투표권 시기로 넘어간 것은 미국 사회의 전반적인 보수화 경 향과 맞물린 측면도 있지만, 선거 참여를 통해서 지위 향상을 기대 할 수 있을 만큼 라티노 집단의 규모와 존재감이 커진 탓이기도 하 다. 그 다음 시기에는 민주당의 흑인 정치인 제시 잭슨의 무지개 연 합 결성 요청(1984)에 호응하여 흑인들과 연합하여 그를 민주당 대통 령 후보로 만들고자 노력하는 정치적 파워를 과시하였다. 그리고 제 3의 힘의 시기로 명명된 최근에는 라티노 집단의 힘이 더욱 커져서 단독으로 사회 전반에 걸쳐 영향력을 행사할 정도가 되었다(곤살레스

2014: 330-366).

이런 일련의 흐름은 1980년대부터 급증한 이민자 물결이 야기한 변화였다. 하지만 영화 <타이타닉>(1997)의 한 장면은 이러한 변화의 한계를 암시하고 있다. 배가 침몰된 뒤 조난자들의 시신이 물 위를 마치 유령처럼 떠도는 장면이다. 이 장면은 샌디에이고 맞은편의 멕시코 국경도시인 티후아나 인근 해변에서 촬영되었다. 할리우드를 대표하는 유니버설 스튜디오가 비용 절감을 위해 진작부터 티후아나에 지사를 두고 있었고, 엑스트라를 많이 필요로 했던 그 장면을 멕시코에서 촬영하게 된 것이다. 조난 장면에 대해 사진작가 앨런 세쿨라는 이렇게 비판한다.

> 끝 모를 심연에 빠져 허우적대는 근대성의 역사에 대한 미국 특유의 거만한 관점을 드러낸다. [...] 엑스트라들은 마네킹 시신들 사이에서 이리저리 떠다니고 추위에 떨다가 감독의 지시에 따라 움직이기도 하고 죽은 척하기도 한다. 그들은 한 무리의 익사자들이며 [...] 멕시코 북부의 산업 국경은 테일러주의의 어두운 미래를 보여 주는 전형이다.
>
> (재인용, 가르시아 칸클리니, 2008: 267-268).

티후아나의 유령들은 라티노들이 아니라 멕시코인들이다. 그런데도 리오그란데 계곡의 유령과 별반 다를 바 없는 신세이다. 엑스트라이기 때문에 존재감 자체가 없고, 마치 소작농으로 전락한 리오그란데 계곡의 치카노들이 그랬던 것처럼 자본의 소모품에 불과하다.

그렇다면 미국에서 라티노들의 고난은 단지 소수민족이어서가 아니다. 국경의 양쪽에서 공히 일어나는 일, 제1세계와 제3세계의 불균등한 권력이 낳은 비극, 바로 경계지대의 비극이다.

4. 앵글로아메리카 이후

안살두아는 19세기 말에 미국 자본이 멕시코 북부에 기업농 시스템을 도입하면서 농민들이 토지를 잃고 국경을 넘어야만 했던 일, 1980년대 멕시코 외채위기가 또다시 대규모 미국 이주를 초래한 일, 국경을 넘은 이들이 불법체류자 신분 때문에 온갖 착취를 겪은 일 등을 『경계지대/국경』에서 언급하고 있다. 그렇지만 안살두아의 강점은 제1세계와 제3세계의 불균등한 권력에 대한 직접적인 고발이 아니라 아무래도 경계지대에 대한 새로운 인식의 획득과 천명이다.

안살두아에게 미국과 멕시코의 경계지대의 특징을 확정지은 사건은 텍사스공화국(1836-1845)의 출현과 과달루페이달고 조약(1848)이다. 『경계지대/국경』에는 윌리엄 H. 와튼[19]의 다음 시가 인용되고 있다.

앵글로아메리카인들은

이 약속과 성취의 땅[텍사스]에서

---

19) 텍사스가 미국에 병합되기 전 이곳에 집단 이주해 있었던 앵글로인들이 멕시코에서 독립해 세운 국가가 텍사스공화국이고, 윌리엄 H. 와튼(1802-1839)은 이 공화국의 상원의원이었다.

영원한 주인이 될 것이다.

그들의 법이 이 땅을 지배하고,

그들의 지식이 이 땅을 개화시키고,

그들의 사업이 이 땅을 향상시킬 것이다.(29)

와튼의 이 선언은 미국의 남서부 팽창을 정당화시킨 존 L. 오'설리번이 1845년에 천명한 용어인 '명백한 운명'과 맥락을 같이 하는 것이었고, 안살두아는 이 사건 이후 앵글로 테러리즘이 공공연히 작동했다고 비판한다(30). 와튼과 오'설리번의 주장은 잭슨 터너의 소위 프런티어론을 선취한 것이기도 하다. 그는 1893년 '미국 역사에서 국경의 의미'라는 연설에서 "미국이 성취한 사회적 발전은 경계(frontier)에서 또다시 새롭게 시작"되고, 경계는 "야만과 문명이 만나는 지점"이라고 말하면서 미국인의 진취성이 국가 발전의 근간이었다고 주장한다(Turner, 1893). 명백한 운명론에서 프런티어론에 이르는 과정에서 미국식 문명화 기획이 완성되었다는 것을 알 수 있다.

미뇰로의 용어를 빌자면 미국식 문명화 기획은 곧 미국이 구상하는 전 지구적 설계(global design)이다. 그는 과달루페이달고 조약이 맺어진 1848년과 스페인과의 전쟁을 통해 카리브 해를 미국의 호수로 만들 발판을 마련한 1898년을 미국의 전 지구적 설계에서 두 개의 중요한 분기점으로 본다. 다만 1848년과 1898년 사이에는 차이점도 있다. 1848년은 아메리카를 앵글로아메리카와 라틴아메리카로 분할하는 데 방점이 찍혀 있다. 결과적으로 훗날 제국주의적 팽창으로 귀결되지만, 우선 새로운 경계 획정을 시도한 것이다. 반면 1898년 은 영국, 프랑스 등 제국의 이해가 충돌하는 카리브 해의 앵글로아 메리카 편입이 본격적으로 시작된 시점으로 보고 있다. 즉 1848년 의 경계에 만족하지 않고 이를 넘어서려는 시도가 시작된 시점이다 (미뇰로, 2013: 412).

1848년이 두 아메리카를 분할이 이루어진 기점이라는 미뇰로의 분석은 와튼 이후 앵글로 테러리즘의 본격적인 분출을 본 안살두아 의 인식과 유사하다. 또 1898년이라는 기점에 대한 분석은 프런티 어에 대한 잭슨 터너의 연설에 적용 가능한 것이다. 잭슨 터너의 프 런티어론은 미국의 기존 경계 너머의 토착 인디언과 이들의 영토를 무(無) 존재로 규정했다는 비판(후안 곤살레스, 2014: 136)은 물론, 유럽 각국의 이민자들의 독자적인 개척 노력과 성취를 오로지 앵글로아 메리카의 노력으로 단순화시키는 시각이라는 비판도 받았다. 헌팅 턴의 앵글로중심주의가 최소한 잭슨 터너의 시대에 현실이 되었다 는 뜻이다.

1848년에서 1898년에 이르는 사이에 고착된 경계에 대한 미국인 의 인식은 그 이전과는 판이하게 다른 것이었다. 미국 대서양 연안 을 따라 차례차례 뿌리를 내리기 시작한 영국령 정착촌들은 북쪽, 서쪽, 남쪽은 물론 바다(특히 카리브 해)에서도 인디언, 프랑스인, 스페 인인들과 오랫동안 경계를 이루고 있었다. 식민지시대 초기 이 경계 들은 지극히 불안정해서, 경계를 넘어서기는 물론이고 경계를 확정 짓는 것조차 쉽지 않았다. 그래서 대서양 동부 연안의 정착촌들을 제외하면 소위 '중간 지역들'(middle grounds), 즉 다양한 유럽 식민자들과 선주민들이 한편으로는 갈등을 일으키면서도 다른 한편으로는 상호 영향을 주고받는 삶이 일상이었던 복합적인 성격의 광범위한 경계지대가 존재했다(브링클리, 2011: 1권 106). 비록 수많은 갈등이 존재했지만 그 누구도 패권을 행사하지 못했던 이러한 공존의 경계지대에, 적어도 1848-1898년 사이에 앵글로아메리카 패권이 확립되게 된 것이다.

안살두아는 20세기 멕시코인들의 대규모 미국 이주를 "조용한 침략"(silent invasion)이 아닌 "귀환 오디세이"(return odyssey)로 규정한다 (32-33). 앞서 말한 대로 잃어버린 멕시코 영토 회복을 주장하는 것이 아니다. 중간 지역, 안살두아의 용어로는 경계지대에 대한 앵글로아메리카적 인식을 바꿀 것을 요구하고 있는 셈이다. 이 요구는 잭슨 터너의 시각에 입각한 미국사 기술(記述), 즉 앵글로중심주의적 기술에 대한 도전이다. 호세 다비드 살디바르가 안살두아를 높이 평가하는 것도 그 때문이다. 그 자신도 미국학 연구에서 앵글로중심주의의 패권적 지위에 비판적인 연구 행보를 걸어온 살디바르는 횡단아메리카성(trans-americanity)이라는 개념을 천명했다. 기본적으로는 두 개의 아메리카, 즉 앵글로아메리카와 라틴아메리카의 균등한 관계를 모색하기 위한 개념이다. 살디바르에 따르면 안살두아의 기여는 전 지구적 남(Global South)과 전 지구적 북(Global North) 사이의 새로운 종족적, 언어적, 문화적 교환(exchange)을 요구했다는 점이다(Saldívar, 2012: 17).

살디바르가 '제1세계'와 '제3세계' 대신 '전 지구적 남'과 '전 지구적 북'이라는 용어를 사용하고 있다는 점이 눈길을 끈다. 마지막 두 개가 단순히 최근의 비평적 용어이기 때문이 아니다. 권력의 불균등한 차이를 앵글로아메리카와 라틴아메리카의 관계로만 오독될 가능성을 피하고, 세계체제의 관점에서 조망하기 위해서이다. 그는 근대성/식민성 연구그룹 초기의 의미 있는 텍스트들 중 하나인 키하노와 월러스틴의 공동 논문 「개념으로서의 라틴아메리카, 혹은 근대 세계체제 속의 두 아메리카」에서 출발한다. 두 사람에 따르면 장기 16세기에 근대 세계체제가 탄생했고, 또한 지리사회적 구축물(geosocial construct)로서의 두 아메리카도 탄생했다(Quijano and Wallerstin, 1992: 549). 이 두 아메리카의 사회적 특징으로는 근대 세계체제 이전에는 존재하지 않았던 종족 구분(인디언, 니그로, 크레올, 메스티소 등등)이 일반화된 일종의 신분 사회라는 점을 꼽을 수 있다. 그리고 이러한 신분들의 경계는 노동분업-내부의 노동분업은 물론 세계체제 전체에서의 노동분업-을 위한 것이고, 나아가 수월한 노동력 통제를 위해 생겨난 사회적 산물이다(Quijano and Wallerstin, 1992: 550). 종족 차별은 19세기 인종주의를 통해 최고조에 이르고, 그 이후에는 종족이나 인종 문제 관련 차별적 언행은 점차 금기가 되고 내부의 제3세계(Third World within), 보편주의, 능력주의 등을 교묘하게 악용하여 신분의 사회적 경계를 고착화시키려는 시도를 한다(Quijano and Wallerstin, 1992: 551).

두 사람은 1992년의 이 글에서 아직 '근대 세계체제'라는 용어를 사용하고 있다. 그러나 이를 '근대/식민 세계체제'로 바꾼 키하노의 후속 연구들이나 근대성/식민성 연구그룹의 연구와 마찬가지로 세계체제는 근대적이면서 동시에 식민적이라는 시각을 이미 담고 있다. 이 시각은 앵글로 패권 이전의 '중간 지역'이 일종의 공존지대였다는 시각과는 다소 배치되는 점이 있다. 그러나 경계지대의 안살두아의 시각과는 별로 모순되지 않는다. 가령, 안살두아는 유난히 1848년이라는 시점을 강조하는 듯하지만, 멕시코 중심주의나 식민지시대의 스페인 지배에 대해서도 비판적이다. 스페인의 식민지배 시절에 말린체나 요로나 등을 통해서 여성의 원죄를 강조한 것이 근대/식민 세계체제가 고착화시킨 국제적·인종적 노동분업의 연장선상에서 여성에게 한 겹 더 가해진 억압 체제라고 비판하고 있다 (44). 그녀의 경계지대론이 단순히 혼종이나 양가적 가치를 찬양하기 위한 것이 아니라 식민적 상처에 대한 투철한 인식을 먼저 요구하고, 이러한 인식 하에 불균등한 권력 차이를 시정해 나아갈 것을 주장하고 있음을 알 수 있는 대목이다. 다만 안살두아의 가장 큰 비판이 아무래도 1848년 이후 뿌리를 내린 앵글로중심주의를 향하고 있고, 궁극적으로 '앵글로아메리카 이후'를 상상하고 있다.

라틴아메리카의 경우, 식민지시대에는 일종의 카스트 제도처럼 종족 구분이 확고했다. 그러나 19세기 초 독립 후 한편으로는 인종주의가 강화되는 가운데 그때까지의 이름이었던 아메리카가 라틴아메리카로 바뀐다. 라틴 문화의 적자를 자처하던 프랑스가 아메리카에 개입할 명분을 찾은 데서 비롯된 것이다. 그러나 라틴아메리카에서 '라틴성'의 강화는 독립 후 지배 계층이었던 크리오요들의 이해 관계와도 맞아떨어지는 일이었다. 그래서 미뇰로는 선주민, 아프리카계 흑인 등이 '라틴아메리카 이후'를 건설해야 한다고 말한다(미뇰로, 2010: 176). 그가 말하는 라틴아메리카 이후 사회는 앞서 언급한 키하노와 월러스틴의 관점에서 보자면 새로운 지리사회적 구축물을 건설해 사회적 차별을 없애고, 이 차별이 은폐하고 있는 차별적 노동분업을 해소하는 길이다. 이 관점의 연장선상에서 보자면 안살두아의 영적 기획, 마치 '구천을 떠도는 원혼'처럼 식민적 상처로 피를 흘리고 몸부림치는 유령들에게 필요한 것은 '앵글로아메리카 이후'일 수밖에 없다.[20]

---

20) 이 글은 2016년 <지구적 세계문학> 7호 151-173쪽에 게재되었다.

가브리엘 가르시아 마르케스(2000), 『백년의 고독』, 전 2권, (조구호 옮김), 민음사.

_____(2007), 『이야기하기 위해 살다』, (조구호 옮김), 민음사.

_____(2008), 『사랑과 다른 악마들』, (우석균 옮김), 민음사.

_____(2014), 「『백년의 고독』, 이렇게 썼다」, (최사라 옮김), 『지구적 세계문학』 4, 353-358.

가스통 루르(2013), 『오페라의 유령』, (베스트트랜스 옮김), 미르북컴퍼니.

고영일(1995), 「새로운 글쓰기를 위한 끊임없는 모색의 과정: '붐'과 '붐' 이후의 중남미 소설」, 『외국문학』 45, 118-137.

고이치 하지모토(2015), 「호세 마르티와 호세 리살의 유령들」, (정수현 옮김), 『지구적 세계문학』 5, 207-217.

권택영(1990), 『포스트모더니즘이란 무엇인가: 자연주의에서 미니멀리즘까지』, 민음사.

김명인(1998), 「리얼리즘 · 모더니즘, 민족문학 · 민족문학론: 위기의식의 복원과 새로운 패러다임의 구성을 위한 시론 2」, 『창작과 비평』 102, 244-263.

김성곤(1992), 「탈식민주의 시대의 문학」, 『외국문학』 31, 12-31,

김용재(1998), 「이베리아 반도의 희망, 주제 사라마구」, 『현대문학』 527, 154-155.

김욱동 편(1990), 『포스트모더니즘의 이해』, 문학과 지성사.

김춘진 편(1996), 『보르헤스』, 문학과 지성사.

김현균(2006), 「한국 속의 빠블로 네루다 - 수용현황과 문제점」, 『스페인어문학』 40, 207-225.

_____(2013), 「그의 시는 여전히 푸르다」, 루벤 다리오, 『봄에 부르는 가을 노래』, (김현균 옮김), 글누림, 2013, 225-234.

김홍근 편역(1992), 『현재를 찾아서』, 범양사.

김홍근(1998), 「불교와 포스트모더니즘」, 호르헤 루이스 보르헤스 · 알리시아 후라도, 『보르헤스의 불교강의』, (김홍근 편역), 여시아문, 45-54.

노르베르트 엘리아스(1995), 『문명화 과정 - 매너의 역사』, (유희수 옮김), 신서원.

니콜라 밀러 · 스티븐 하트 편(2008), 『라틴아메리카의 근대를 말하다』, (서울대학교 라틴아메리카연구소 옮김), 그린비.

레비 스트로스(1996), 『야생의 사고』, (안정남 옮김), 한길사.

로버트 J. C. 영(2005), 『포스트식민주의 또는 트리컨티넨탈리즘』, (김택현 옮김), 박종철출판사.

로아 파킨슨 사모라 · 웬디 패리스 편(2001), 『마술적 사실주의』, (우석균 · 박병규 외 옮김), 한국문화사.

루벤 다리오(2013), 「칼리반의 승리」, (김현균 옮김), 『지구적 세계문학』 1, 404-412.

마샬 버만(2004), 『현대성의 경험: 견고한 모든 것은 대기 속에 녹아 버린다』, 재개정판, (윤호병 · 이만식 옮김), 현대미학사.

마이클 벨(1985), 『원시주의』, (김성곤 옮김), 서울대학교 출판부.

메리 루이스 프랫(2015), 『제국의 시선: 여행기와 문화횡단』, (김남혁 옮김), 현실문화.

백낙청 편(1993), 『민족주의란 무엇인가』, 창작과 비평사.

베네딕트 앤더슨(1996), 『민족주의의 기원과 전파』, (윤형숙 옮김), 사회비평사.

_____(2009), 『세 깃발 아래에서: 아나키즘과 반식민주의적 상상력』, (서지원 옮김), 도서출판 길.

베아트리즈 사를로(1999), 『보르헤스와 아르헨티나 문학』, (김한주 옮김), 인간사랑.

서성철(2013), 「삼각무역 – 아카풀코 갤리언 무역의 탄생과 몰락」, 『라틴아메리카연구』 26(2), 131-157.

송병선(1995), 「왜 보르헤스를 읽는가: 탈구조주의와 포스트모더니즘을 중심으로」, 『현대시사상』 23, 85-99.

송상기(1999), 「아리엘/칼리반: 부에노스 아이레스/쿠바」, 『비평과 이론』 4(2), 91-117.

안토니오 스카르메타(2004), 『네루다의 우편배달부』, (우석균 옮김), 민음사.

앨런 브링클리(2011), 『있는 그대로의 미국사』, 전 3권, (황혜성 외 옮김), 휴머니스트.

에두아르도 갈레아노(1999), 『수탈된 대지: 라틴아메리카 5백년사』, 2판, (박광순 옮김), 범우사.

에드워드 사이드(1995), 『문화와 제국주의』, (김성곤 · 정정호 옮김), 도서출판 창.

_____(1996), 『오리엔탈리즘』, (박홍규 옮김), 교보문고.

에릭 존 홉스봄(1994), 『1780년 이후의 민족과 민족주의』, (강명세 옮김), 창작과 비평사.

엔리케 두셀(2013), 『1492년, 타자의 은폐: '근대성 신화'의 기원을 찾아서』, 초판 2쇄,

　　(박병규 옮김), 그린비.

우석균(2000), 「마술적 사실주의의 쟁점들」, 『서어서문 연구』 17, 689-699.

월터 D. 미뇰로(2010), 『라틴아메리카, 만들어진 대륙: 식민적 상처와 탈식민적 전환』, (김은중 옮김), 그린비.

＿＿＿(2013), 『로컬 히스토리/글로벌 디자인: 식민주의성, 서발턴 지식, 그리고 경계사유』, (이성훈 옮김), 에코 리브르.

이경원(1998), 「저항인가, 유희인가?: 탈식민주의의 반성과 전망」, 『문학과 사회』 42, 746-781.

이성형 편(1999), 『라틴아메리카의 역사와 사상』, 까치.

이성훈(2003), 「라틴아메리카 하위주체 연구그룹의 성과와 한계」, 『라틴아메리카연구』 16(2), 493-494.

존 바스(1985), 「소생의 문학-포스트모더니즘 소설에 관하여」, 『세계의 문학』 35, 105-120.

존 베벌리(2013), 『하위주체성과 재현: 라틴아메리카 문화이론 논쟁』, (박정원 옮김), 그린비.

존 찰스 채스틴(2011), 『아메리카노: 라틴아메리카의 독립투쟁』, (박구병 외 옮김), 도서출판 길.

찰스 버키스트(2015), 「비교역사학적 관점에서 본 콜롬비아의 폭력」, (박윤주 옮김), 이성훈 편역, 『변화하는 콜롬비아: 경제성장과 사회적 과제』, 한울, 301-328.

칼 마르크스(2014), 『경제학·철학초고/자본론/공산당선언/철학의 빈곤』, 2판, (김문현 옮김), 동서문화사.

토마스 피케티(2014), 『21세기 자본』, (장경덕 외 옮김), 글항아리.

토머스 E. 스키드모어·피터 H. 스미스·제임스 N. 그린(2014), 『현대 라틴아메리카』, (우석균·김동환 외 옮김), 그린비.

파블로 네루다(1989), 『스무 편의 사랑의 시와 한 편의 절망의 노래』, (정현종 옮김), 민음사.

＿＿＿(2008), 『파블로 네루다 자서전-사랑하고 노래하고 투쟁하다』, (박병규 옮김), 민음사.

＿＿＿(2010), 『네루다 시선』, (김현균 옮김), 지만지.

프랑코 모레티(2001), 『근대의 서사시』, (조형준 옮김), 새물결.

피터 H. 스미스(2010), 『라틴아메리카, 미국, 세계』, (이성형·홍욱헌 옮김), 까치.

헬렌 티핀(1992), 「탈식민주의 문학과 반언술행위」, 『외국문학』 31, 32-54.

호르헤 루이스 보르헤스(2005), 『부에노스 아이레스의 열기』, (우석균 옮김), 민음사.

호세 리잘(2013), 「마지막 인사」, (우석균 옮김), 『지구적 세계문학』 1, 272-275.

호세 마르티(2013a), 「시학 외 3편」, (우석균 옮김), 『지구적 세계문학』 1, 287-297.

＿＿＿＿(2013b), 「우리 아메리카」, (박은영 옮김), 『지구적 세계문학』 1, 298-310.

후안 곤살레스(2014), 『미국 라티노의 역사』, (이은아·최해성·서은희 옮김), 그린비.

Abello Vives, Alberto(2015), *La isla encasillada: el Caribe colombiano en el achipiélago del Caribe*, Bogotá: Siglo del Hombre Editores, Paraque Cultural del Caribe.

Achugar, Hugo(1997), "Leones, cazadores, e historiadores, a propósito de las políticas de la memoria y el conocimiento", *Revista Iberoamericana* 180, 379-387.

Aguirre, Margarita(1973), *Las vidas de Pablo Neruda*, Buenos Aires: Grijalbo.

Alonso, Amado(1974), *Poesía y estilo de Pablo Neruda*, 5a ed., Buenos Aires: Editorial Sudamericana.

Alonso, María N. et al.(1990), "La emergencia penquista. Poesía en Concepción 1965-1973", *Revista Chilena de Literatura* 36, 63-77.

Altamirano, Carlos y Beatriz Sarlo(1997), *Ensayos argentinos: de Sarmiento a la vanguardia*, Buenos Aires: Ariel.

Ángel Cuevas, José(1989), *Adiós muchedumbres*, Santiago: América del Sur.

Anzaldúa, Gloria(1999), *Borderlands/La Frontera*, 2nd ed., San Francisco: Aunt Lute Books.

Aquézolo Castro, Manuel(1987), *La polémica del indigenismo*, Lima: Mosca Azul.

Arguedas, José María(1987), *Formación de una cultura nacional indoamericana*, 4a ed., México, D.F.: Siglo XXI.

Baily, Samuel L.(1971), *Nationalism in Latin America*, New York: Alfred A. Knopf.

Balderston, Daniel(1993), *Out of Context: Historical Reference and the Representation of Reality in Borges*, Durham and London: Duke University Press.

＿＿＿＿(2013), "Detalles circunstanciales: sobre dos borradores de El escritor argentino y la tradición", *Cuadernos LÍRICO* 9, 1-13.

Barnet, Miguel(1986), "La novela testimonio. Socio-literatura", René Jara y Hernán Vidal(eds.), *Testimonio y literatura*, Minneapolis: Institute for the Study of Ideologies and Literature, 280-303.

Barrenechea, Ana María(1984), *La expresión de la irrealidad en la obra de Borges*, Buenos Aires: Centro Editor de América Latina.

Bastos, María Luisa(1974), *Borges ante la crítica argentina 1923-1960*, Buenos Aires: Hispamérica.

Beverley, John(2000), "The Dilemma of Subaltern Studies at Duke", *Nepantla* 1(1), 33-44.

_____(2003), "Adiós: A National Allegory(Some Reflections on Latin American Cultural Studies)", Stephen Hart and Richard Young(eds.), *Contemporary Latin American Cultural Studies*, London: Arnold, 48-60.

Beverley, John, José Oviedo and Michael Aronna(eds.)(1995), *The Postmodernism Debate in Latin America*, Duram and London: Duke University Press.

Beverley, John y Hugo Achugar(2002), *La voz del otro: testimonio, subalternidad y verdad narrativa*, 2a ed., Ciudad de Guatemala: Universidad Rafael Landívar.

Bianchi, Soledad(1987), "La imagen de la ciudad en la poesía reciente", *Revista Chilena de Literatura* 30, 171-187.

_____(1989), "Agrupaciones literarias de la década del sesenta", *Revista Chilena de Literatura* 33, 103-120.

Bigongiari, Diego(1993), "Introducción histórica a Buenos Aires", José María Peña y Diego Bigongiari, *Buenos Aires*, Madird: ICI. 21-34.

Bioy Casares, Adolfo(1993), "Borges me enseñó a escribir", María Elena Aguirre (ed.), *Escritores de América*, Santiago: Editorial Los Andes, 9-25.

Bloom, Harold(1997), *The Anxiety of Influence: A Theory of Poetry*, New York: Oxford University Press.

Borges, Jorge Luis(1923), *Fervor de Buenos Aires*, Buenos Aires: S. e.

_____(1970), *An Autobiographical Essay*, Jorge Luis Borges, *The Aleph and Other Stories 1933-1969*, New York: E. P. Dutton.

_____(1981), *Obras completas 1923-1972*, 12a ed., Buenos Aires: Emecé.

_____(1993), _El tamaño de mi esperanza_, Buenos Aires: Seix Barral.

_____(1997), "Ascendencias del tango", Jorge Luis Borges, _El idioma de los argentinos_, Buenos Aires: Seix Barral, 95-103.

Brunner, José Joaquín(1992), _América Latina: Cultura y Modernidad_, México. D.F.: Grijalbo.

Brunner, José Joaquín y Tomás Moulian(2002), _Brunner vs Moulian. Izquierda y capitalismo en 14 rounds_, Santiago: El Mostrador.

Burgos, Elizabeth(2003), _Me llamo Rigoberta Menchú y así me nació la conciencia_, 18a ed., México, D.F.: Siglo XXI.

Campos, Javier(1987), _La joven poesía chilena en el periodo 1961-1973_, Concepción : Lar.

Carmagnani, Marcello(1984), _Estado y sociedad en América Latina: 1850-1930_, Barcelona: Editorial Crítica.

Carpentier, Alejo(1991), "De lo real maravilloso americano", Norma Klahn y Wilfrido H. Corral(ed.), _Los novelistas como críticos_, t.1, México, D.F.: Fondo de Cultura Económica, 381-392.

Carrasco, M. Iván(1989) "Poesía chilena de la última década(1977-1987)", _Revista Chilena de Literatura_ 33, 31-46.

Castro-Gómez, Santiago y Eduardo Mendieta(coordinadores)(1998), _Teorías sin disciplina, Latinoamericanismo, poscolonialidad y globalización en debate_, México, D.F.: University of San Francisco and Editorial Miguel Ángel Porrúa.

Cerutti Guldberg, Horacio(1989), "Peripecias en la construcción de nuestra utopía", Leopoldo Zea(ed.), _El descubrimiento de América y su sentido actual_, México, D.F.: Fondo de Cultura Económica, 111-119.

Chiampi, Irlemar(1983), _El realismo maravilloso: forma e ideología en la novela hispanoamericana_, Caracas: Monte Ávila Editores.

Cornejo Polar, Antonio(1989), _La formación de la tradición literaria en el Perú_, Lima: CEP.

_____(1994), _Escribir en el aire: ensayo sobre la heterogeneidad socio-cultural en las literaturas andinas_, Lima: Editorial Horizonte.

_____(1997), "Mestizaje e hibridez: los riesgos de las metáforas. Apuntes", _Revista_

Iberoamericana 180, 341-344.

Dash, J. Michael(1974), "Marvellous Realism—The Way out of Négritude", *Caribbean Studies* 13(4), 57-70.

Donoso, José(1983), *Historia personal del boom*, Barcelona: Seix Barral.

Durix, Jean-Pierre(1998), *Mimesis, Genres and Post-Colonial Discourse: Deconstructing Magic Realism*, Great Britain: Macmillan Press.

Edwards, Jorge(1991), *Adiós, poeta...*, 2a ed., Santiago: Tusquets.

____(1994), "El joven Neruda: los poemas del amor compartido", *Revista Iberoamericana* 168-169, 731-737.

Fernández Retamar, Roberto(1987), "Naturalidad y novedad en la literatura martiana", Luis Íñigo Madrigal(ed.), *Historia de la literatura hispanoamericana: Del neoclasicismo al modernismo*, Madrid: Cátedra, 563-575.

____(2003), *Todo Caliban*, San Juan: Ediciones Callejón.

Fiorillo, Heriberto(2006), *La Cueva: Crónica del Grupo de Barranquilla*, 3a ed. corregida y aumentada, Barranquilla: Ediciones La Cueva.

Fló, Juan(1978)(compilador), *Contra Borges*, Buenos Aires: Galerna.

Flores, Angel(1990), "El realismo mágico en la narrativa hispanoamericana", Angel Flores(ed.), *El realismo mágico en el cuento hispanoamericano*, 2a ed., Puebla: Premià Editora, 17-24.

Franco, Jean(2002), *The Decline and Fall of the Lettered City: Latin America in the Cold War*, Cambridge and London: Harvard University Press.

Fuguet, Alberto y Sergio Gómez(eds.)(1996), *McOndo*, Barcelona: Mondadori.

Gálvez Barraza, Julio(2003), *Neruda y España*, Santiago: Ril.

Gálvez, Marina(1988), *La novela hispanoamericana contemporánea*, Madrid: Taurus.

García Canclini, Néstor(1990), *Culturas híbridas: estrategias para entrar y salir de la modernidad*, México, D.F.: Grijalbo.

García Márquez, Gabriel(1962), "La siesta del martes", http://www.literatura.us/garciamarquez/siesta.html.

____(1983), *El olor de la guayaba*, 2a ed., Bogotá: Oveja Negra.

Gómez-Martínez, José Luis(2003), "Leopoldo Zea y su obra", http://www.ensayistas.org/ critica/liberacion/TL/autores/zea.htm.

González Echevarría, Roberto(1974), "Isla a su vuelo fugitivo: Carpentier y el realismo mágico", *Revista Iberoamericana* 86, 9-63.

_____(1993), *Alejo Carpentier: el peregrino en su patria*, México, D.F.: UNAM.

González, José Eduardo(1994), *Borges and the Discourse of Modernity*, tesis doctoral, State University of New York.

Guerrero, León Ma(2012), *The First Filipino*, (Kindle edition), BookBaby.

Gutiérrez Girardot, Rafael(1987), "La literatura hispanoamericana de fin de siglo", Luis Iñigo Madrigal(ed.), *Historia de la literatura hispanoamericana: Del neoclasicismo al modernismo*, Madrid: Cátedra, 495-506.

Hagimoto, Koichi(2013), *Between Empires: Martí, Rizal, and the Intercolonial Alliance*, New York: Palgrave Macmillan.

Huntington, Samuel P.(2004), "The Hispanic Challenge", *Foreign Policy* 141, 30-45.

Jackson Turner, Frederick(1893), "The Significance of the Frontier in American History", http://nationalhumanitiescenter.org/pds/gilded/empire/text1/turner.pdf.

Jameson, Fredric(1986), "On Magical Realism in Film", *Critical Inquiry* 12(2), 301-325.

_____(2000), "Third-World Literature in the Era of Multinational Capitalism", Michael Hardt and Kathi Weeks(eds.), *The Jameson Reader*, Oxford and Massachusetts: Blackwell Publishers, 315-339.

Karp, Eliane(1982), "Transposición del surrealismo francés al 'real maravilloso' latinoamericano: el caso de Miguel Ángel Asturias con *Hombres de maíz*", Léxis 6(1), 99-116D.

Keating, AnaLouise(2006), "From Borderlands and New Mestizas to Nepantlas and Nepantleras. Anzaldúan Theories for Social Change", *Human Architecture: Journal of the Sociology of Self-Knowledge* 4, 5-16.

_____(ed.)(2009), *The Gloria Anzaldúa Reader*, Durham & London: Duke University Press.

Latin American Subaltern Studies Group(1993). "Founding Statement", *Boundary 2* 20(3), 110-121.

Latin American Subaltern Studies Group(1996), "Founding Statement", *Dispositiio* 46,

1-11.

Leal, Luis(1967), "El realismo mágico en la literatura hispanoamericana", *Cuadernos Americanos* 26(4), 230-235.

Lorenz, Gunter W.(1970), "Diálogo con Miguel Ángel Asturias", *Mundo Nuevo* 43, 35-51.

Loyola, Hernán(1967), *Ser y morir en Pablo Neruda: 1918-1945*, Santiago: Editora Santiago.

Mañach, Jorge(1941), *Martí, El Apóstol*, 2a ed., Habana: Reprográfica.

Márquez Rodríguez, Alexis(1982), *Lo barroco y lo real-maravilloso en la obra de Alejo Carpentier*, México, D.F.: Siglo XXI.

_____(1986), "El surrealismo y su vinculación con el realismo mágico y lo real maravilloso", Fernando Burgos(ed.), *Prosa hispánica de vanguardia*, Madrid: Editorial Orígenes, 77-86.

Martí José(1968), *Prosa y poesía*, 4a ed., Buenos Aires: Editorial Kapelusz.

_____(1980), *Nuestra América*, Buenos Aires: Losada.

_____(1982), *Martí por Martí*, La Habana: Letras Cubanas.

_____(1992), *Ismaelillo/Versos libres/Versos sencillos*, 5a ed., Madrid: Cátedra.

Martin, Gerald(2009), *Gabriel García Márquez: una vida*, (trad. de Eugenia Vázquez Nacarino), Bogotá: Random House Mondadori.

Mena, Lucila Inés(1975), "Hacia una formulación teórica del realismo mágico", *Bulletin Hispanique* 127(3-4), 395-407.

Menton, Seymour(1983), *Magic Realism Rediscovered. 1918-1981*, Philadelphia: Associated University Press.

Montaldo, Graciela et al.(1989), *Historia social de la literatura argentina*, tomo VII, *Yrigoyen, entre Borges y Arlt(1916-1930)*, Buenos Aires: Contrapunto.

Montenegro, Néstor y Adriana Bianco(ed.)(1990), *Borges y los otros*, Buenos Aires: Planeta.

Montoya Juárez, Jesús y Ángel Esteban(eds.)(2008), *Entre lo local y lo global: la narrativa latinoamericana en el cambio de siglo(1990-2006)*, Madrid y Frankfurt: Iberoamericana · Vervuert.

Morales, Andrés(1999), *España reunida: Antología poética de la Guerra Civil*

Española, Santiago: RiL.

Moraña, Mabel, Enrique Dussel and Carlos A. Jáuregui(eds.)(2008), *Coloniality at Large: Latin America and the Postcolonial Debate*, Durham and London: Duke University Press.

Neruda, Pablo(1971), "Discurso de Estocolomo", *Anales de la Universidad de Chile* 157-160, 31-37.

_____(1980), *Poesías escogidas*, Madird: Aguilar.

O'Sullivan, John L.(1845), "Annexation", https://pdcrodas.webs.ull.es/anglo/OSullivan Annexation.pdf.

Olea Franco, Rafael(1993), *El otro Borges. El primer Borges*, México, D.F.: El Colegio de México/Fondo de Cultura Económica.

Parkinson Zamora, Lois y Wendy B. Faris(ed.)(1997), *Magical Realism: Theory, History, Community*, 2nd ed., Durham and London: Duke University Press.

Piña, Juan Andrés(1993), *Conversaciones con la poesía chilena*, 2a ed., Saniago: Pehuén.

Prieto, Adolfo(1988), *El discurso criollista en la formación de la Argentina moderna*, Buenos Aires: Editorial Sudamericana.

Quijano, Aníbal and Immanuel Wellerstein(1992), "Americanity as a Concept, or the Americas in the Modern World-System", *International Social Science Journal* 29, 549-557.

Rama, Ángel(1987), *Transculturación narrativa en América Latina*, 3a ed., México D.F.: Siglo XXI.

Rama, Ángel et al.(1984), *Más allá del boom: literatura y mercado*, Buenos Aires: Folios Ediciones.

Rincón, Carlos(1989), "Modernidad periférica y el desafío de lo postmoderno: perspectivas del arte narrativo latinoamericano", *Revista de Crítica Literaria Latinoamericana* 29, 61-104.

Rodó, José Enrique(1957), *Obras completas*, Madrid: Aguilar.

Rodríguez Monegal, Emir(1971), "Lo real y lo maravilloso en *El reino de este mundo*", *Revista Iberoamericana* 76-77, 619-649.

_____(1972), *El boom de la novela hispanoamericana*, Caracas: Tiempo Nuevo.

_____(1987), *Borges: una biografía literaria*, México, D.F.: Fondo de Cultura Económica.

_____(1988), *Neruda, el viajero inmóvil*, Barcelona: Laia.

Rodríguez, Ileana(ed.)(2001a), *Convergencia de tiempos: Estudios subalternos/ contextos latinoamericanos estado, cultura, subalternidad*, Amsterdam and Atlanta: Rodopi.

_____(2001b), *The Latin American Subaltern Studies Reader*, Durham and London: Duke University Press.

Roh, Franz(1927), *Realismo mágico(post expresionismo): problemas de la pintura europea más reciente*, Madrid: Revista de Occidente.

Romero, José Luis(1997), *Breve historia de la Argentina*, 4a ed. aumentada, Buenos Aires: Fondo de Cultura Económica.

Rowe, William and Vivian Schelling(1991), *Memory and Modernity*, London and New York: Verso.

Saldívar, José David(2012), *Trans-Americanity: Subaltern Modernities, Global Coloniality, and the Cultures of Greater Mexico*, (Kindle Edition), Durham and London: Duke University Press.

Sarlo, Beatriz(1988), *Una modernidad periférica: Buenos Aires 1920 y 1930*, Buenos Aires: Ediciones Nueva Visión.

_____(1995), *Borges, un escritor en las orillas*, Buenos Aires: Ariel.

Sarto, Ana del(2004), "Introduction to Foundations", Ana del Sarto, Alicia Ríos and Abril Trigo(eds.), *The Latin American Cultural Studies Reader*, Durham and London: Duke University Press, 153-181.

Schopf, Federico(1985), "La ciudad en la poesía chilena", *Revista Chilena de Literatura* 26, 37-53.

Schwartz, Jorge(1991), *Las vanguardias latinoamericanas: textos programáticos y críticos*, Madrid: Cátedra.

Sebreli, Juan José(1992), *El asedio a la modernidad*, 2a ed., Buenos Aires: Editorial Sudamericana.

Sicard, Alain(1981), *El pensamiento poético de Pablo Neruda*, Madrid: Gredos.

Siskind, Mariano(2015), *Cosmopolitan Desires: Global Modernity and World*

Literature in Latin America, Evanston: Northwestern University Press.

Skármeta, Antonio(2004), *Neruda por Skármeta*, Buenos Aires: Planeta/Seix Barral.

Slemon, Stephen(1988), "Magic Realism as Post-Colonial Discourse", *Canadian Literature* 116, 9-23.

Subercaseaux, Bernardo(1983), "La crítica literaria en Chile bajo el autoritarismo", *Ideologies and Literature* 16, 242-256.

Tamayo Herrera, José(1982), *Historia social e indigenismo en el altiplano*, Lima: Ediciones Treintaitrés.

Tejeda, Guillermo(1995), *Los disfraces de Neruda*, Santiago: Planeta/La Máquina del Arte.

Tiffin, Helen(1988), "Post-Colonialism, Post-Modernism and the Rehabilitation of Post-Colonial History", *Journal of Commonwealth Literature* 23(1), 169-181.

Ude, Wayne(1981), "North American Magical Realism", *Colorado State Review* 8(2), 21-30.

Urrutia, Matilde(1987), *Mi vida junto a Pablo Neruda*, 3a ed., Santiago.

Varas, José Miguel(2003), *Neruda clandestino*, Santiago: Alfaguara.

Vázquez, María Esther(1996), *Borges: esplendor y derrota*, Barcelona: Tusquets.

Viñas, David(1995), *Literatura argentina y política: de los jacobinos porteños a la bohemia anarquista*, Buenos Aires: Editorial Sudamericana.

Volek, Emil(1990), "Realismo mágico entre la modernidad y la postmodernidad: hacia una remodelización cultural y discursiva de la nueva narrativa hispanoamericana", *Inti* 31, 3-20.

Ward, Thomas(2007), "Martí y Blaine: entre la colonialidad tenebrosa y la emancipación inalcanzable", *Cuban Studies* 38, 100-124.

Zeran, Faride(1992), *La guerra literaria: Huidobro, de Rokha, Neruda*, Santiago: Bat.

우석균

서울대학교 서어서문학과를 졸업하고 페루 가톨릭 대학교에서 히스패닉문학으로 석사과정을
마친 뒤, 스페인의 마드리드 콤플루텐세 대학교에서 중남미 문학박사학위를 받았다. 박사 논문
집필 중 칠레대학교, 아르헨티나 부에노스 아이레스 대학에서 수학했다. 현재 서울대학교 라틴
아메리카 HK교수로 재직 중이다.

주요 저서로는 『라틴아메리카를 찾아서』(2000, 민음사, 2인 공저), 『바람의 노래 혁명의 노래』
(2005, 해나무), 『잉카 in 안데스』(2008, 랜덤하우스코리아)가 있으며, 주요 역서로는 호르헤 루
이스 보르헤스, 『부에노스 아이레스의 열기』(1999, 민음사), 로아 파킨슨 사모라/웬디 B. 패리스
편, 『마술적 사실주의』(2001, 한국문화사, 공역), 안토니오 스카르메타(2004, 민음사), 스티븐 하
트/니콜라 밀러 편, 『라틴아메리카의 근대를 말하다』(2008, 그린비, 공역), 로베르토 볼라뇨, 『야
만스러운 탐정들』(2012, 열린책들), 스키드모어 외, 『현대 라틴아메리카』(2014, 그린비, 공역)가
있다.

쓰다 만 편지

초판 1쇄 발행 2017년 5월 12일

지 은 이 우석균
펴 낸 이 최종숙
펴 낸 곳 글누림출판사

책임편집 이태곤
편   집 권분옥 홍혜정 박윤정
디 자 인 안혜진 최기윤 홍성권
마 케 팅 박태훈 안현진
기   획 고나희 이승혜

주   소 서울시 서초구 동광로46길 6-6(반포4동 577-25) 문창빌딩 2층(우·06589)
전   화 02-3409-2055(대표), 2058(영업), 2060(편집)
팩   스 02-3409-2059
전자메일 nurim3888@hanmail.net
홈페이지 www.geulnurim.co.kr
등록번호 제303-2005-000038호(2005.10.5)

정가는 뒤표지에 있습니다.
ISBN 978-89-6327-421-8 93950

출력 / 인쇄·성환C&P **제책·**동신제책사

* 이 도서의 국립중앙도서관 출판시도서목록(CIP)은 서지정보유통지원시스템 홈페이지(http://seoji.nl.go.kr)와
  국가자료공동목록시스템(http://www.nl.go.kr/kolisnet)에서 이용하실 수 있습니다.(CIP제어번호: CIP2017010828)